マンガでわかる！
ビジネスの教科書

プロ直伝！

はじめての小さな飲食店成功のコツ

フードビジネス・コンサルタント
宇井義行 監修

増田 慎 マンガ

ナツメ社

先輩に学ぶ！

飲食店
オープンの
秘訣!!

[Island Burgers《アイランド・バーガーズ》（ハンバーガー、カフェ）]

お客の価値観を変える『ご馳走バーガー』を作っています。

オーナーの名坂さんは元SE。まったく畑違いの業界から飲食業に飛び込んだ。この店を1店舗目として、「飲食店の経営者」に成長したいという

自慢のMENU

天然酒種酵母で作ったバンズと牛肉100%パテ、自慢のソースを味わってほしい。

椰子の木のピックをのせると、「ハンバーガーが島のように見える」のが店名の由来。かりかりベーコンに目玉焼きを重ねたベーコン・エッグ・チーズバーガーは、つなぎを使わない100%ビーフのパテと野菜たっぷりの一押しメニュー。作りおきはせず注文を受けてから心をこめて焼く

ドリンク

コーヒー、紅茶、コーラ、ソーダなどのソフトドリンクのほか、グラスワイン赤・白や、国内外の代表的な各種ビールも楽しめる

サイドメニュー

さっくり揚げたフライドチキンは、重量級のパテとの相性がよく、評判のサイドメニュー。チキンだけおやつ代わりに食べに来る人もいるほど

サイドメニュー

新鮮な野菜をふんだんに使ったボリューム満天のシーザーサラダは、ドレッシングとたっぷりの粉チーズで絶妙な味わいになる

お店のみどころ

南国リゾートを意識したおしゃれな雰囲気のなかでくつろいでほしい。

窓からの陽光にオレンジを基調にした店内が映える。ラーメン屋さんの居抜き店舗をほぼスケルトン状態から改装した。調度品も含めて「ビーチリゾート」というコンセプトで統一し、店内には、レゲエ系のBGMがちょうどよいボリュームで流れる。壁に描かれた南太平洋の地図が楽しげな雰囲気を醸している

左から、季節限定のカレーチキンバーガー、タルタルバーガーなど、黒板とカラフルなチョークで現在一押しのメニューをアピール／壁際のソファー席で家族連れのお客もくつろげる

左から、柔らかいランプの明かりでさりげなく癒やしの空間を演出する／小物類も癒やしの演出のアクセントになる／アジアン雑貨で人気のウォーターヒヤシンスの椅子が「南の島の小さなカフェ」の雰囲気を盛り上げる

オーナーから一言

「接客」では「愛」が大切

前職は技術職だったので、飲食店、接客の経験はまったくありませんでした。とくに接客が苦手で、2年ほど、グルメバーガー店やレストランでアルバイトをして接客を学び、メニューのアイデア、オリジナルソース作りに励みました。

開店後はなかなか売上が伸びませんでしたが、商圏の特徴に気づいたことがきっかけで、売上も上向き始めたのです。

このエリアはオフィス街なので、日曜を定休にしていたのですが、日曜は家族連れが多く訪れることに気づいたのです。そこで、日曜に店を開いてみたところ、なんと、平日以上の売上でした。このエリアには、家族で食事ができるお店が少なかったのです。これには驚きました。

実を言うと、今でも接客はあまり得意ではないです。ですが、接客こそ商売の肝で、それは売上に見事に反映されます。「接客とはお客様に愛をもって接すること」と、日々痛感しています。

開業までの流れ

2011年
家族に独立したい気持ちを伝え、退職
↓
2011～2012年
飲食店やグルメバーガー店で経験を積みながら開業コンサルタントにも相談
↓
2012年
首都圏の各駅において物件を探す。「一階路面店・人の流れがある・広すぎない」ことが条件
↓
2013年 秋
東京・四谷で現在の店舗に出会う
↓
2013年 12月 オープン

お店の見取り図

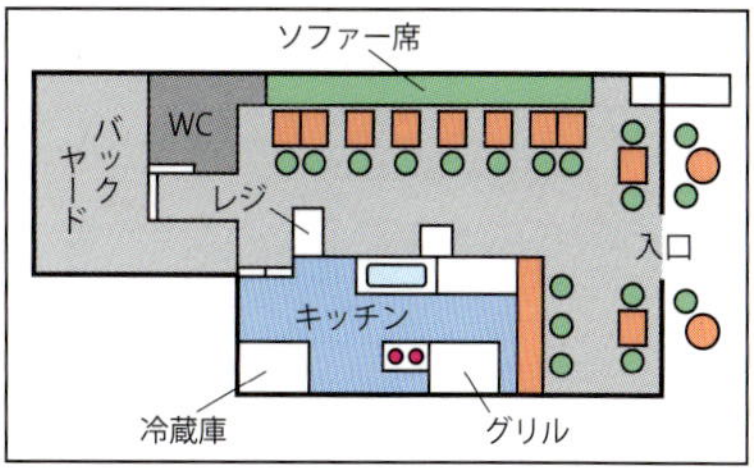

開業資金 内訳

自己資金	922万円
借入	1,300万円

〈使途〉

物件取得費等	119万円
保証金	250万円
店舗内外装工事費	735万円
厨房機器	307万円
開業準備諸経費	476万円
運転資金	335万円

Island Burgers
03-5315-4190　予約可　東京都新宿区四谷3-1 須賀ビル1F　営業時間／11:00～21：45（L.O. 21:00）　定休日／平日の月曜日（祝日の場合は翌平日に振替）

先輩に学ぶ!
飲食店オープンの秘訣!!

[くんぺい(日本酒専門居酒屋)]

準備に1年。素材も技術も妥協せずいいものを出すことにこだわりました。

オーナーの蒲生さんは飲食業界10年以上の経験をいかして、今回、「経営」に挑戦した。「くんぺい」という店名はオーナー蒲生さんの先祖で江戸時代の儒学者、蒲生君平からもらった

自慢のMENU

2番目ではお客にアピールできない。「日本酒」で地域1番をめざしました。

富士山の伏流水からつくる「中屋」、福井の「伝心」など、全国の銘酒30と季節限定の10銘柄が揃う。日本酒専門の卸業者から選りすぐりを仕入れている。酒の肴は、屠殺の翌朝に直送される、千葉・佐原で育った地鶏を使った水郷赤鶏のもも肉焼き。鶏肉は品質も値段も安定していて、何より“ぜんぶ、食べられる”。オーナーが繁盛店を食べ歩いていて見つけた沖縄の藻塩《もじお》を振って焼く

肴

秋田白神の生ハム。オーナー親族の故郷から取り入れて定番メニューになった。国産ならではの柔らかさを楽しめる1か月を目安にお客に提供する

肴

とびきり新鮮な鶏たたき。「おいしいだけでなく、おいし“そう”なことも大切」とすっきりと洗練された盛りつけは、オーナーと料理長のこだわり

ランチ

店の周囲には飲食店もコンビにも少ないため、昼はビジネスマン、OLでにぎわう。お目当ては、くんぺい自慢の親子丼。なんと、売上の3～4割を稼いでしまう

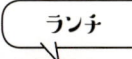

お店のみどころ

気軽に日本酒と美味しい料理を楽しめるお店づくりをめざしています。

もとは居酒屋の居抜きという店内は、カウンターとテーブルが4つという、宴席をつくりやすい横長のシンプルな作り。店内がよく見渡せ、ていねいな接客ができる。入り口付近には、カウンター席をつぶしてまで備えた、くんぺい自慢の日本酒の特等席（冷蔵庫）

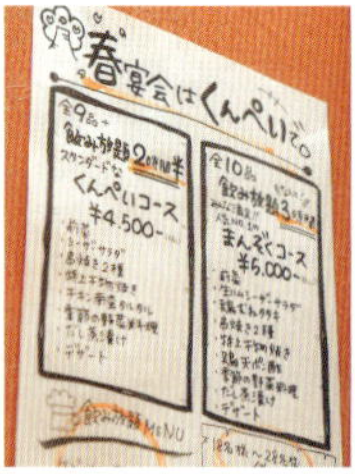

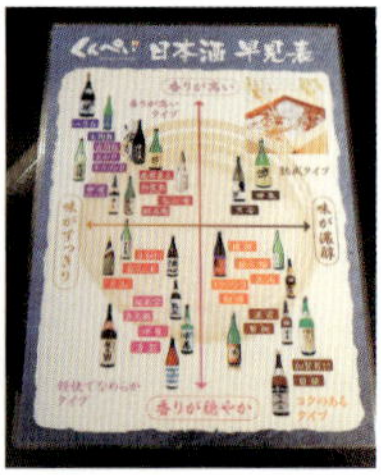

左から、メニュー看板はプロのデザイナーに発注。写真は半年に一度撮影し更新する。徹底して、お客に自店のサービスを知らせる／季節のコースも料理長がいれば「いつものコースでいい感じにして」という常連さんの要望にすぐに応えられる／初めて日本酒を飲む人にもわかりやすい、日本酒のマトリックス図

左から、店内の照明もさりげなく演出し、くんぺいのウリである日本酒をアピールする／秋田白神の生ハムも、提供するだけではなく、オブジェに。お客の食欲をそそる／日本酒はお洒落なワイングラスで提供する。繁盛店巡りで得たアイデア

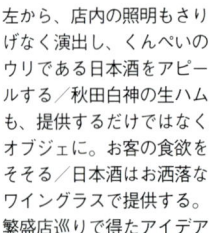

オーナーから一言

まじめに試行錯誤していれば運は上向く

こう見えて私は慎重派なんです。とにかく慎重に戦略を練りました。物件探しと準備で一年かかりました。これまでの経験をいかせばお客にいいものを出せる、という自信はあったので、とにかく失敗はしたくなかったんです。

この物件を選んだ理由は、接客のしやすい間取りと、通勤が自転車なので終電を気にせずに仕事に集中できる点です。

駅を挟んで反対側が繁華街、一方、こちらのエリアはオフィス、住宅街なので、落ち着いた雰囲気のお店ができると思いました。ただ、予想外だったのは、この地域は富裕層が多く、客単価が高かったことです。さらに、周囲にコンビニもないので、ランチの売上が高かったことがよい誤算でした。ランチだけプレオープンしてみたら、6キロのお米がすぐになくなって閉店してしまったくらいです。

成功するために、オープンには最低でも一年はかけたほうがよいと思いますね。

開業までの流れ

2000年
大学卒業時は就職氷河期。大手飲食チェーンに入社し店舗経営に興味を持つ

↓

2012年 12月
1回の転職をはさみ退職。独立開業は不安だったが、周囲の応援で開業を決意

↓

2013年 1月～秋
築1年の物件を見つける。開業コンサルタントの助けもあり、費用の交渉が成立

↓

2013年11月～2014年1月
内装工事。
スタッフ体制と料理長決定

↓

2014年 1月
オープン。

お店の見取り図

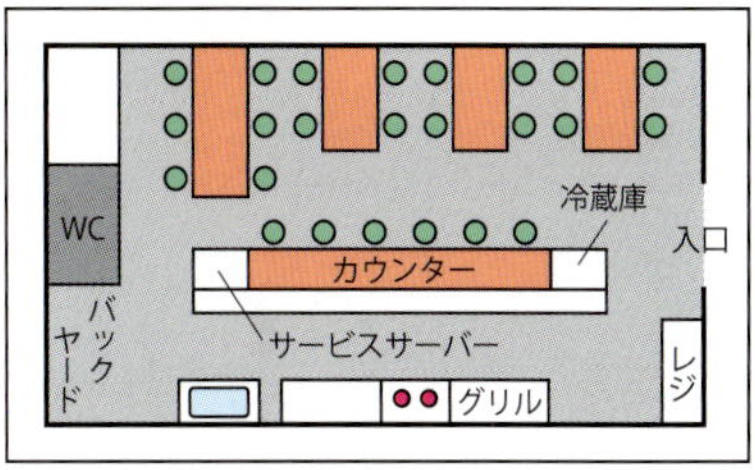

開業資金 内訳

自己資金 500万円
借入（親族から） 500万円

〈使途〉

物件取得費	160万円
保証金	100万円
内装・デザイン費	200万円
厨房工事費	40万円
備品（食器、調理器具など）	200万円
運転資金	300万円（3か月分）

くんぺい
03-5615-8477　予約可　東京都文京区本郷2-31-2　営業時間／11:30～14:00　17:30～23:00　ランチ営業、夜10時以降入店可　定休日／日祝

先輩に学ぶ！
飲食店
オープンの
秘訣!!

タイにベストの正装でお客を迎えるオーナーの鶴田さん。中2階の居抜き物件を取得してオープン。ガラス張りのオープンな雰囲気で入りやすさが特徴的。中2階のため、店内から通行人と目線が合わない点もよい。

[Ailes Yushima エール湯島 (ビアバー)]

仲間と、友人と、恋人と、ビールと音楽と会話が楽しめる。そんな空間を作りたかったんです。

自慢のMENU

職人が精魂込めて作り上げた地産のクラフトビールをどうぞ。

3種のビールを週替わりで楽しめる「テイスティングセット」。左から、トーストした麦芽がコクを醸す田沢湖ダークラガー、パインがほのかに甘い夏季限定のパイナップルエール、味噌と清酒の老舗・盛田金しゃちの地ビール。クラフトビールとは、小醸造所が地産の水や麦を使った手作りのビールで、防腐処理がほとんどされていないため、一週間で飲みきるのが目安とされている

フードメニュー

オランダ発祥のじゃがいも料理、ラスポテト。一見フライドポテトのようで、実はつぶした芋を成形してから揚げており、さっくりした歯ごたえ

フードメニュー

ナポリ風ミックスピッツァは大ぶり海老と、たっぷりのチーズが自慢。朝の5時まで本格ピザが食べられるため、深夜に上野から来るお客もいる

フードメニュー

ニューヨーク州のバッファロー発祥のバッファローチキンウィング（8本）。こんがり揚げた手羽先をペッパーや唐辛子で後を引く辛さ

お店のみどころ

うちの特徴は、何と言っても入りやすさ。美味しい料理とビール、雰囲気でもてなします。

毎日、お客を迎えるのは、サービス精神旺盛なスタッフと、エール湯島自慢の「5タップ」。鮮度が大切なクラフトビールを楽しむには、5タップがちょうどよい。下部の樽を冷やす冷蔵庫は特注品で、エール湯島では、冷やしすぎない温度でお客に提供するのがポイント。「クラフトビール初体験」というお客には、メニュー表で丁寧に説明する

左から、店内のデザインは、オーナーが選んだ女性デザイナーによるもの。照明やファンは雰囲気があり、緑と臙脂《えんじ》の壁色が映える／お店のロゴも、女性デザイナーが制作した。エールは仏語で「羽」の意で、軽やかさをイメージした

左から、入り口そばに鎮座するのは、オープン後にはじめた、エール湯島の文字入り焼酎／エール湯島のパイントグラスは、英国仕様の568mℓ（米国仕様は473mℓ）／クラフトビールのほかにも瓶ビール、ワイン、カクテルなど、各種飲み物が揃う

オーナーから一言

人は、また来たくなる「場」を求める

気に入った店に出会うと、宝物が増えた！ そんな感覚になりますよね。昔、大阪で出会ったとても雰囲気のいいお店がずっと印象に残っていて、自分にとってそれは大切な宝物でした。いつかそんな店をやりたいと思っていました。

これまで飲食店の店長をやったことはありますけど、オーナーとして店をやるのは初めてです。だけど、失敗はしないという自信はありました。

友人や恋人とひそひそ話したりお喋りしたり、カウンターでマスターと雑談したり。「バー」とか「パブ」という店は、お客にそんな時間を提供して、お客もそれを求めていると思うんです。そのために、店は美味しい酒と料理、音楽、雰囲気のよいデザインを用意して、お客を精一杯もてなしますよね。

つまり、自分が宝物にしたくなるような店を作れば、きっと誰かの宝物になるだろうって。それって、成功ですよね。

開業までの流れ

2013年 6月
独立開業を決意。当初は利益率の高いウイスキーやカクテルを出す店を予定

↓

2013年 7月〜12月
不動産の情報を集め、物件探し。最優先条件は1階路面店

↓

2014年 1月
中2階の鉄板焼き屋の居抜き物件を取得。店のコンセプトは、クラフトビールを週替わりで提供するビアバーに決定

↓

2014年 3月 内装工事

↓

2014年 12月 オープン

お店の見取り図

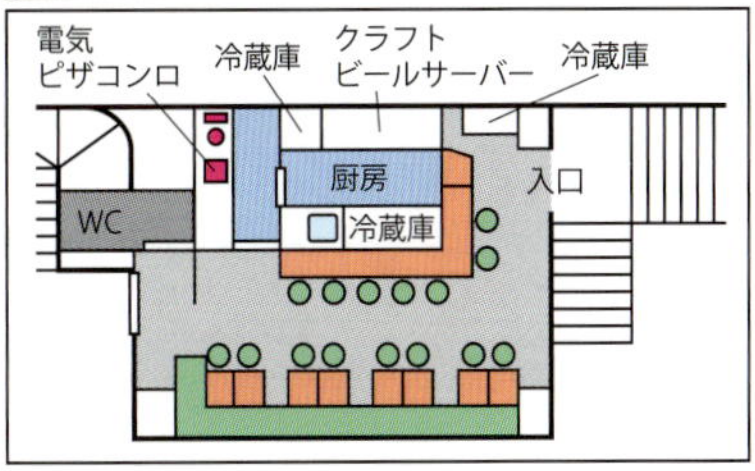

開業資金 内訳

自己資金 500万円
借入 1,100万円

〈使途〉

物件取得費	214万円
保証金	270万円
内装・デザイン費	459万円
厨房工事費	207万円
開業準備諸経費	140万円
運転資金	310万円

Ailes Yushima エール湯島
090-8800-5940 予約可 東京都文京区湯島3-25-11 東京堂湯島ビル1F 営業時間／11:30〜14:00（ランチ日祝休み）、17:00〜翌5:00 ※火曜日0:00まで（祝日前日5:00） 定休日／なし

もとは和風居酒屋の居抜き店舗だった。ランプも内装もほぼそのまま。オーナーの清水さんは中国料理を作り続けて30年のベテラン。

先輩に学ぶ!
飲食店オープンの秘訣!!

［永吉《えいきち》（担々麺専門店）］

中国料理30年。自分ならもっと安く旨く作れると大店を飛び出しました。

お店のみどころ

他店に負けない特徴を出すために『四川風担々麺の店』を開きました。

左から、この地域に合った味を極めるために揃えた香辛料／イチオシはもちろん担々麺のメニューブック／全面的に新装したオーナーこだわりの厨房

自慢のMENU

担々麺はもちろん、自慢の本格的な四川料理も味わってほしい。

2013年食べログラーメンのベスト1に選ばれた、オーナー自慢の担々麺と、焼き餃子。もっちりした麺にしっとりひき肉、小ねぎ、そしてあっさりもやし、ゆで玉子。すべての材料を辛くまろやかに包み込むのは、担々麺の命とも言えるラー油と練りゴマ。とくに練りゴマは、既製品を使う他店とちがい、厨房でゴマから煎り、ていねいに挽いた手作りで、独特の風味が味わえる

サイドメニュー

くらげうま辛酢。あっさりした中にも辛みが後を引く。ビールにも、濃厚麺の箸休めにもおすすめの一品。ボリュームもあり、常連のお客にも人気のメニュー

サイドメニュー

布豆腐と葱のさっぱり和え。日本の高野豆腐を思わせるこっくりした豆腐を細長く切り、ピリ辛ねぎで和えた一品。この店で布豆腐初体験という人も多い

サイドメニュー

麻婆豆腐は中国の四川省発祥。「豆腐のひき肉炒め」だと思っている人にこそ味わってほしい、本格麻婆。山椒をきかせた濃厚な麻辣はライスにも合う

オーナーから一言

「これならできる」という気持ちが大切

休日は一駅ごとに降りて不動産屋に飛び込み、物件を探しました。やっと出会えたのがこの店で、ひと目で決めました。

このエリアは本格中国料理店が多く、何とか特徴を出すために、日本人も食べられる中国料理、担々麺のお店を始めました。また海鮮食材を使わない四川料理をやろうと思っていたこともあったんです。食材の管理が比較的、楽なので。

ところが、開店した当初、うちの担々麺は香辛料が強すぎたこともあり、しばらくお客が来ない日が続きました。それでも毎日、お店を開いて、お客の声を聞き、香辛料の調整をしたり、調理時間を短縮する工夫をしたり。次第にお客の舌に〝味〟があってきたんだと思います。少しずつお客も増えて、インターネットで紹介されるようになり、今は、売上もなんとか軌道に乗り始めました。

ゆくゆくは2号店もオープンしたい。そんな思いを抱いています。

開業までの流れ

2012年 3月
独立を決意し開業コンサルタントに相談

↓

2012年 4月～6月
前職の中国料理店を退社。物件を探しはじめる

↓

2012年 8月～11月
物件を決め、他店と差別化を図った担々麺をメインに決める

↓

2012年 12月
厨房の工事開始。食器などの備品調達

↓

2013年 1月 オープン

お店の見取り図

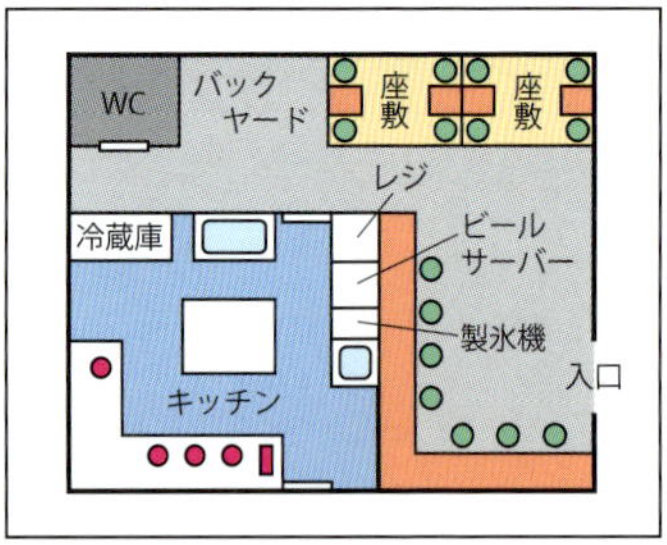

開業資金 内訳

自己資金	400万円
借入(政策金融公庫)	310万円

〈使途〉

物件取得費	130万円
保証金	300万円
内装・デザイン費	0円
厨房工事費	100万円
備品(食器、調理器具など)	30万円
運転資金	150万円(3か月分)

永吉
048-229-7798 予約不可 埼玉県川口市西川口1-5-5 MFハイツ 1F
営業時間／11:30～15:00（ラストオーダー14:30） 18:00～23:30（ラストオーダー23:00） 定休日／水（まれに臨時休業あり）

はじめに

今や飲食業界は過当競争の時代です。せっかくオープンしたのに、数年で廃業という店も多いのが実情です。また、一昔前に比べて、飲食店を評価するお客の目も各段に厳しいものとなっています。どこにでもあるような店では、お客は「わざわざ利用する価値」を見出しません。店の個性を打ち出し、料理やサービスや雰囲気の付加価値を高めていかなければ、飲食店は生き残れない時代なのです。

そうした飲食業界の現状を言葉でわかっているだけでは、成功は難しいでしょう。どんな発想で何を実践するか、しっかりした戦略・戦術を持つことが必要です。

そこで本書では、コンサルタントとしての私の経験から、飲食店経営に関するさまざまな問題を抽出して、実務的な解決策やノウハウをできるだけ多く提示するように心がけました。その中で、開業準備のノウハウはもちろん、「お客に選ばれる店」になるためのポイント、利益向上のための経営手法などを具体的に解説しました。

もちろん、ノウハウだけ身につければよいというわけではありません。飲食店経営にとって何よりも大切なことは、「お客の心を理解し、お客に喜んでもらうこと」です。「お客への愛」があってこそ、ノウハウが活きてくることを忘れないでいただきたいと思います。

フード・ビジネスコンサルタント　宇井　義行

目次

3章 開業資金と事業計画の立て方

4章 よい物件の探し方と店舗づくり

5章 メニュープランニングと食材管理

6章 飲食店の売上アップのコツ

7章 スタッフの育成・管理と接客力

8章 飲食店の経営管理

9章

営業力強化のための取り組み

1章

飲食店開業のための基礎知識

情熱だけでは成功はおぼつかないよ。まずは、飲食店ビジネスの特徴や繁盛のためのポイントを押さえておこう。

フードビジネス・コンサルタント
宇井　義行

んー
なるほどなぁ
ちょっと
ぺら
四葉 洋（39歳）
大手レストランチェーン
「トラヴァーユ」
本社商品開発部　課長
休みの日くらい仕事の事は忘れたら？
うむむ…
四葉昌子（35歳）
洋の妻
でもなあ
もともと料理好きが高じて入社した訳だが
現場から本部営業を経て、コックとはほど遠い仕事ばっかり…
今は本部の食品開発部で働いている
本部
あー!!オレも現場で働きたーい！
あの
お待たせしました…
だだっ子か
わかったわ
カチャ
えっ？

じゃーん
こんな本を買ってみたの
有名な先生みたい！
はじめての小さな飲食店
オイオイ本気かよ…独立するったって開店資金だって用意しなきゃならないんだぞ
お
分かりやすいな
ぺら
大丈夫
いつかそう言うと思って口座を作って貯めてたのよ、私
○○銀行
おおっさすが！
カンペキだ
よーしっ
早速パチン…いや計画《プラン》を立ててみよう！
おーい
まずこの支払からしましょうか

飲食店は誰にでもできる

特別な資格や多額の資金がなくても、飲食店開業は可能です。

◎飲食店開業に資格やスキルは不要

独立開業をして、一国一城《いっこくいちじょう》のあるじになりたいと願う人が増えているようです。背景には、就職難もあるでしょうし、サラリーマン生活にリストラの不安がつきまとうという社会情勢があるかもしれません。

独立開業を考えるとき、「自分の持つ資格やスキルを活かせるビジネスを」という人は、その道に突き進むのもよいでしょう。けれど、特に資格やスキルがなくても独立開業したいというなら、まず飲食店への道を探ってみるのが得策です。

飲食店は誰にでもでき、独立開業が容易《ようい》とされるビジネスです。**難しい資格は不要**ですし、高級料理店でなければ**高度なスキルや経験も問われません**。さらに、個人営業の小さな飲食店なら、**比較的少ない資金で開**

問題解決Q&A

飲食店を開業するために調理師資格は必要?

調理師資格の取得は簡単なものではなく、調理師学校を卒業するか、飲食店などで２年以上の調理経験を積んだうえで調理師試験に合格しなければなりません。しかし、調理師資格がなければ飲食店を開業できないかというと、そんなことはありません。**調理師資格がなくても飲食店は開業できる**のです。

飲食店開業に必要なのは、**食品衛生責任者と防火管理者**（収容人数30人以上の店の場合）の資格です。これらの取得は簡単で、食品衛生責任者は1日の講習、防火管理者は１～２日の講習を受けるだけです。

業が可能です。そのため、さまざまなビジネスの中でも、飲食店の新規開業の割合は高く、人気の業種となっています。

◎おすすめは「小さなカフェ」

たとえば、小さなカフェを始めることにしたとしましょう。厨房《ちゅうぼう》設備があり、椅子《いす》やテーブルといった調度品も揃っている**居抜き物件**（↓P88）を借りれば、開業資金は店舗の敷金や内装の手直し、備品購入などの費用だけで済むケースもあります。

ここで「小さなカフェ」を例に出したのは、さほどの調理スキルを要しない軽食が中心で、**飲食業の開業初心者にはおすすめのスタイルの店**だからです。

しかし、本格的な高級料理店を始めたい場合は、当然、高度な調理スキルが求められ、開業資金額も大きくなるので、ハードルが高くなります。飲食店は誰にでもできますが、どんな店でもOKというわけではありません。その店のコンセプト（↓P50）に応じて、必要なスキルや資金を検討する必要があります。

近年の事務所（民営）総数の状況

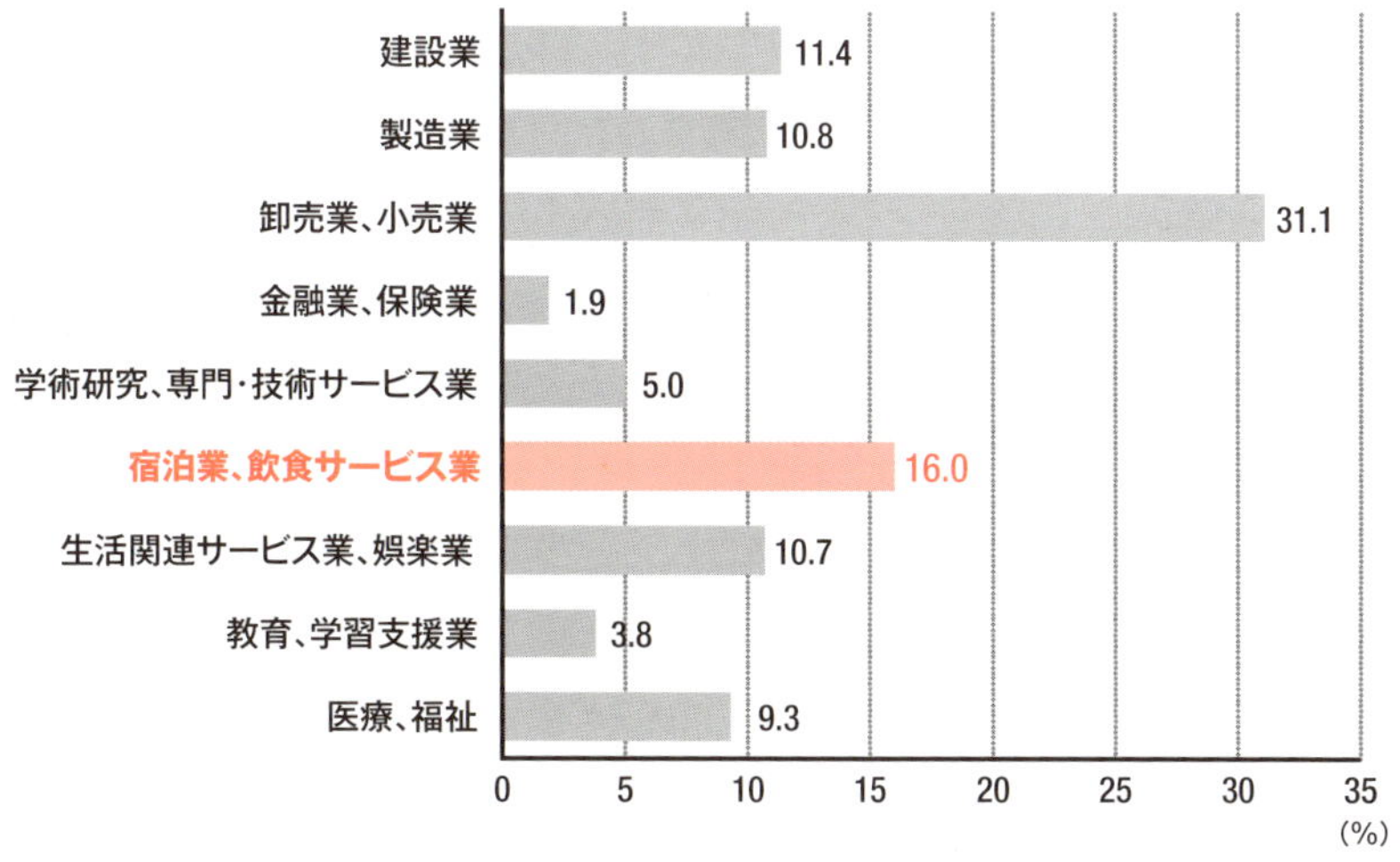

出所：総務省・経済産業省「平成26年　経済センサス―基礎調査事業所に関する集計」から作成

飲食店のキホン

飲食店に必要なものはレジャー性

これからの飲食店は、利便性よりもレジャー性で勝負！

◎飲食店の最大のライバルはコンビニ

飲食店は開業しやすいビジネスですが、実は開業して数年でつぶれてしまうケースも非常に多いビジネスです。

飲食業界は過当競争の状況です。さらに現在の飲食業界は、「飲食店のライバルは近所の飲食店」という単純な構図で語れなくなっています。というのは、**今やコンビニが飲食店の最大のライバル**として成長し、飲食店を苦戦させているのです。

そもそも、お客が飲食店を利用する理由は、外出先でもすぐに何かを食べられるという**利便性**と、楽しさや潤いを得られるという**レジャー性**があるからです。

しかし、利便性だけを考えれば、コンビニのほうに軍配があがります。ともかく空腹を満たしたいという

宇井流

成功のためのもう一歩

レジャー性の高い店づくりはお客のニーズ把握から

バブル時代までは、たんに料理やドリンクを出しておけば、お客は喜んでくれました。外食をするということ自体が非日常的で、それだけで十分なレジャー感覚に浸《ひた》れたからです。

けれど、飽食《ほうしょく》の時代といわれる今、昔と比べて格段に、お客の舌も目もセンスも肥えています。また、価値観も多様化し、どこにでもある料理を出す当たり前の飲食店では、足を運んでくれません。自店のレジャー性を考えるとき、**どんなお客がどんなニーズを持ち、何に楽しさを感じるのか**をしっかり把握することが大切です。

場合、わざわざ飲食店に行くよりも、コンビニでお弁当を買ったほうがずっと便利です。

現実にランチ需要の大きいオフィス街などでは、多くの飲食店がコンビニに負けて撤退を余儀なくされています。

◎レジャー性こそが成功のカギ

では、コンビニという強敵を前にして、飲食店が生き残る道はどこにあるのでしょうか。利便性で勝てないのならば、**レジャー性で勝負**すればいいのです。

レジャー性ならば、コンビニより飲食店が絶対的に有利です。ランチタイムではコンビニが有利でも、くつろぎ感が求められるディナータイムの勝負となれば、まだまだ飲食店の賑わいは健在です。お客が飲食店に対して求めるものも、従来の利便性からレジャー性へとシフトしています。

そうしたことを考えると、飲食店を成功させるためのカギは、**レジャー性をどこまで高められるか**という点にある、といえるでしょう。

飲食店とコンビニのニーズの違い

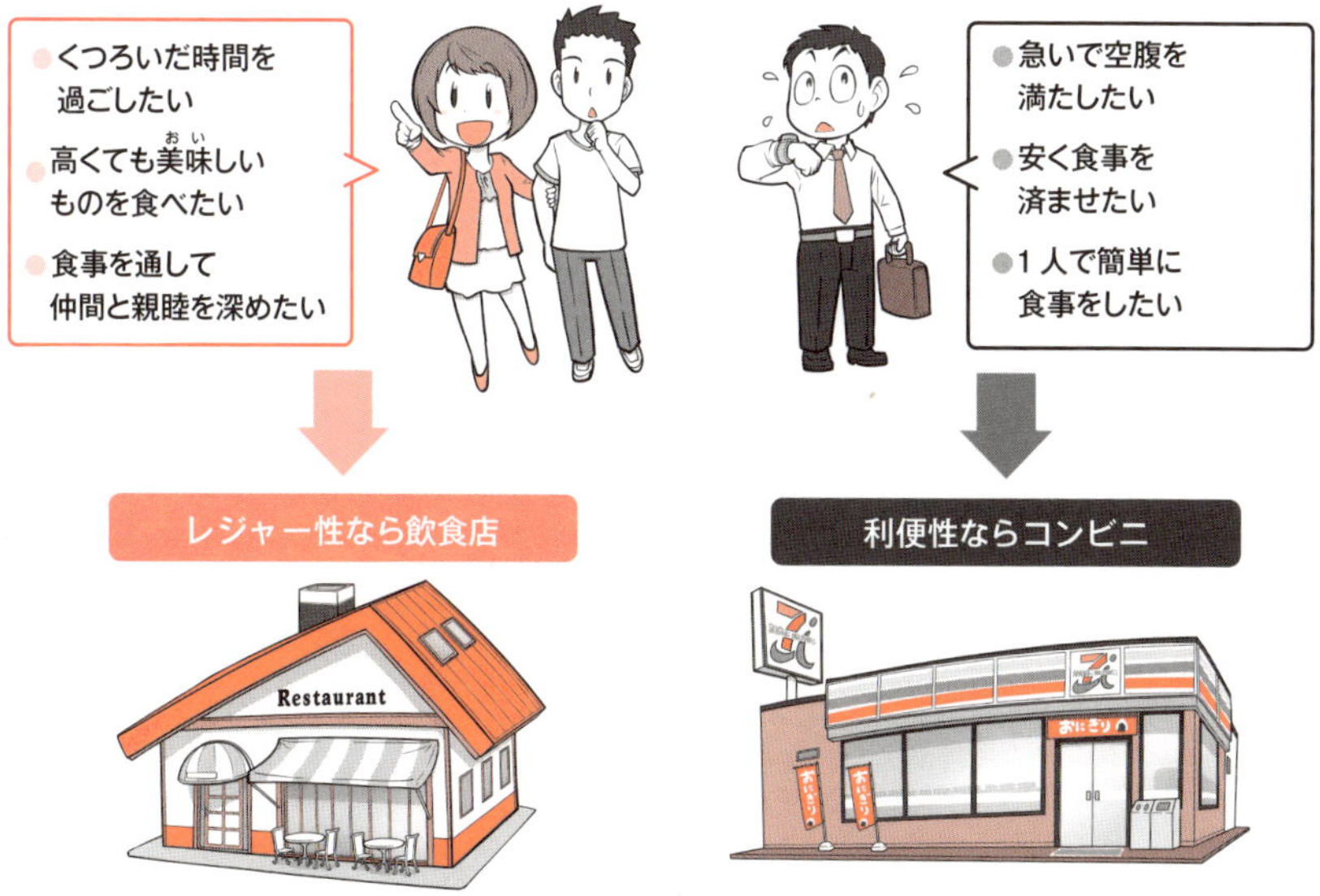
くつろいだ時間を過ごしたい
高くても美味《おい》しいものを食べたい
食事を通して仲間と親睦を深めたい
レジャー性なら飲食店
Restaurant
急いで空腹を満たしたい
安く食事を済ませたい
1人で簡単に食事をしたい
利便性ならコンビニ
おにぎり

飲食店が売るのは「料理そのもの」ではない

料理だけでなく、サービスや雰囲気も飲食店の売りものです。

◎飲食店の粗利益《あらりえき》は約65％！

コンビニが飲食店の最大のライバルとなったのは、飲食店より利便性がよいというだけでなく、飲食店と同じような食材でつくった料理を、飲食店より安く提供しているからです。

たとえばキャベツ、ピーマン、鶏肉などを使って、原価（材料費）300円のサラダをつくったとします。そのサラダがコンビニでは400円なのに、飲食店では850円。「安ければそれでいい」という考え方のお客の足は、当然、コンビニに向いてしまいます。

たしかに飲食店は高いのです。同じ原価であっても、コンビニと比べて飲食店の料理の値段が高い理由は、**飲食店は粗利益が非常に大きいビジネス**だからです。

粗利益とは、売上高から材料原価を差し引いた金額

粗利益率（売上高総利益率）の高い事業BEST5（平成25年度）

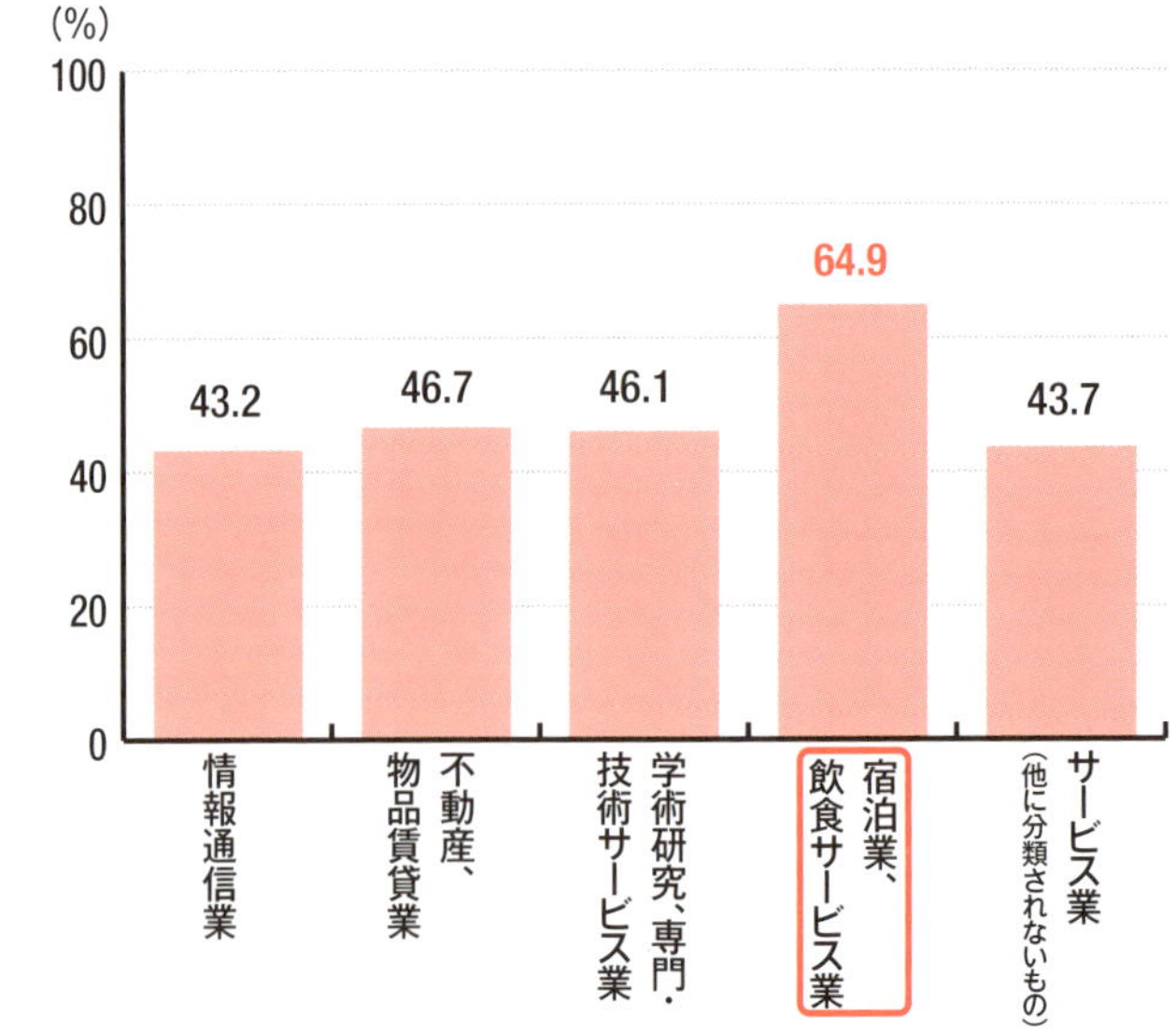

出所：中小企業庁「中小企業実態基本調査（平成25年度決算実績）」から作成

で、**売上高総利益**ともいいます。粗利益だけで実際の儲けを正確に把握することはできませんが、ごく大雑把《おおざっぱ》な儲けの大きさは知ることができます。コンビニなどの小売業の粗利益率（売上高に対する粗利益の割合）がせいぜい20％台後半なのに対して、飲食業の粗利益率は65％近くもあります。

◎付加価値があるからお客が利用する

では、なぜ飲食店は原価300円のサラダを850円もの値段で売ることができるのでしょうか。

実は飲食店は、**「料理そのもの」を売っているわけではありません**。料理の魅力を引き立たせる演出、心のこもったスタッフの接客、快適に食事ができる店の雰囲気、それらすべて含めてお客に売っているのです。

つまり、料理が原価よりずっと高くても**大きな付加価値**があるから、お客は飲食店を利用します。そうした付加価値は、コンビニで買えないものです。逆に考えれば、値段が高いのに付加価値のない飲食店は、存在意義がないということです。

付加価値

飲食店に不可欠な「QSC」

QSCを高めることが、飲食店を繁盛させるポイントです。

◎付加価値には3つの要素がある

前節で述べたように、お客は飲食店ならではの付加価値があるから、お金を払ってくれるわけです。そのため、付加価値が感じられなければ、当然、どんなメニューも「高い」「わりに合わない」と評価されてしまいます。**付加価値が飲食店の生命線**といえるのです。

飲食店の付加価値にはさまざまなものがありますが、大きく、①**クオリティー＝Q**、②**サービス＝S**、③**クレンリネス＝C**、という3つの要素に分けられます。

これらは略して**QSC**と呼ばれています。クオリティーとは商品（料理やドリンク）の品質、サービスとは接客の姿勢や配慮、クレンリネスとは店の清潔感を柱とする雰囲気と理解してください。

宇井流 成功のためのもう一歩

お客に尽くすことが飲食店の働きがい

飲食店は無形の付加価値を売るという意味で、サービス業の一形態といえます。サービス業であれば、**お客に喜んでもうことが仕事の本分**。お客の喜び＝満足度を高めることができれば、おのずと売上も向上します。要するに、お客が喜んでくれればくれるほど店が繁盛するのですから、まさにお客の喜びが自分の喜びとなるわけです。

では、お客を喜ばせる方法は何かというと、ただひとつです。**QSCを通してお客に尽くす**ことです。お客に尽くすことこそが、飲食店の働きがいとなることを肝《きも》に銘《めい》じておきましょう。

店の評価はQSCで決まることを知っておこう!

QSCを考えるポイント

クオリティー
Quality

飲食店の料理が美味しいのは当然なので、「料理の美味しさ」は最低限のクオリティーの条件。料理の個性や盛り付け方、食器のセンスなどで、他店と差をつけよう。

サービス
Service

オーダーへの対応が確実で迅《じん》速《そく》ということが、サービスの基本。しかし、事務的なサービスでは、お客に喜んではもらえない。「おもてなしの心」がお客に伝わるようにしよう。

クレンリネス
Cleanliness

清潔感は、安心して食事をするうえで最重要の付加価値。清潔感に加えて、居心地のよさを提供しよう。店内の内装デザインや調度品などによる演出も必要。

◎お客はQSCを総合して店を評価

店を繁盛させるには、このQSC（クオリティー、サービス、クレンリネス）を高める方法を考えることが基本です。その考え方のポイントを上段の図にまとめてみましたが、「お客を喜ばせたい」という思いがQSCのベースになければいけません。

ただし、ここで注意してほしい点は、**QSCにはバランスが大切**ということです。

たとえば、「料理の味だけは絶対に負けない」と自信を持っていても、接客態度が悪く、不潔な店では、料理も美味《おい》しく感じられません。客足が遠のいて当然です。実際、人手の足りない個人経営の店では、ひとつだけの長所で勝負して、QSCのバランスが取れていないケースが多いのです。

お客はその店の短所を見逃しません。**お客は料理も接客も雰囲気も総合して、お金を払う価値がある店かどうかを決める**のです。

飲食店のキホン

オーナーは2つの役割を担《にな》う

経営者としての役割、店長としての役割をしっかり押さえておきましょう。

小さな飲食店のオーナーは超多忙

飲食店を開業すれば、あなたは店のオーナー（店主）です。オーナーである限り、店の利益を上げていくという経営責任が生じます。しかし、小さな飲食店の場合、「経営だけを考えていればOK」というわけにはいかないのが現実。

オーナー自身も厨房《ちゅうぼう》やホールでスタッフと一緒に働き、現場の店長として、実際の店舗運営を管理しているケースがほとんどです。小さな飲食店のオーナーは、**経営者としての役割**だけでなく、**店長としての役割**も同時に果たさなければならないので、超多忙です。

経営者として担う役割と店長として担う役割には、おのずと違いがあります。そこで、小さな飲食店のオーナーになるのならば、両方の役割について基本を押

宇井流

成功のためのもう一歩

「チームの監督」としての手腕も必要

飲食店の店舗運営には、スタッフ一丸《いちがん》となったチームプレーが不可欠です。そのため、現場の店長業務も担うオーナーであれば、「チームの監督」としての手腕が問われます。監督の重要な仕事は、**スタッフを効率的に動かす**ことです。けれど、人を動かすには、尊敬される存在であることが必要です。チームを率いるには、人間力も必要なのです。

また、オーナー自身がシェフという店もありますが、「シェフだから調理だけに集中すればいい」というのは大間違《おおまちが》い。オーナーシェフも、「チームの監督」であることを忘れてはいけません。

小さな店のオーナーは、日常業務の管理も必要

さえておく必要があります。

◎経営者としてスタンダードを決めよう

まず、経営者の役割を見ていきましょう。経営者にとって欠かせない重要な役割として、次の3つのものが挙げられます。

①店の経営理念を明確に示す
②資金調達と資金繰りを確実に行う
③実現可能な売上計画を立てる

①の**経営理念**とは、簡単にいえば、「どんな店を目指すのか」ということです。これが曖昧《あいまい》だと、店の個性が見えず、お客も興味を持ってくれません。ですから、「うちの店はこんな店だ」という経営理念を、お客に対して明確に示す必要があります。

そのための方法は、**経営理念に基づいて店のQSCのスタンダード（基準）を決める**ことです。こうした店なのだから、料理や飲み物のレベルはこれ、接客のレベルはこれ、雰囲気のレベルはこれ、というように店のスタンダードレベルを設定するのです。独自のス

経営者として

タンダードによって提供されるＱＳＣを通して、お客はその店の個性を感じ取ることができるわけです。

②の**資金調達と資金繰り**は、店を維持していくために必要不可欠なものです。資金がない状況に陥《おちい》れば、仕入れ先への支払いやスタッフへの給料支払いもできなくなり、店は立ち行かなくなります。

また、③の**売上計画**については、「その日その日で、ともかく売上があればいい」というのでは、仕事の意欲が低下してしまいます。売上計画を立てることで目標が見え、スタッフも仕事に邁進《まいしん》できます。

◎管理業務は売上と利益の確保のため

次は、現場の店長としての役割についてです。結論からいってしまえば、**経営理念や経営方針の実現に向けて、「ヒト・モノ・カネ」の管理業務**を行うというのが店長の役割です。

具体的な管理業務の例としては、スタッフに対する指導、店内の清掃状況の確認、レジ会計の確認などが挙げられますが、もちろんこのほかにも管理業務はたくさんあります。現場責任者として行うべき主要な管理業務例を左ページに挙げたので、参考にしてください。

ただし、ひとつひとつの管理業務をただ漫然《まんぜん》とこなしているだけでは、店長としての責任を果たしたことにはなりません。管理業務の目的は、つまるところ**売上と利益を確保すること**にあるのです。

店舗運営の現場にいれば、売上と利益の状況を容易に把握できるはずです。たとえば売上が減少していて、その原因が客離れにあったとすれば、ＱＳＣのスタンダードレベルが低下しているのかもしれません。そうした場合、ＱＳＣに関連する管理のやり方を再検討する必要があります。

また、売上は向上しているのに、利益が伸びていないのなら、コストが大きくなっているということです。ムダを徹底的に洗い出し、コスト面の管理を強化しなければなりません。

このように、**売上と利益にしっかり結び付く管理業務**を進めてこそ、現場責任者はその責任を果たしたことになるのです。

オーナー店長が担う1日の主な管理業務

営業開始前

- 朝礼を通して部下の様子見や健康管理を行う
- 勤務スケジュールに基づき作業を割り当てる
- 今日の目標を周知させる
- 店全体のクレンリネスと照明等の確認
- テーブルセッティングの確認
- レジ内の釣銭等の確認

営業時間中

- 誘導、苦情対応も含め接客ができているか
- 熱い物は熱く冷たい物は冷たくできているか
- 料理の量、盛り付け、提供の仕方は適切か
- 混み具合に応じてテーブル配置のバランスを確認
- 従業員の仕事態度に問題はないか
- トイレ・化粧室は十分に掃除できているか
- 販促品がある場合、十分にセールスができているか
- レジ内の釣銭を定時にチェック

営業終了後

- 食材ストックを確認して追加発注をする
- 明日の商品の出数予測を立て厨房にも伝える
- 食器などの破損を確認して補充する
- 金銭出納チェックを所定の方法で行う
- 客数と客層に変化がないか検討
- 必要があれば利益計画を見直す

コラム

飲食店開業に必要な届出

飲食店を開業するためには、必ず保健所に**飲食店営業許可**を申請しなければいけません。申請後、保健所による施設の審査があり、その審査をクリアすれば営業許可を取得できます。また、夜の12時以降もお酒を提供する店は、警察署に**深夜酒類提供飲食店営業開始届出書**も出す必要があります。

さらに、出店に際して店舗工事を行う場合は、工事前に消防署に**防火対象物工事等計画届出書**、工事完了後に**防火対象物使用開始届出書**を提出しなければなりません。なお、居抜き物件（→P88）をそのまま使用して工事を行わないという場合でも、防火対象物使用開始届出書が必要です。

これらの届出のほか税法上の義務として、個人経営の店なら**個人事業の開廃業等届出書**、法人にするならば**法人設立届出書**を税務署に提出する必要があります。

必要な届出	対象となる店	届出先	届出期限
飲食店営業許可申請書	すべての飲食店	保健所	開業2週間～10日前が目安
深夜酒類提供飲食店営業開始届出書	酒類提供を深夜12時以降も行う飲食店	警察署	開業10日前が目安
防火対象物工事等計画届出書	店舗工事を行って開業する飲食店	消防署	工事着手の7日前まで
防火対象物使用開始届出書	すべての飲食店	消防署	開業7日前まで
個人事業の開廃業等届出書	個人経営の飲食店	税務署	開業の日から1カ月以内
法人設立届出書	法人経営の飲食店	税務署	法人設立の日から2カ月以内

2章

飲食業界の現状とコンセプトメーキング

成功する店の絶対条件は「個性」！　独自のコンセプトと業態（どのように売るか）で、個性的な店づくりをしよう。

と、いうわけで店作りにあたって
「コンセプトメーキング」を進めましょ
あれ？まずは資金調達や物件探しじゃないのか？
オホン
昨日予習しておいた知識をさっそく
コンセプトは一言で言うと店の「骨組み」
ガッチリ
コンセプト
コンセプト
コンセプト
ソフト面ハード面全般の設計図なのね
安い！早い！うまい!!
Yoshidaya
吉田
あー、それもコンセプトだけどアンタ何屋だよ
それから「抽象的な言葉」に逃げないように決めていきましょうね
ちぇ

「6W2H」の考え方
この「6W2H」を基準としてコンセプトを起こしてみましょう
どやー
ほー
W Why? なぜ
W What? 何を
W Where? どこに
W Whom? 誰に
W When? いつ
W Who? 誰が
H How to? どのように
H How much? どれだけ
今日、（いつ）昌子が（誰が）俺の（誰に）
サイフに（どこに）一万円を入れる（何を）
Why? なぜ
パチンコ
まじめにやんなさいっ!!!
ちょ
冗談いてっ

＼知っておこう！／

飲食店開業までの流れ

6カ月前	**コンセプトの設定** （P50～61）	コンセプトとは、店の基本的な骨格の設計図。どんな店にするのか、具体的に業種・業態、ターゲットとする客層や利用動機、客単価などを検討しよう。
	店舗の物件探し （P84～88）	コンセプトに合った物件を探そう。物件を絞り込んでいくためには、出店候補地の商圏調査が欠かせない。物件の条件によっては、コンセプトを練り直すことも必要。

↓

5～4カ月前	**事業計画の立案** （P70～75）	開業に必要な資金額を算定し、開業後の収支予測も立てる。金融機関に融資を申し込む場合にも、資料として事業計画書が必ず求められる。
	資金調達 （P68～69、P76～79）	事業計画で算定した開業資金を調達する。開業資金が自己資金だけでは不足する場合、公的金融機関や自治体の「制度融資」を利用して資金調達を図る。

↓

2カ月前	**店舗の設計・施工** （P90～109）	物件を決定し、内外装の設計・施工を業者に依頼する。その際、業者にコンセプトを十分に説明したうえで設計プランを出してもらい、業者任せにしないことが大切。
	メニューのプランニング （P124～137、P142～143）	店の目玉となるメニューを開発し、全体のメニュー構成も決めていく。開業後に値上げすることは難しいので、価格は慎重に設定するようにしよう。

1カ月前	**備品・ディスプレイの購入** （P110～117）	調理器具や食器、箸《はし》、フォーク、スプーンなど店舗で使用する部品を揃える。ディスプレイについては、店のコンセプトに合わせて統一感を持たせることがポイント。
	スタッフの募集・採用 （P186～189）	開業前のトレーニング期間を考慮して、スタッフの募集は早めに開始する。なお、社員については3カ月前に募集をかけて、十分な教育期間を設けるようにしよう。

2週間前	**営業のための各種届出** （P40）	保健所への営業許可申請、消防署への防火対象物使用開始届などが必要。深夜12時以降も酒類提供を行う場合は、警察署への届出が必要となる。
	販促活動の開始 （P160～167、P176～179）	チラシ配布やWeb活用、近隣企業への挨拶まわりなどによって、オープン告知を行う。同時に開業後の販促計画も立てておくようにしよう。
	各種マニュアルの作成 （P138～141、P144～145、P202～203、P212～213）	調理マニュアル、食材管理マニュアル、サービスマニュアル、清掃マニュアルなどを作成する。それらのマニュアルが、店のQSCのスタンダードレベルとなる。

1週間前	**オープン前トレーニング** （P194～197）	パート・アルバイトも含めてスタッフ全員が、マニュアルに沿って仕事をこなせるように、トレーニングを実施する。本番を想定したロールプレイングが効果的。

オープン

コンセプト

外食産業マーケットの変化

中食《なかしょく》産業の台頭などによって、今や外食産業は過当競争時代です。

◎70年代、外食産業は大きく発展

戦後の日本経済は、1950年代半ばから1973年まで、GNP年平均成長率10%という驚異的な高度成長を遂げました。それに伴い、外食産業マーケットは着実に拡大していきました。

1970年代、外食産業は大きな発展期を迎えます。70年に「ケンタッキーフライドチキン」と「すかいらーく」がオープン、71年には「マクドナルド」もオープンしました。手頃な値段で楽しめるファストフード店やファミレスの登場により、庶民にとって特別な日の贅沢《ぜいたく》だった外食は**日常的なレジャー**となりました。

80年代に入ると、豊かさの中で人々のレジャーへのニーズはさらに高まります。80年代後半のバブル景気時代には、「1億総グルメ」と呼ばれる外食ブームが到

宇井流

飲食店のNGパターン

マーケットの把握なしに「ともかく開業しよう」は通用しない

飲食店は趣味や遊びなどではなく、ビジネスです。ビジネスは厳しい世界なので、「ともかく開業すれば、情熱と意欲で何とかなる」といった考え方は通用しません。情熱と意欲よりも、**実際的な戦略をしっかり持っているかどうか**が、ビジネスの勝敗を分けるのです。

どのように店を成功に導くかという戦略を立てるためには、まず飲食店ビジネスを取り巻くマーケットの現状を把握することが前提です。市場規模は拡大期なのか成熟期なのか衰退期なのか、飲食店に対するお客のニーズはどんな変化を見せているのか、競合店はどんな動きを見せているのか…そうしたことをしっかり見極める必要があるのです。つまり、**マーケットの現状を知らなければ、成功戦略も見えてこない**ということです。

飲食業界のシビアな競争に打ち勝つには、独自のコンセプトを!

来。ともかく開業さえすれば、お客は必ず来てくれるという状況で、外食産業の市場規模は20兆円を超えるまでに成長しました。

◎市場規模の漸減《ぜんげん》で飲食店は過当競争

しかし、バブル崩壊後、外食産業の成長ペースも落ちてしまいました。市場規模は、1997年に約29兆円に達したのをピークに、その後は漸減しながら推移しているという状況です。

外食産業の市場規模停滞の要因としては、景気低迷や人口の減少傾向などが挙げられるでしょう。さらに、**コンビニ弁当や宅配ピザなどの中食産業の台頭**も、外食産業を圧迫する大きな要因となっています。

いずれにしろ、市場規模が停滞する中、飲食店の競争は激しさを増しています。人々の価値観も多様化し、「どこにでもあるような店」ではお客が来てくれません。今の時代、競争に打ち勝つためには、どんなお客のどんなニーズに応えられる店なのか、**独自のコンセプトをアピールしていく**必要があるのです。

外食産業と中食産業の市場規模推移

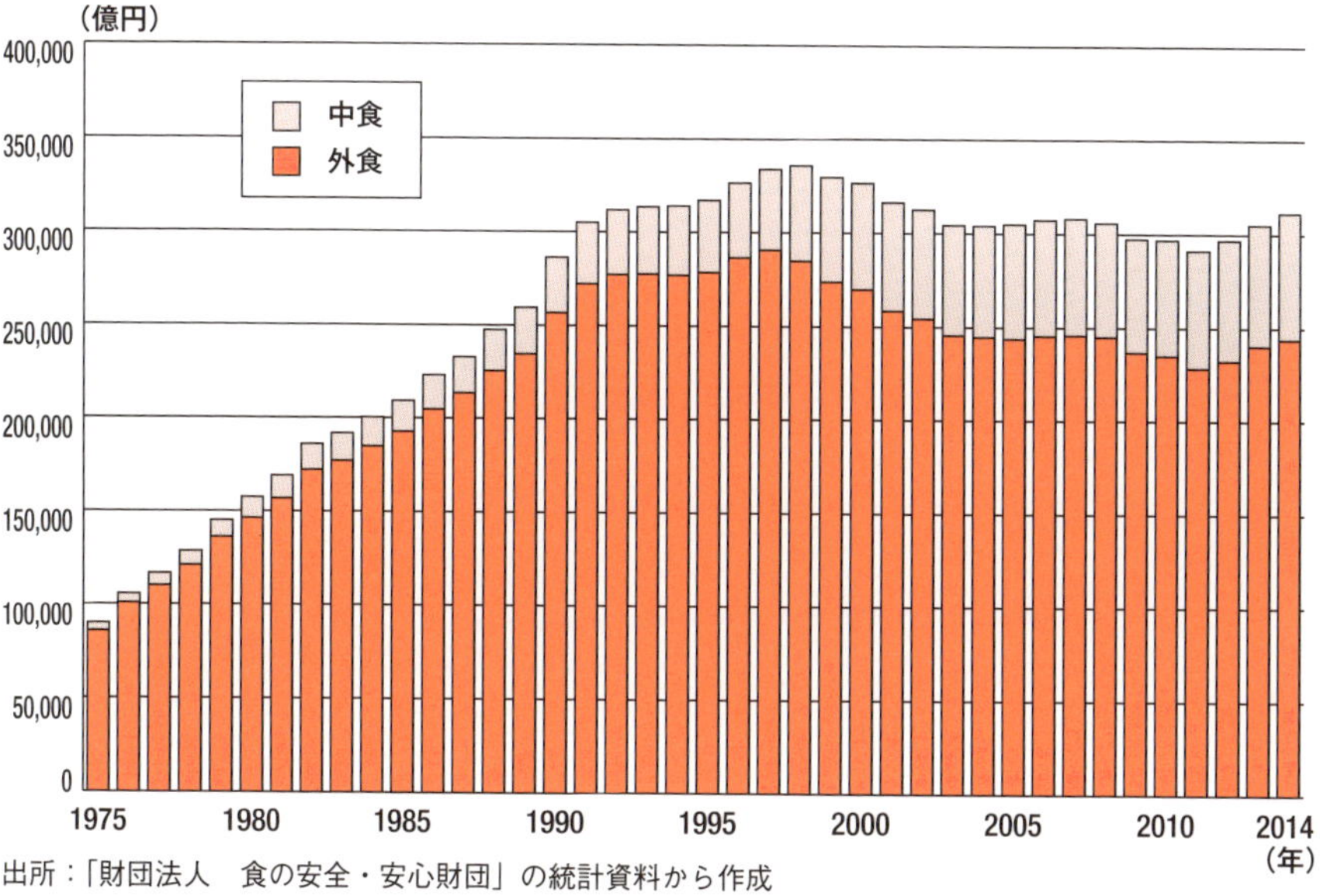

出所：「財団法人　食の安全・安心財団」の統計資料から作成

コンセプト

時代のトレンドと飲食店のあり方

失敗しない店づくりのためには、「業態発想」が何より重要です。

◎今の時代、業種よりも業態が重要

前節でも述べましたが、近年の外食産業を取り巻く環境は、非常に厳しいものになっています。そのため、ワインブームだからといってワインバーを開業しても、すべての店が繁盛するわけではなく、ほんの数年でつぶれてしまう店もあります。

では、失敗した店は何が問題だったのでしょうか。実は、**魅力的な業態を構築できなかったことが失敗の原因**となるケースが多いのです。

業態とは、「どのように売るのか」ということです。それに対して、「何を売るのか」というのが業種です。今の時代、たとえばワインバーといった業種だけの発想では失敗します。店の成功には、「どのようにワンイを売るのか」という業態が重要になってくるのです。

成功のためのもう一歩

近所に同業種の店があっても業態が違えば繁盛可能

たとえば、ハンバーガー屋の開業計画を練ったとしましょう。商圏調査（→P84）をしてみたら、他のハンバーガー屋が近くにもあったという場合、あなたならどうしますか。

業種だけにとらわれていると、「競合店があるなら、ハンバーガー屋ではないホットドッグ屋でもやろう」となってしまいます。ところが、業種ではなく業態に視点を当てれば、また別の考え方ができるはずです。

もし、近くのハンバーガー屋がファストフードならば、こちらは「夜にワインでも味わいながら、ディナー感覚で食べられる高級ハンバーガー屋」をつくればよいのです。客の目には違う店に映ります。**業態が異なれば、同じ業種であっても競合店とはならない**ので、十分に繁盛が可能ということです。

ニーズをとらえて、「どのように売るか」という業態をしっかり検討してね

業態はニーズとの合致が必要

しかし、どんなに斬新《ざんしん》な業態の店でも、**その業態がお客のニーズと合致**していなければ、お客は来てくれません。そこで、ニーズをとらえるためには、次のような時代のトレンドに目を向ける必要があります。

- **少子高齢化社会の進展**
- **共働きと単身世帯の増加**
- **食の安全・安心に対する関心の高まり**
- **本物志向の高まり**
- **健康志向の高まり**

たとえば、「共働きと単身世帯の増加」からは1人鍋などの「おひとり様ニーズ」、「本物志向の高まり」からは店内ワイン醸造などの「自家製ニーズ」というように、今どきのニーズが浮かび上がってきます。

繁盛している飲食店は、このように今どきのニーズをとらえ、それに対応した業態を構築しているのです。

現在の飲食店業界では、**業種発想から業態発想への転換**が求められているといえるでしょう。

ニーズ

飲食店のコンセプトとは？

コンセプトはできるだけ具体的に示すことが大切です。

◎コンセプトは業態の基本的な骨格

飲食店を成功させる秘訣は、**コンセプトを明確にすること**です。他店にはない、自分らしさを打ち出すことが重要です。

そこで、自分はニューヨークが好きという思いから、「ニューヨークにあるようなクールなカフェ」といったコンセプトを考えたとしましょう。けれど、これが明確なコンセプトといえるでしょうか。このコンセプトを土台に、店づくりをしようとしても難しいはずです。内装のイメージは浮かんだとしても、厨房《ちゅうぼう》やホールの設計、スタッフ体制など、実際に店を動かすシステムとなると、このコンセプトだけでは決めようがありません。

店づくりに有効なコンセプトとは、たんなるイメー

宇井流

問題解決Q&A

コンセプトが思いつかない場合はどうすればいいの？

コンセプトが思いつかないというのなら、**繁盛店のコンセプトを参考にしてみる**のもいいでしょう。繁盛店を観察して成功要因を見極め、それを自店のコンセプトにも取り入れられないかを検討していくわけです。

繁盛店の観察ポイントは、**立地（商圏）、メニュー、サービス**などです。どんな立地でどんな客層を狙っているのか、その客層をつかむためにどんなメニューをいくらで提供しているのか、そしてサービスにどんな工夫を凝らしているのかを調べます。繁盛店のやり方を知ることで、「このやり方を参考にして、こんな店にしたい」というように、自店の具体的なコンセプトが描けるはずです。

明確なコンセプトがあれば、業態もおのずと見えてくるわよ

ジを訴えたものではなく、**業態構築のための基本的な骨格**となるものです。「お客にどのように利用してもらう店にしたいのか」を具体的に示す必要があります。

◎6W2Hでコンセプトを業態に

前述の抽象的なコンセプトも、「忙しいサラリーマンが、出勤前に気軽に寄れる立ち飲みカフェ」というくらいまで煮詰めていけば、店の骨格が見えてきます。そしてコンセプトを実現するために、その骨格に肉付けをして、店の業態構築をしていくのです。業態が飲食店にとっての重要テーマであることは、前節で述べたとおりです。

コンセプトから業態構築を行う方法は、コンセプトに沿いながら、下図に挙げた**6W2Hを検討**するというものです。実は業態というのは、この6W2Hの要素からできているのです。6W2Hの質問に回答していくと、おのずと業態ができあがるというわけです。

6W2Hそれぞれの詳しい内容については、次節以降で解説していきます。

コンセプトを実現するための6W2H

1. Why（なぜ）……なぜ店をやりたいのか（目的＝お客の利用動機）
2. What（何を）……何をお客に提供するのか（主要メニュー）
3. Whom（誰に）……誰に店を利用してもらうのか（客層）
4. Where（どこで／どこに）……どこで店をやるのか（立地）
5. When（いつ）……いつ店をやるのか（営業時間）
6. Who（誰が）……誰が店を動かすのか（スタッフ体制）
7. How much（いくらで）……いくらでお客に利用してもらうのか（客単価）
8. How to（どのように）……どのようにお客に楽しんでもらうのか（特徴）

コンセプトからの業態構築

実際の店づくりには、6W2Hを考えた業態構築が必要です。まず自分の思いを整理したうえでコンセプトを明確化して、そこから具体的に業態を検討していきましょう。

コンセプトシート例①

業種・業態	ベーカリーカフェ
店舗規模	20～40坪
出店エリア	郊外住宅地
立地	幹線通り沿い
ターゲット客層	主婦・OL層　男女比率　2：8
利用動機	食事・喫茶・テイクアウト
主力メニュー	パン各種・コーヒーを主体とするドリンク・ランチセット
従業員体制	ピーク時4名
営業時間・営業日	10：00～21：00　月～日まで（火曜日定休）
特徴（ウリ）	スタッフが時間があるときに試食をすすめたり、焼きあがりの時間を掲示することで追加購入を提案する。食事客にはパン食べ放題を実施。
客単価	テイクアウト単価850円・ランチ900円

コンセプトシート例②

業種・業態	鹿児島産刺身大皿盛りの海鮮居酒屋
店舗規模	20坪30席
出店エリア	オフィス街
立地	主要駅前1F路面
ターゲット客層	20代後半～40代のサラリーマンとOL　6：4のイメージ
利用動機	小～中規模宴会、食事会、友人との飲み会
主力メニュー	刺身大皿盛り、海鮮かき揚げ、海鮮パスタなど
従業員体制	社員2名（店長兼調理長、調理人）＋スタッフ4名
営業時間・営業日	月～木17時～23時　金～土17時～25時　日17時～22時（無休）
特徴（ウリ）	刺身10点盛りのコストパフォーマンス
客単価	3,000円

コンセプトシート例③

業種・業態	豚肉×ワインバル
店舗規模	15坪
出店エリア	駅前繁華街
立地	裏路地
ターゲット客層	ワイン好きで流行に敏感なサラリーマンとOL　5：5のイメージ
利用動機	少人数の飲み会、1人飲み
主力メニュー	ガッツリ豚肉メニュー、ハモンセラーノ（生ハム）、タパス
従業員体制	社員2名（店長、料理長）＋ホールスタッフ1名
営業時間・営業日	ディナー18：00～27：00　月～土まで（日曜日定休）
特徴（ウリ）	ガッツリ豚肉メニューとしてスペアリブ、トンテキ、パテを原価45～50%で提供、ワインも少し小ぶりのグラスにテーブルでなみなみ注ぐように提供方法を工夫する。
客単価	3,000円

6W2H

6W2Hか
昔、こんなゲームやったよな
なつかしーな
各々が各単語を自由に書いてランダムに組み合わせて読むだけなんだけど
楽しかったなぁ
いつ?
どこで?
どうした?
昨日（いつ）東京駅で（どこで）オレが（誰が）痴漢で逮捕された（どうした）とかあってさ
ヘラヘラ
ぽんっ
Who?
痴漢?
おーい

コンセプト

6W2Hでコンセプトを具体化(1) ーWhyとWhat

まずは店をやる目的と主要メニューを明らかにしましょう。

◎Whyへの回答が店の存在意義となる

「Why＝なぜ店をやりたいのか」という問いへの回答は、「これをやりたいから」というあなたの目的を表明するものです。その「やりたいこと」が、すなわち**店の存在意義**となります。ただし、ビジネスである限り、あなたが考えた「やりたいこと」が、**お客から共感を得られるもの**でなければいけません。

たとえば店をやりたい理由が、「親からもらった土地を活用したいから」というのでは、べつに飲食店でなくてもよく、お客からの共感はまったく得られません。もう少し検討を加えて、「その土地で自家製野菜をつくり、それを食べてもらいたいから」というなら、店の存在意義が見えてきます。さらに、「採れたての新鮮野菜の美味《おい》しさを伝えたいから」となれば、十分にお

成功のためのもう一歩

「何を提供する店なのか」がわかる店名が王道

「何をお客に提供するのか」決まったら、それに合わせた店名も考えるとよいでしょう。たとえば、野菜ケーキがいろいろ選べるカフェなら「ベジタブルカフェ」というように、**コンセプトが明確になるようなネーミング**にしておきます。

それだとありきたりだと思う場合は、漢字をひねったネーミングという手もあります。昭和風のレトロな大衆居酒屋がコンセプトなら、「昭和居酒屋」でもよいのですが、「笑話酒場」などといった店名にするのです。そのほうが、あたたかみのあるレトロな雰囲気が伝わってきます。

客の共感を得られるはずです。

また、あなたの「やりたいこと」が共感を得られれば、それは**お客にとっての利用動機（店に行く理由）**となります。先述した例でいえば、「新鮮野菜を味わいに行く」というお客の利用動機が生まれるわけです。

◎主要メニューで「やりたいこと」を表現

なぜ店をやりたいのかを明らかにしたら、次に「What＝何をお客に提供するのか」を決めます。つまり、主要メニューを決めるのです。

その際、何の理由も根拠もなく、たんなる思いつきで主要メニューを決めるわけにはいきません。**あなたの「やりたいこと」が表現できるものを主要メニューとする**ことが大切です。

たとえば、「採れたての新鮮野菜の美味しさを伝えたい」といいながら、炒め物や揚げ物などが主要メニューでは、何をやりたい店なのかと、お客も首をひねってしまいます。素材をそのまま生かした野菜料理で勝負すれば、店の個性を打ち出すことができます。

店づくりはWhy（なぜ店をやりたいのか）から始まる

店づくりは、「Why＝なぜ店をやりたいのか」を打ち出すことから始まります。しかし、自己満足ではダメ。お客の共感を得られる「Why」の回答例を紹介しましょう。

朝食、昼食として、手軽に食べることができ、栄養も豊富な具沢山《ぐだくさん》の惣菜《そうざい》パンを提供したい。国産小麦粉 100%でパンをつくり、安全もアピールしたい。

あまり知られていない自分の故郷の地元食材や地酒を、東京の人たちに広めたい。店にアンテナショップ的な役割を持たせ、故郷のPRにも貢献したい。

地元の高齢者や小さな子どもがいる主婦などが集い、楽しく会話ができるコミュニティ的なカフェをつくりたい。カフェ営業だけでなく、定期的に上映会や講演会などのイベント開催もしたい。

コンセプト

6W2Hでコンセプトを具体化（2）―WhomとWhere

ターゲット客層を決め、その客層に合った立地を検討しましょう。

店の成功は
Whomと Whereの
合致が決め手!

◎誰にでも気に入られる店はあり得ない

具体的に店の業態を考えていく際、「Ｗｈｏｍ＝誰に店を利用してもらうのか」はとても重要なポイント。**ターゲット客層が違えば、店のスタイルも違ってくる**ので、客層を明確にすることが必要なのです。たとえば、「郷土の食材を味わってもらう店」をつくりたい場合、男性サラリーマンがターゲットなら居酒屋スタイルがよいかもしれませんが、若い女性がターゲットなら、居酒屋よりもヘルシー感を強調した和食レストランのほうがうまくいくでしょう。

客層の絞り込みを行わず、「誰にでも気に入られる店にしたい」などと考えると、店の存在意義がなくなってしまいます。その結果、訪れたお客に中途半端な印象だけを与えることになり、繁盛は期待できません。

成功のためのもう一歩

業態構築には客層だけでなく利用動機の考慮も必要

たとえば、ターゲット客層をオフィス街のサラリーマンと決めても、その客層をつかめる店の業態は何がいいのかとなると、実は一筋縄ではいきません。

サラリーマンという同じ客層でも、手早く昼食を済ますために飲食店を利用するケース、仕事の打ち合わせの場として飲食店を利用するケース、あるいは会社帰りに仲間との親睦を深めるために飲食店を利用するケースなど、利用動機はさまざま。当然、利用動機ごとに適した業態というものがあります。

そのため、ターゲット客層を絞り込む場合、**同時にその客層の利用動機も絞り込む**ことが不可欠です。具体的な業態は、客層だけでなく利用動機もしっかり考慮して決めましょう。

業態別の商圏範囲と人口の目安

業態		商圏の範囲	商圏の人口
ファストフード店、喫茶店等 （客単価 700円以下）		7分圏内	2〜3万人程度
ファミレス、カフェ（酒も扱う）等 （客単価 700〜1,200円）		10分圏内	3〜6万人程度
大衆居酒屋、カジュアルレストラン店等 （客単価 1,200〜3,000円）	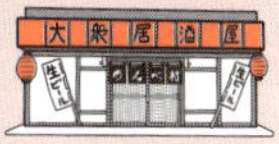	30分圏内	5〜10万人程度
一般居酒屋、焼肉屋等 （客単価 3,000〜5,000円）		1時間圏内	10万人以上

・商圏範囲を示す時間は、徒歩の時間とは限らない。その地域で多くの人が利用する交通手段で考える。
・**客単価が高い業態ほど商圏は広く設定できる**。逆に客単価が低い業態は、客が遠くからわざわざ来店しないので、狭い商圏を想定しよう。

◎立地は客層とセットで考えよう

「Where＝どこで店をやるのか」は、「Whom＝店を誰に利用してもらうのか」と不可分な関係です。店を出した地域にターゲット客層がいるかいないかが、店の繁盛を左右するからです。立地は客層とセットで考えましょう。

飲食店の立地は、まず**商圏**（→P84）を考慮しなければいけません。一般的な飲食店の場合、来店するお客のほとんどが、近所の住人か、近くの学校や会社に通っている人たちです。たとえば、ファストフード店の商圏は上の表のように7分圏内とされています。その商圏の中に、あなたがターゲットとする客層が少ないというのでは、店の成功はおぼつかなくなります。

ですから、立地の検討には、しっかりした商圏調査が欠かせません。**あなたの店の業態でカバーできる商圏の範囲**はどのくらいか、**その商圏内にターゲット客層は十分にいるのか**といったことを把握したうえで、店の立地を決めましょう。

コンセプト

6W2Hでコンセプトを具体化（3）―WhenとWho

営業時間やスタッフ体制を決めれば、店の姿が具体的に見えてきます。

WhenとWhoで
営業スタイルを
明確にしよう

◎営業時間もコンセプトに合わせよう

「When＝いつ店をやるのか」については、居酒屋なら夜の営業、オフィス街の食堂なら昼から夕方までなど、業種・業態によって営業時間がある程度決まっています。けれど、「近所の店の営業時間がこれだから、ウチもそれに合わせよう」という安易な発想で、営業時間を決めるべきではありません。

重要なことは、まわりに合わせるのではなく、**自店がターゲットとするお客をできるだけ呼べる時間帯を選ぶ**ことです。つまり、コンセプトに応じて営業時間を決めるのです。そこで、どの時間帯にどんな客層が多いのかを調査する必要があります。その調査に基づいて効率のよい営業時間を決めていきましょう。

休日の決め方も同様です。飲食店の定休日は水曜や

宇井流

飲食店のNGパターン
年中無休の長時間営業で必ず儲かるとは限らない

最近は、年中無休の24時間営業といったチェーン店が増えています。同じ商圏にそうした店があれば、お客を奪われるのではと心配になるかもしれません、

けれど、負けじと長時間営業を行うのは失敗のもと。小さな店の場合、無理をして営業時間を延長すると、人件費やランニングコストが増加して、結局**赤字になるケースが多い**のです。少人数のスタッフで営業しているなら、スタッフの疲れがたまり、サービスの低下を招きかねません。

大規模チェーン店のやり方を真似《まね》しなくても、小さな店には「個性」という武器があるはずです。営業時間の延長よりも、その個性を磨くことで対抗しましょう。

木曜が多いようですが、自店のターゲット客層がどの曜日に少ないのかをしっかり調査したうえで、定休日を決めることが大切です。

◎スタッフ体制には人件費も関係してくる

調理をする人、接客サービスをする人、会計をする人など、店はさまざまな職分で成り立っています。「Who＝誰が店を動かすのか」を考えるというのは、スタッフ体制を決めることです。

スタッフ体制を決める際には、**人件費の検討も必要**です。スタッフが多ければ当然、人件費も多くかかります。けれど、人件費を下げようとスタッフを無理に減らすと、サービスが行き届かなくなります。

このバランスは難しいため、初めて飲食店を開くなら、1人でもやれる小さなバーやカフェがよいとされているのです。とはいっても、たった1人で店を切り盛りするのは大変で、失敗するケースもあるのが現実。営業を維持できる人件費を十分に検討したうえで、少数であってもスタッフを雇ったほうが安全です。

人件費
うーん
思ったより人件費の負担が大きい誰を減らすべきか
Aさんはよく気がつくしお客様にもファンが多い
彼女は切れない…
どうぞ
ありがとう
Bさんは店内在庫の管理ができる貴重な存在だし切れないぞ
これそろそろ無くなります
Cさんだってこの店には欠かせない人材だし
やっときますよオーナー
オレか？オレを切ればいいのか
!?
オーナーがヘンですよ
いつものことだから

コンセプト

6W2Hでコンセプトを具体化（4）―How muchとHow to

客単価が適正か、独自のウリはあるか、これも店の成否を左右します。

◎客層や利用動機によって客単価に差が出る

店の維持には売上が必要です。売上は客単価×客数で決まります。そこで、「Ｈｏｗ ｍｕｃｈ＝いくらでお客に利用してもらうのか」を考え、客単価を設定することが必要です。客単価を検討する際は、業態による客単価のだいたいの相場が決まっているので（↓Ｐ57上段の表）、それを知っておくとよいでしょう。

ただし、**同じ業態でも、ターゲット客層によって客単価は違ってきます**。たとえば、学生をターゲットにする店であれば、客単価は低くなるはずです。また、**利用動機の違いでも客単価に差が出ます**。ランチ主体の店より、ディナー主体の店のほうが客単価は高くなります。ですから、自店のターゲット客層や利用動機を考えて、適正な客単価を設定することが大切です。

宇井流 飲食店のNGパターン

安くさえすればお客が来るという考え方は誤り

客単価が低ければ低いほど、集客に有利という考え方をする人がいます。つまり、メニューが安くさえあれば、お客は喜んで飛びつくというのです。けれど、そうした考え方は誤り。

最初から「安さの追求」がコンセプトという店ならいざしらず、そうでない店がむやみに客単価を低く設定すると、かえって逆効果です。安くしようとして他店より劣るメニュー内容を提供すると、お客はその店に魅力を感じず、集客数のアップにつながりません。

重要なことは価格自体ではなく、お客の満足度です。客単価が高い店であっても満足度が高ければ、お客は得したと感じます。逆に、安くても満足度が低ければ、損をしたと感じてしまうものなのです。

お客を楽しませる店の「ウリ」を打ち出そう!

店の「ウリ」となる要素は多種多様。ユニークな「ウリ」を持つ店の例を紹介します。

朝7時から焼きたてを売る食パン専門店。パンの焼きあがり時刻を提示し、ワクワク感も店のウリになっている。

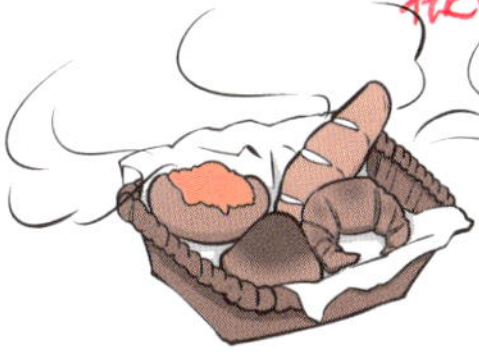

複数の屋台が立ち並び、串焼き、焼肉、海鮮焼き、ラーメンなどバリエーションの豊富なメニューを楽しめる。

ポップコーン専門店。意外なものをメニューに特化して、サプライズ感を打ち出すことで、話題性も高まる。

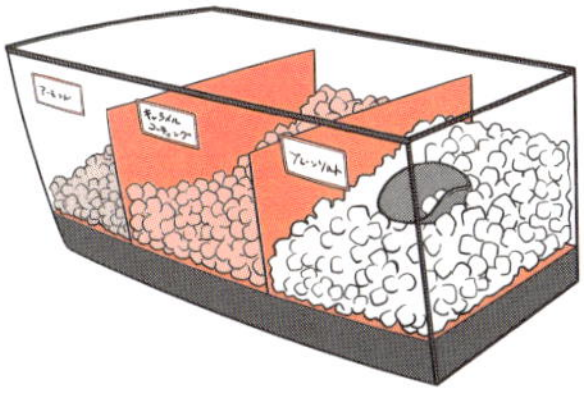

◎店のウリはメニューだけとは限らない

業態構築における6W2Hの最後は、「How to＝どのようにお客に楽しんでもらうのか」です。これは、お客を引きつける店のウリを検討する項目です。

飲食店のウリといえば、メニューで勝負しようと考える人が多いと思いますが、**もっと広い視野からウリを考えてみる**とよいでしょう。料理の提供方法や食器、接客スタイル、店の内装など、ウリとなるものはさまざまです。

たとえば、お客の前で肉を切るパフォーマンスを店のウリにして、成功した例もあります。また、店内にハンモックを吊り下げ、ハンモックの中に寝転がってお茶を飲めるというカフェが、大きな話題になったこともありました。

飲食店の過当競争時代といわれる今、同じようなコンセプトで同じ客層を狙っている店はたくさんあります。抜きんでるには、**強い特徴や魅力をアピールする**ことが求められるのです。

コラム

マスコミで紹介される店を目指そう

店のアピールポイントと魅力を磨くことが前提

今や飲食店情報はテレビや雑誌などで頻繁に紹介され、無名店がマスコミに登場したことをきっかけに、一夜明ければ「行列のできる店」となるケースも珍しくありません。店のコンセプトへのこだわりからマスコミ取材を嫌う店もありますが、一般的な広い客層をターゲットにしている店なら、宣伝にマスコミを活用することを考えてもいいでしょう。マスコミで紹介される店を目指すことが、実は**店のレベルアップにも役立つ**からです。

マスコミは「紹介する価値」がある店でなければ、取り上げてくれません。そこで、自店に**強いアピールポイントを持たせる**ことが必要になります。また、マスコミは信用できる店しか取り上げないので、**その店の魅力が嘘偽《うそいつわ》りなく本物**であることが必要です。つまり、マスコミに取り上げてもらうには、アピールポイントや魅力を磨くことが前提となり、その努力の結果、店自体のレベルアップが実現するというわけです。

無名店でも紹介されるチャンスは十分ある

ただし、どんなに素晴らしい店でも、マスコミが店の存在を知らなければ、取り上げようがありません。そこで、こちらから積極的に働きかけることも必要です。テレビの番組名宛てや雑誌の編集長宛てに、店の外観や内装の写真、オリジナルメニューの写真、アピールポイントを伝える簡潔な文章などの資料を送ってみるのです。さらに、無料食事券を添えた招待状を同封しておくと、下見に来てくれる可能性が高まるはずです。

オープンしたばかりの無名店をマスコミに売り込むのは難しいと思うかもしれませんが、マスコミの側からすれば、**まだ知られていない店のほうが新鮮で情報の価値が高い**のです。臆せずマスコミへの売り込みに挑戦してみれば、取り上げてもらえるチャンスは十分にあります。

3章

開業資金と事業計画の立て方

夢を現実化するためには、開業に向けた資金調達方法や、将来を見通す事業計画を十分に検討することが大切よ。

よーし！
できた！
コンセプト
・ひとりでも家族でも入りやすい
温かみのある小さな洋食レストラン
・明るい店内
・きれい
・フレンドリー
・リーズナブル
・豊富なメニュー
れすとらん
なんかもう90％出来たイメージだな
いやいやまだでしょ
Jet-G 0.5
次は事業計画書を作った上で
経営計画
資金・収支計画
そこから導きだした資金の調達ね
えーっ
前の会社でも事業計画書なんて作ったことないんだけど…
大丈夫
この本の70ページから詳しく解説してあるから
頑張りまーす

翌朝
チュン
いやー スラスラ出来ちゃったよ さすが「プロ直伝」
おつかれ様
事業計画書
これで具体的なプランと
必要な資金が見えてきたわね
店舗
工事
機材
人
広告
備品
¥1,500万
結構な額になったなぁ
それじゃ制度融資について検討していきましょう
なんだか具体的になってきた気がするな

資金計画を立てる

「だいたいこれくらい」という安易な資金計画は絶対に禁物！

開業に必要な
費用をひとつずつ
正確に見積もろう

◎資金計画は慎重に検討しよう

開業資金の金額は、店の業種・業態によって異なり、また立地や規模によっても異なってくるので、一概《いちがい》にいえるものではありません。

小さな店であっても実際に開業するとなると、コンセプトや立地次第では、予想以上に費用がかかるケースも多いというのが現実です。「資金は大雑把《おおざっぱ》な目安で大丈夫、資金不足になった時点で不足分を借り足せばいい」というのでは、やがて資金繰りに行き詰まってしまうおそれがあります。

そうならないためには、まずは開業に必要な資金（費用）の内訳を知ったうえで、**費用項目ごとの金額を正確に見積もり、事前にしっかりした資金計画を立てる**ことが大切です。

◎運転資金の用意も必要

開業資金の主な内訳としては、左ページの図のようなものが挙げられます。

このうち開業準備資金の費用項目に目が行きやすいのですが、店が軌道に乗るまでの**運転資金の用意も忘れてはいけません**。飲食店は今や過当競争時代、開業さえすれば、すぐに店の売上で運転資金をまかなえるとは限らないからです。

そこで、開業当初の客足が鈍くてもやっていけるように、開業資金の中に余裕のある額の運転資金を組み入れておく必要があります。運転資金は、**最低でも3カ月分**は確保したほうがいいでしょう。資金計画では、開業準備資金と運転資金の両面をしっかり検討しなければいけないということです。

開業資金の内訳

開業準備資金 資金の内訳を把握して資金計画を立てる

店舗物件取得費

- 保証金
- 不動産業者の仲介料
- 前家賃　など

店舗工事費

- 設計料
- 内・外装工事費
- 電気・ガス工事費
- 厨房《ちゅうぼう》設備工事費
- 看板工事費　など

居抜きがいいな

什器《じゅうき》備品費、その他

- 椅子《いす》・テーブル費
- 調度品・装飾品費
- レジ費
- 調理器具費
- 食器類費
- 事務用品費
- 消耗品費
- ユニフォーム費　など

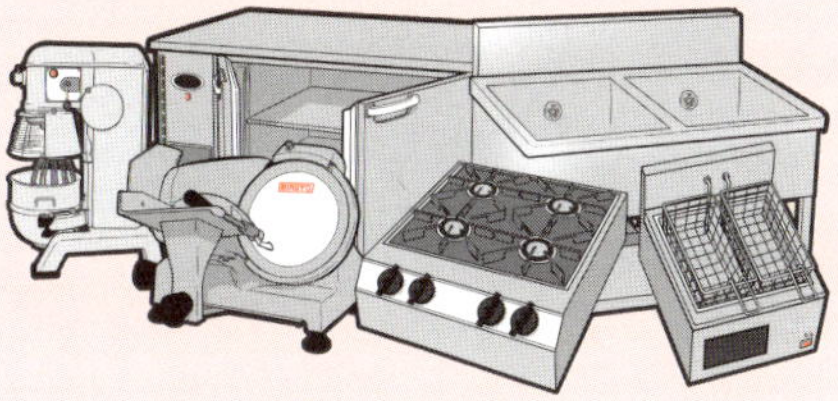

運転資金 最低でも3カ月の運転資金を確保する

- 家賃
- 人件費
- 水道光熱費
- 通信費
- 仕入代金
- 販売促進費　など

開業資金はどうやって準備する？

開業資金は自己資金などのほか、金融機関からの融資でまかないます。

◎理想は自己資金100％の開業だけれど…

開業資金の調達方法として、最初に検討すべきものは**自己資金**です。100％自己資金のみで店を始められれば、資金返済のプレッシャーはなく、利息支払いの心配もないので、それに越したことはありません。けれど、自己資金のみで開業できる人は、ほとんどいないのが実情です。そのため自己資金で足りない分は、**親族・知人などからの援助**や**金融機関からの融資**でまかなうケースが一般的です。

親族などから資金をもらう場合、年間110万円を超える金額には贈与税がかかります。また、お金をもらうのではなく借りるのであれば、贈与税はかかりませんが、税務署から贈与税の脱税を疑われないように、親族であっても借用書を作成しておきましょう。

宇井流

問題解決Q&A

開業資金を借りる場合、返済額はどのくらいが目安？

1年間の返済額は、**店の予想利益の50%＋減価償却費**を上限として考えておけば、無理がないでしょう。

減価償却費とは、店舗の内装や設備の費用を耐用年数に基づいて毎年、損金として処理していくための費用です。たとえば、厨房に設置した30万円の冷蔵庫の耐用年数が５年ならば、償却率は20%なので、30万円×0.2＝6万円となり、年６万円が毎年出て行く損金となります。

しかし、これはあくまで帳簿上の話。実際は毎年６万円が出ていくわけでなく、お金は手元に残るので、その額を借金の返済にあてることができます。逆にいえば、この減価償却費があるため借入れがしやすくなっているわけです。

日本政策金融公庫や自治体の制度融資の活用も考えてみよう

◎日本政策金融公庫や制度融資を活用

金融機関からの融資を受ける場合には、借入先として民間金融機関と公的金融機関があります。しかし、これから飲食店開業をしようという人にとって、**民間金融機関からの直接の借入れは事実上困難**といえます。民間金融機関からの融資獲得には、数年の営業実績が必要だからです。

そこで借入先として強い味方となるのが、公的金融機関である**日本政策金融公庫**（↓P76）です。日本政策金融公庫ならば、格段に融資が受けやすく、金利も低く設定されています。融資プランによっては、担保や保証人が不要です。

また、**地方自治体の制度融資**（↓P78）を活用する方法もあります。これは、開業資金を必要とする人に対して、自治体が民間金融機関からの融資を斡旋《あっせん》してくれる制度です。民間金融機関に直接申し込むよりも融資を得られやすく、支払利息の一部を自治体が負担してくれる場合もあります。

主な資金調達先の特徴

調達先	メリット	デメリット
親族・知人	・借入れの申し込みが容易 ・貸借条件が自由	・借入れではなく、年間110万円以上もらった場合は贈与税がかかる
民間金融機関	・近場にも支店があるので便利	・営業実績がなければ、融資はほぼ受けられない
日本政策金融公庫（政府系金融機関）	・民間金融機関よりも融資が受けやすい ・無担保・無保証でOKの融資プランもある	・融資プランごとに対象者について細かな条件がある
自治体の制度融資	・担保・保証が不十分でも融資が受けられる ・自治体が利息や信用保証料の一部を補助してくれる場合がある	・信用保障協会に信用保証料を支払う必要がある ・融資が実行されるまでに時間がかかる（最低1カ月程度）

事業計画書って何？

ビジネスの成功を見極めるためにも、事業計画書が必要です。

◎事業計画書は成功への必須ツール

事業計画書は、金融機関に融資を申し込む際に、必ず提出が求められます。融資する金融機関の側が、貸し倒れを防ぎたいのは当然です。そこで、融資を依頼する側は確かな採算性と将来性があることを、事業計画書によって示さなければなりません。

ただし、事業計画書は本来、融資のためだけにつくるものではなく、**自分のビジネスを成功させるためにつくる**ものであることを押さえておきましょう。

もともと飲食店は「水商売」というくらいですから、不安定なビジネスです。だからこそ、事業計画書を作成することで、売上見通しなどの具体的な数字を出して、成功の見込みがあるのか自分でしっかり見極めることが大切なのです。

事業計画書の効果

事業計画書は融資獲得のために必要ですが、下に示した日本政策金融公庫の調査からもわかるように、ほかにもさまざまな効果があります。

創業計画書を作成してよかったこと（上位項目抜粋・複数回答）

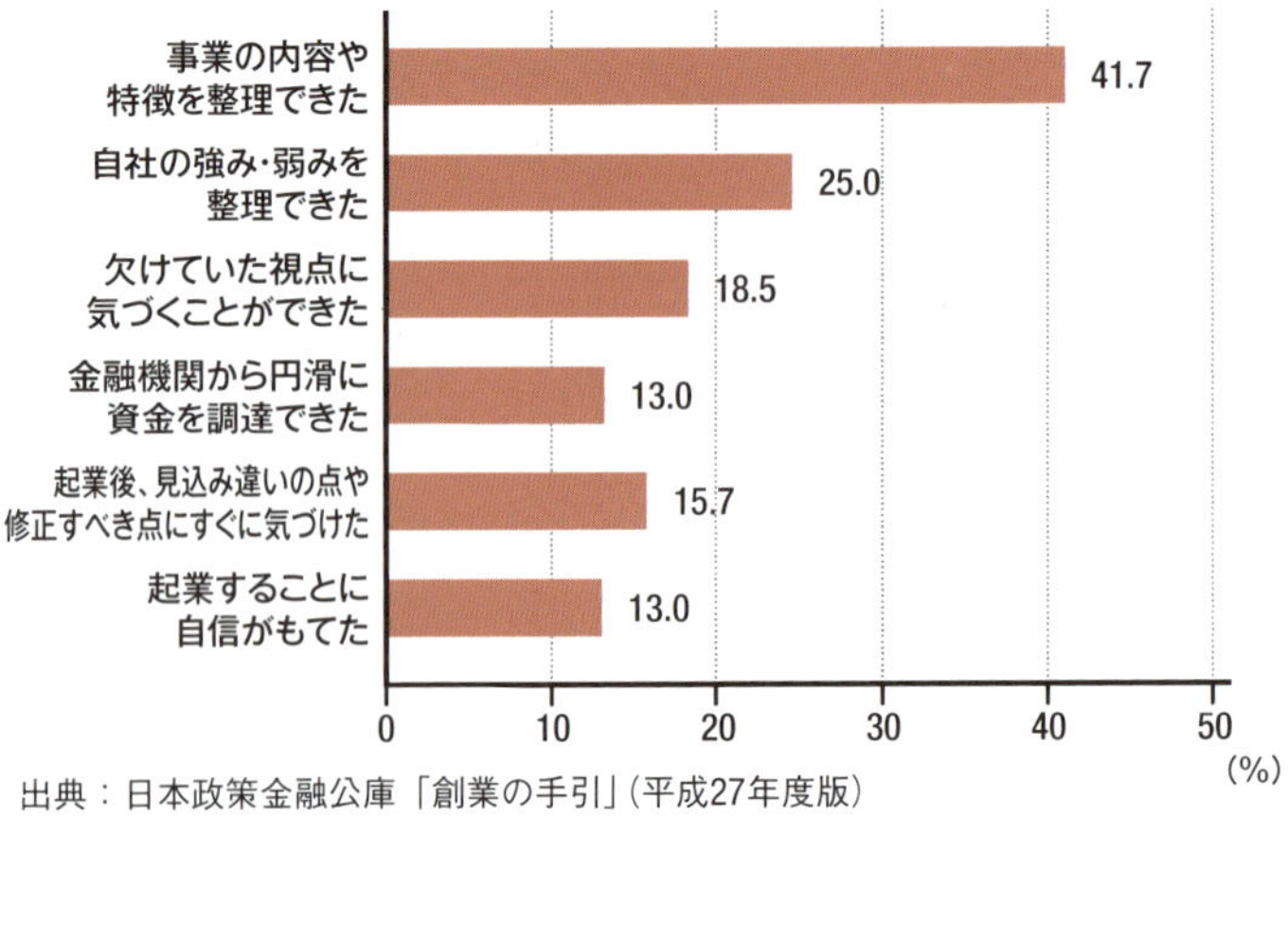

出典：日本政策金融公庫「創業の手引」（平成27年度版）

◎事業計画書に盛り込む内容

事業計画書の内容は、大きく**経営計画**と**資金・収支計画**に分けることができます。経営計画で、どのような店にするのかを明らかにし、資金・収支計画によって、その店を成り立たせるためにどのくらいのお金が必要なのかを検討します。具体的には、最低でも次のような内容を事業計画書に盛り込みましょう。

【経営計画】

①全体構想＝事業の目的やコンセプトを打ち出す。

②具体的な事業内容＝提供するメニューやサービスの特徴、ターゲット客層、仕入計画などを明確にする。

【資金・収支計画】

③必要となる資金＝店舗取得費や工事費など開業準備のための資金額とともに、開業当初の仕入費など運転資金額を見積もる。

④開業後の収支予測＝営業開始後の売上とコストの見通しを立てる。その収支で借入金の返済が本当に可能か、慎重に検討しよう。

初心者のための事業計画書の書き方

日本政策金融公庫の創業計画書を例に、事業計画書の書き方を紹介します。

事業計画の数字は
実現可能な
ものかどうか、
十分に検討を
重ねてね

金融機関のフォーマットがおすすめ

事業計画書に決まった形式はありませんが、多くの金融機関では融資依頼者向けに事業計画書フォーマットを用意しています。フォーマットには事業計画の必須要素が盛り込まれているので、開業初心者は、それを活用するのがおすすめです。

例として、P74～75に日本政策金融公庫の「創業計画書」を掲載しました。日本政策金融公庫のフォーマットをもとに、実際の作成方法を見ていきましょう。

明確で具体的な表現がポイント！

日本政策金融公庫のフォーマットで経営計画に該当する欄は、①創業の動機、②経営者の略歴等、③取扱商品・サービス、④取引先・取引関係等、⑤従業員です。

宇井流 成功のためのもう一歩

事業計画書に甘い見通しの数字は禁物

日本政策金融公庫の調査では、開業後１年間の売上高を見た場合、**予想売上を達成できていない企業が約６割**。つまり、数字の見通しが甘い場合が多いということです。甘い売上高予測のまま開業すると、すぐに資金繰りが行き詰まってしまいます。

では、なぜ現実の売上高が予測を下回るケースが生じるのでしょうか。さまざまな理由がありますが、大きな理由としては、**そもそも売上高予測の裏付けが薄弱**だったことが挙げられるでしょう。売上高予測の精度を高めるためには、まず**商圏調査**（→Ｐ84）を十分に行うことが必要です。店が立地する商圏でのターゲット客層の消費パターン、競合店の状況といったものを考慮せずに売上高予測をしても、その数字は机上《きじょう》の空論です。現実をシビアに把握することが大切なのです。

重要ポイントを挙げると、まず「創業の動機」欄には**店のコンセプト**をしっかり表現する必要があります。また、**立地選定の理由**も記載しましょう。そして事業内容を伝えるために、「取扱商品・サービス」欄に**セールスポイント**を記載しますが、これが漠然《ばくぜん》としたものだと、経営計画が不十分だと判断されかねません。どんな商品・サービスや演出で個性を出すのか、具体的に記載することが重要です。さらに、「取引先・取引関係等」欄には**ターゲット客層**を明確に示し、「ターゲットは一般個人」といった安易な記載はいけません。

一方、資金・収支計画に該当する欄は、⑥借入れの状況、⑦必要な資金と調達方法、⑧事業の見通しです。

注意したい点は、店が軌道に乗るまで資金不足にならないように、「必要な資金と調達方法」欄には**余裕を持たせた運転資金の額**を記載することです。もうひとつは、「事業の見通し」欄の売上高予測で、楽天的な数字を並べないこと。**開業時の売上高はできるだけ厳しい予測**にしたほうが、のちのち困りません。売上高予測を算出する方法は、下の図を参照してください。

どのように売上高予測を行うのか？

売上高は、客数と客単価を掛けることで算出できます。繁盛店は、1日の売上高が1坪当たり平均20万円くらいとされています。

売上高 ＝ **客数** × **客単価**

客数＝席数×満席率×回転率

客単価＝商品単価（売価）×オーダー数

〈席数の目〉
- ゆったりめのカフェ、高級店＝1坪当たり1席
- 定食屋、カジュアル店＝1坪当たり1.3席
- 居酒屋＝1坪当たり1.5席
- 立ち飲み屋＝1坪当たり2席以上

〈満席率の目安〉
70％程度が望ましい

商圏調査をしっかり行ってシビアに算出しましょう

☆　この書類は、ご面談にかかる時間を短縮するために利用させていただきます。
　　なお、本書類はお返しできませんので、あらかじめご了承ください。
☆　お手数ですが、可能な範囲でご記入いただき、借入申込書に添えてご提出ください。
☆　この書類に代えて、お客さまご自身が作成された計画書をご提出いただいても結構です。

5　従業員

常勤役員の人数（法人の方のみ）	人	従業員数（うち家族）	2人 （	パート・	4人

6　お借入の状況（法人の場合、代表者の方のお借入れ（事業資

お借入先名	お使
○○銀行○○支店	□住宅　☑車　□教育
	□住宅　□車　□教育
	□住宅　□車　□教育

> 自己資金は要件があり、創業資金総額の10分の１の自己資金が必要。自己資金を貯めてきた実績で、開業への熱意も伝えることができる。

7　必要な資金と調達方法

	必要な資金	金　額	調達の方法	金　額
設備資金	店舗、工場、機械、備品、車両など （内訳） ・店舗内外装工事（○○社見積の通り） ・暖房機器（○○社見積の通り） ・什器・備品（○○社見積の通り） ・保証金	970 万円 570 180 100 120	自己資金	300 万円
			親、兄弟、知人、友人等からの借入 （内訳・返済方法） 父 元金2万円×100回（無利息）	200 万円
			日本政策金融公庫　国民生活事業からの借入 元金10万円×70回（年○.○%）	700 万円
			他の金融機関等からの借入 （内訳・返済方法）	万円
運転資金	商品仕入、経費支払資金など （内訳） ・仕入れ ・広告費等諸経費支払	230 万円 90 140		
	合　計	1200 万円	合　計	1200 万円

> 店舗の保証金などは、周辺相場と比べて妥当な額かどうかをよく確認しよう。

8　事業の見通し（月平均）

		創業当初	軌道に乗った後（　月頃）	売上高、売上原価（仕入高）、経費を計算された根拠をご記入ください。
売上高①		251 万円	326 万円	①売上高（日曜定休） 昼（月～木）800円×25席×0.8回転×26日　＝41万円 夜（月～木）3,500円×25席×0.8回転×18日＝126万円 　（金、土）3,500円×25席×1.2回転×8日　＝84万円 ②原価率35%（勤務時の経験から） ③人件費従業員1人20万円専従者1人（妻）10万円 家賃20万円 支払利息700万円×年○ その他光熱費、広告宣伝費 （軌道に乗った後） ①創業当初の1.3倍（勤務時の経験から） ②当初の原価率を採用 ③人件費　従業員1人増　18万円増　その他諸経費10万円増
売上原価②（仕入高）		90 万円	117 万円	
経費	人件費(注)	60 万円	78 万円	
	家賃	20 万円	20 万円	
	支払利息	2 万円	2 万円	
	その他	50 万円	60 万円	
	合計③	132 万円	160 万円	
利益 ①－②－③		29 万円	49 万円	（注）個人営業の場合、事業主分は含めません。

> なぜその金額になるのか、根拠となる計算の内訳をしっかり示す。

ほかに参考となる資料がございましたら、計画書に添えてご提出ください。

（日本政策金融公庫　国民生活事業）

出典：日本政策金融公庫「創業計画書 記入例」より作成

日本政策金融公庫「創業計画書」の記載例

創　業　計　画　書

〔平成　　　　作成〕

お名前

1　創業の動機（創業されるのは、どのような目的、動機からですか。）

これまでの経験を生かして、自分の店を持ちたいと思い、物件を探していたところ、
立地も広さもちょうどよいテナントが見つかったため。

> 誰かにすすめられたから、流行《はや》っているからといった動機は説得力に欠けるのでNG。

2　経営者の略歴等

	年　月	内　容	公庫処理欄
経営者の略歴	平成○年○月	居酒屋「○○○○」勤務	
	平成○年○月	洋風居酒屋「○○○○○○」勤務	
	平成○年○月	退職予定	
	過去の事業経験	☑ 事業を経営していたことはない。 ☐ 事業を経営していたことがあり、現在もその事業を続けている。 ☐ 事業を経営していたことがあるが、既にその事業をやめている。 （⇒やめた時期：　　年　　月）	
	取得資格	☐ 特になし　☑ 有（ 調理師免許（平成○年○月取得）	
	知的財産権等	☑ 特になし　☑ 有（	

> 勤務体験があれば、特に取り組んだことをアピール。

3　取扱商品・サービス

取扱商品サービスの内容	① 日替わりランチ800円（ドリンク、デザート付）	（売上シェア
	② 一品料理、ドリンク（客単価　3,500円）	（売上シェア　85 %）
	③	（売上シェア
セールスポイント	ビールを中心にアルコールドリンクを300種類提供する。 入店しやすいオープンな雰囲気を特徴とする。 四季折々の行事に合わせ料理コースを手頃な価格で提供する。	

> 言葉で表現しにくければ料理写真や店内スケッチ図を添える。

> お店のイメージがわくく表現を工夫。

4　取引先・取引関係等

	フリガナ 取引先名 （所在地等）	シェア	掛取引の割合	回収・支払の条件	公庫処理欄
販売先	一般個人 （　○○エリアの社会人、学生　） ⇒大通りからも近い。 近隣にコンビニがない。	10		日回収	
				日回収	
	ほか　社	%	%	日〆　日回収	
仕入先	○○サケテン（カ ○○酒店（株） （　）	50 %	%	末 日〆 翌月末 日支払	
	○○ショクヒン（カ ○○食品（株）	50 %	%	末 日〆 翌月末 日支払	
	ほか　社	%	%	日〆　日支払	
外注先	（　）	%	%	日〆　日支払	
	ほか　社	%	%	日〆　日支払	
人件費の支払	日〆			日支払（ボーナスの支給月　月、　月）	

> 想定している客層を周辺環境もまじえて記載。

資金調達（1）—公的金融機関を利用

日本政策金融公庫なら、開業初心者でも借入れチャンスがあります。

◎生活衛生新企業育成資金なら超低金利

小さな飲食店の開業資金の調達先として代表的な公的金融機関は、**日本政策金融公庫**です。もともと、銀行などでは借りられない中小企業や個人店のための公庫なので、営業実績のない開業初心者でも融資を受けやすいことが特徴です。

日本政策金融公庫には、左ページの表のような飲食店開業者が利用しやすい融資プランがあり、民間金融機関より金利も良心的です。また、元本の返済を猶予《ゆうよ》する**据置《すえおき》期間**も設けられています。

特におすすめなのが、**生活衛生新企業育成資金**です。業種ごとに都道府県単位で組織された生活衛生同業組合に加入すれば、1・35％からの低金利、無担保・無保証人で融資が受けられます。

◎融資獲得には信用力がものをいう

開業資金の目途が立ったら日本政策金融公庫の窓口へ行き、融資の相談をしましょう。融資手続きは、まず事業計画書や印鑑証明書などの必要書類を融資担当者に提出し、面接を受けます。その後、融資担当者が開業予定の場所に赴《おもむ》くなどして審査を進め、7～14日間で審査結果が出ます。審査を通れば、借入契約書締結後、融資がオーナーの銀行口座に振り込まれます。

融資獲得のためには、やはり**信用力が重要**。公共料金や住宅ローンなどの滞納がなく、さらに飲食店勤務の実務経験もあれば信用力が増します。また、飲食店ではなくても、これまで勤務した会社で優れた営業実績を残したといったアピールポイントがあると、有利でしょう。

しっかりした事業計画と信用力が、融資獲得には必要！

日本政策金融公庫の開業向け融資プラン

融資プラン	融資対象	融資限度額	返済期間 〈　〉は特に必要な場合 （　）は据置期間
生活衛生新企業育成資金	新たに事業を始める人または事業開始後おおむね7年以内の人	設備資金 7,200万円以内（創業時）～4億8,000万円以内	15年以内（3年以内） 〈20年以上（3年以内）〉
	新たに事業を始める人または事業開始後おおむね7年以内の人で、生活衛生同業組合の組合員	設備資金 1億5,000万円以内（創業時）～7億2,000万円以内 運転資金 5,700万円以内	設備資金 18年以内（3年以内） 〈20年以上（3年以内）〉 運転資金 5年以内（6カ月以内） 〈7年以内（1年以内）〉
新規開業資金	新たに事業を始める人または事業開始後おおむね7年以内の人	7,200万円以内（うち運転資金4,800万円以内）	設備資金 15年以内（3年以内） 〈20年以内（3年以内）〉 運転資金 5年以内（6カ月以内） 〈7年以内（1年以内）〉
女性、若者／シニア起業家資金	女性または30歳未満か55歳以上の人で、新たに事業を始める人または事業開始後おおむね7年以内の人	7,200万円以内（うち運転資金4,800万円以内）	設備資金 15年以内（2年以内） 〈20年以内（2年以内）〉 運転資金 5年以内（1年以内） 〈7年以内（1年以内）〉
中小企業経営力強化資金	新事業分野開拓のために事業計画を策定し、認定経営革新等支援機関の指導や助言を受けている人	7,200万円以内（うち運転資金4,800万円以内）	設備資金 15年以内（3年以内） 運転資金 5年以内（1年以内） 〈7年以内（1年以内）〉
再チャレンジ支援融資（再挑戦支援資金）	廃業歴等の一定の要件に該当する人で、新たに事業を始める人または事業開始後おおむね7年以内の人	7,200万円以内（うち運転資金4,800万円以内）	設備資金 15年以内（3年以内） 〈20年以内（3年以内）〉 運転資金 5年以内（1年以内） 〈7年以内（1年以内）〉

資金調達（2）—自治体の制度融資を利用

制度融資とは、自治体が金融機関の融資を斡旋してくれる制度です。

制度融資の場合、信用保証料も必要になることを知っておいてね

◎担保・保証がなくても利用可能

日本政策金融公庫への融資申し込みのほかに、開業初心者にぜひ検討してもらいたい資金調達方法が、地方自治体の**制度融資**です。

制度融資は、地方自治体そのものが融資を行うわけではなく、自治体が貸付金の原資を民間の指定金融機関に預け、指定金融機関が融資を実行するというものです。その際、信用保証協会が保証人となってくれるので、**担保や保証がないという事業者でも融資が受けられる**というわけです。つまり、地方自治体・金融機関・信用保証協会の三者の協調によって、資金調達をバックアップする仕組みです。

融資プランは自治体によってさまざま。制度融資の対象者は、融資依頼を行う自治体内に店舗（事業所）

自治体の制度融資プランの例

〈東京都の創業融資〉

融資対象	下記のいずれかに該当するもの ①創業しようとする具体的計画を有している人 ②創業した日から5年未満の中小企業者等 ③分社化しようとする会社または分社化で設立されて5年未満の会社
融資限度額	2,500万円 （①は自己資金に1,000万円を加えた額の範囲内）
融資期間	設備資金：10年以内（据置1年以内を含む） 運転資金：7年以内（据置1年以内を含む）
融資利率	1.9～2.5%以内（責任共有制度対象外※の利率）
信用保証料補助	信用保証料の1/2を東京都が補助

※責任共有制度対象外とは、信用リスクのすべてを東京信用保証協会が負担する場合

か住居がある人ですが、細かな融資条件は各自治体で異なるので、該当する自治体のホームページなどで確認してください。

◎制度融資を受けるための手続きは？

制度融資の申し込みを行う場合、手続きの窓口が役所になるのか指定金融機関になるのか、自治体ごとに違います。いずれにしろ、事業計画書などの提出が求められ、自治体と金融機関それぞれの審査を経て、融資の可否が決定されます。同時に信用保証協会への保証申し込みも必要で、信用保証協会からの保証承諾を得ることで、初めて融資が実行されます。

制度融資を受ける際に注意したいことは、金融機関への返済金利とは別に、**信用保証協会に信用保証料を支払う必要がある**ことです。信用保証料の金額は、融資額によって異なります。

また、日本政策金融公庫と比べると、**融資実行までにかかる時間が長い**ことも知っておきましょう。申し込みから融資実行まで、最低1カ月はかかります。

制度融資と返済

制度融資の審査が行われて実際の融資にはそこから一カ月ほどかかるみたいね
へーけっこうかかるもんだな
返済も確実にしていきましょうね
そりゃもちろ…ん
ところで
借金とかしてないよね
…し
しまった!!!!
DVDレンタルの返却忘れてたぁー
すごく不安

コラム

フランチャイズ加盟は成功の近道？

フランチャイズチェーンという言葉を聞いたことがあると思いますが、これは飲食店運営のノウハウを持つ企業が加盟店を募り、その加盟店に商標やノウハウを提供することでチェーン店化するというシステムです。

フランチャイズの加盟店になれば、運営ノウハウが簡単に手に入り、メニュー開発に悩む必要もなく、経営指導までしてもらえるのですから、飲食店開業の初心者にとっては非常に魅力的なシステムに見えるかもしれません。中には、ほかの加盟店が成功しているから、加盟店になりさえすれば確実に儲かると思い込んでいるオーナーもいるようです。

けれど、そうした思い込みは大きな勘違い。ほかの加盟店と同じデザインの店舗で、同じメニューを同じノウハウで調理し、サービスも同じなのに儲からない、というケースも当然あり得ます。立地する商圏によって各店の条件が違いますし、何より店ごとの運営能力に差があるからです。

フランチャイズの場合、個々の加盟店はあくまで独立した事業主が運営する店です。そのため、儲からないからといって、本部が責任をとってくれるわけではありません。本部がノウハウを提供してくれるにしても、儲かるかどうかは個々の加盟店オーナーの運営能力次第なのです。たしかにフランチャイズへの加盟は下表に示したようにメリットも多いのですが、儲かる店づくりを保証してくれるものではないことを知っておきましょう。

フランチャイズのメリット	フランチャイズのデメリット
●運営ノウハウを提供してもらえる ●フランチャイズのブランドで開業当初から認知度を得られる ●フランチャイズの信用で融資が受けやすい ●経営指導を受けることができる	●店の独自性が制限される ●本部の能力低下が店の売上低下をもたらす場合がある ●ロイヤリティ（権利使用料）を支払う必要がある

4章

よい物件の探し方と店舗づくり

どんなに便利な立地で、どんなに立派な店舗をつくっても、それが「コンセプト」にマッチしていなければダメだよ。

よし
事業計画書
それに
資金にも
目処が立った
まずは、物件探しね
やっぱり
駅周辺の
一等地なんかを
狙いたいな
集客力で
差が
つくだろうし
立地のよさには
賛成だけど…
その地域で
コンセプトに
合った客層が
多いかが大事だと
思うわ
客
客
客
なるほど
最初に
商圏調査を
するべきか
早速
見に行き
ましょう

ここなんか場所もよいし最初から設備も付いていて安く見積もれそうね
うーん確かに安いけど
居抜き物件
元ラーメン屋
この辺は主にビジネス街だし、客層がちがってくるなぁ
そういえば「温かみのある洋食レストラン」とはほど遠いかも…
ビジネス街
設備にしても店のイメージも大事なポイントだから
工事
設備
工事費も含めて妥協しないほうが集客につながるだろ
なるほど
まあ予算も限界があるから全部思い通りとはいかないけど
お客様によろこんで来てもらうためだものしっかり見定めましょう
よし、次の不動産屋さんに行くぞ
おー！

立地と商圏調査のポイント

商圏調査をしっかり行い、出店候補地を絞っていきましょう。

商圏の何をどのように調べるのかを、押さえておこう

◎立地の絞り込みには商圏調査が必要

飲食店の立地を決める際は、**その店の業態に適した立地条件**かどうかを見極めることが大切です。具体的には、店のコンセプトやターゲット客層、競合店などを考慮して、出店候補地を絞り込みましょう。

この出店候補地の絞り込みに欠かせないものが、**商圏調査**です。商圏とは、お客を呼び込める範囲のこと。一般的な商圏の範囲は、**移動時間5～10分くらい（徒歩なら350～500m、車なら1～2㎞）**ですが、客単価が高い業態では商圏の範囲がさらに広くなります（→P57上段の表）。

◎商圏の何を調べるのか？

商圏調査は、**その立地で店の営業が成り立つかどうかを確認する**ことが目的です。そのために、商圏内でのお客の動きや消費行動を多角的に探っていきます。

実際の商圏調査では、左ページの「主な調査ポイント」に示した**商圏の人口統計**や**商圏の環境**、**商圏の飲食店分布**、**店前通行量**などを調べます。

商圏の人口統計は、役所や地元の商工会で資料が手に入るはずです。商圏の環境や飲食店分布は、実際に自分の足で歩いて調べたほうがよいでしょう。曜日や時間帯、天候の条件を変えて歩いてみれば、商圏の現状をより正確に知ることができます。

そして店前通行量の調査は、たんに不特定多数の通行量を把握するのではなく、通行人の中にターゲット客層がどのくらい存在しているかを把握するためのものです。そこで、通行人の男女別、年齢別、職業別の傾向も調べる必要があります。

商圏調査の方法

〈商圏マップの作成〉

出店候補地の地図上に商圏の範囲を示し、そのエリアにどんな施設や店があるのか書き込んだ商圏マップを作成します。この商圏マップが、商圏内のお客の動きや消費行動を分析するうえでのベースとなります。

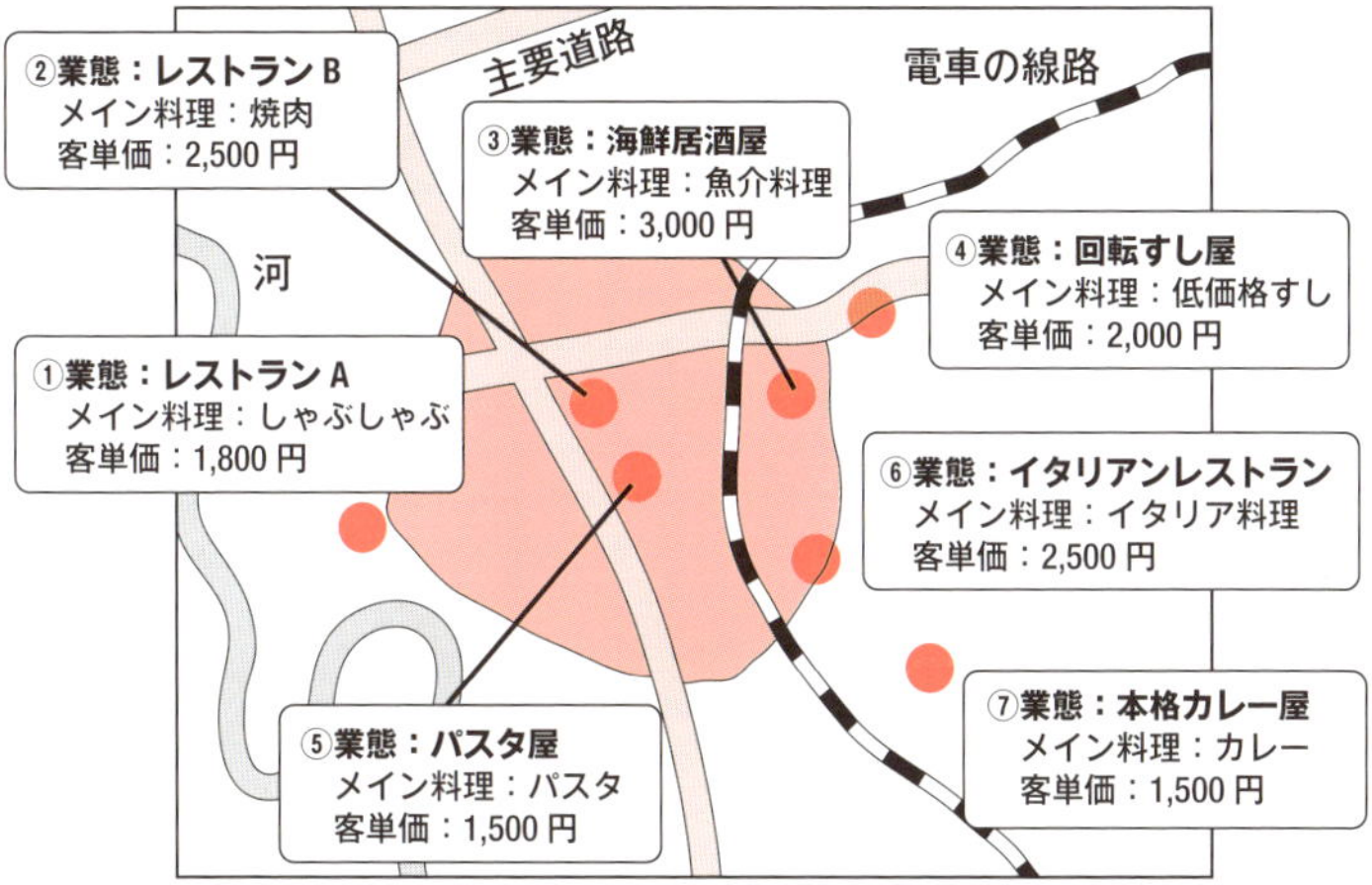

〈主な調査ポイント〉

①商圏の人口統計	商圏の人口、世帯数、年齢構成、男女比、職業構成などを調べて、商圏の全体像をつかむ。
②商圏の環境	商店街、ビジネス街、学生街、住宅街など、その商圏のタイプを把握することが大切。そこで、集客ポイントとなり得る大きな企業や学校、団地、大型商業施設の有無をチェックする。
③商圏の飲食店分布	その商圏内のどこに、どんな業態の飲食店がどのくらいあるのかを調べる。それぞれの飲食店の営業時間や主力メニュー、価格帯などもつかんでおく。特に同じ業態の競合店については、実際に利用してみて、その店の実力や客層、お客の消費行動などもしっかり調査することが大切。
④店前通行量	出店候補地の通行量を、男女別、年齢別、職業別に調査。異なる曜日や時間帯ごとの調査も必要。この調査によって、その場所に出店した場合にターゲット客層の来店がどのくらい見込めるか、ある程度の判断が可能になる。

立地はやはり一等地がいいの？

店のコンセプトによっては、必ずしも一等地が有利とは限りません。

◎一等地と二等地の違い

立地には、**一等地**とそれ以外の**二等地**、**三等地**があります。一等地は人通りが多く、交通の便もよい駅前や表通りなどに位置します。一方、二等地や三等地はその逆。駅から離れた住宅街や路地裏に位置することが多く、一見、お客が来づらそうな場所です。

当然、立地条件としては一等地が有利になります。しかし、一等地には競合店が多く、家賃も高いため、確実に利益が上がるとは限りません。

一方、二等地や三等地は、お客が見つけにくい場所にあるものの、家賃が低く設定されており、物件取得費（保証金、礼金、仲介手数料）や共益費も一等地より安くなります。つまり、**少ない資金でも出店が可能**というメリットがあります。

成功のためのもう一歩

お客の来店パターンも考えて立地を検討しよう

飲食店の来店パターンには、**衝動来店型**と**目的来店型**があります。衝動来店型とは、通りがかりに何となく来店するパターン。目的来店型とは、事前に店の情報を得て、その店ならではの料理やサービスを目当てに来店するパターンです。もし、衝動来店型のお客をターゲットにするなら、買い物客などがふらりと立ち寄れる一等地の立地がベストです。けれど、**目的来店型の店をつくるなら、一等地にこだわる必要はありません**。

	メリット	デメリット
一等地	駅前や表通りなので、衝動来店型のお客が見込める	競合店が多く、家賃も高い
二等地・三等地	家賃が安く、少ない資金で出店が可能	見つけにくい場所なので、強いアピールポイントが必要

◎重要なのは「コンセプトに合った立地」

さらに、二等地や三等地の場合、周囲に競合店が少ないため、かえって**固定客がつきやすい**という傾向もあります。現実に路地裏の立地で繁盛している例は、数限りなくあります。

東京・秋葉原が「おたくの聖地」となったのは、エレベータもない古いビルの3階に、漫画の古本屋「まんだらけ」が出店したのがきっかけでした。「まんだらけ」は、店員が漫画の主人公のコスプレをして人気を呼び、繁盛店となりました。一等地でなくても、他店にないウリがあれば、お客を呼び込めるわけです。

実際、一等地以外の立地が、まったく不利というわけではありません。「夫婦や恋人同士で静かに食事を楽しめる隠れ家的なレストラン」という店なら、むしろ住宅街や路地裏の立地のほうが、お客の心をつかめるはずです。重要なのは、一等地や二等地といった不動産業者による評価ではなく、**その立地が店のコンセプトに合っているかどうか**ということなのです。

演出

住宅街のレストランの場合
アットホームなスタイルで演出
アットホーム
森のレストランの場合
ナチュラリストを演出
コスプレはいらんと思うけど…
誰もこねー
まあ、そうな
それな
スマンなんか
テーブル
くまさん
うさぎさん
常連客→
ナチュラル

居抜き物件は本当におトクなの？

安上がりの居抜き物件でも、コンセプトに合わない立地はNGです。

工事費が安いかどうかより、繁盛する立地かどうかで物件を決めよう

◎居抜きならスケルトンより安上がり

店舗を借りて開店する場合、物件の状態には**スケルトン**と**居抜き**があります。スケルトンとは文字どおり骨組みのことで、床も天井も何の処理もされていない状態です。一方、居抜きは、内装から厨房《ちゅうぼう》設備、椅子《いす》・テーブルなどの什器《じゅうき》備品まで、必要なものがひととおり揃っている状態のことです。

スケルトン物件は、一から自分の思うように店をつくることができますが、当然、工事費が高くなります。それに対して居抜き物件は、内装譲渡金はかかるものの、以前の内装や設備を利用できるため、**スケルトン物件よりはるかに工事費が安上がり**です。初期投資を抑えたい人には、掘り出し物となるはずです。

ただし、居抜き物件を借りるときは、**設備類がその**

宇井流 問題解決Q&A

掘り出し物の物件を探す法は？

掘り出し物の物件を紹介してもらうには、不動産業者に予算や希望する立地、面積などを伝えるだけでなく、どんな店をつくりたいのか、**コンセプトもできるだけ具体的に説明しておく**ことが必要です。不動産業者に相談する際に、事業計画書はもちろん、メニューブックや内装のイメージ図なども見せるとよいでしょう。

また、掘り出し物が見つかっても、あわてて契約せず、**ほかの物件と比較検討することも大切**。できれば大家さんに直接会わせてもらい、値下げ交渉にもトライしてみてください。きちんとテナント料を払い続けてくれるならば、家賃は多少下げてもかまわないと考えている大家さんが、実はけっこういるものなのです。

まま使えるかしっかりチェックすることが大切です。たとえば厨房設備が故障していたり、自店とは違う調理内容にしか対応していなかった場合、厨房設備を撤去して新しく入れるとなると、かえってスケルトンより費用がかかる場合があるからです。

◎安さだけに目を奪われてはいけない

また、使える設備類が揃っていても、その居抜き物件が「本当におトクな物件」かどうかは別問題です。安さだけに目を奪われ、店のコンセプトと合わない立地の居抜き物件を借りると、店は繁盛しません。逆に、内装や設備をすべてつくり直して、スケルトン物件以上の工事費がかかったとしても、店が繁盛する立地であれば、結果的に「おトクな物件」となり得ます。

つまり、物件選びの最重要ポイントは、**コンセプトに合った立地**です。安いに越したことはありませんが、目的は繁盛する店をつくることなのですから、スケルトンか居抜きかにこだわらず、自店のコンセプトを実現できる物件を選ぶことが大切なのです。

居抜き物件を借りる際のチェックポイント

□いつまで営業していたか?
空き店舗であった期間が長い物件は、設備などに障害の発生している可能性もある。最近まで経営していた店を借りるのがベスト。

□設備類は使えるか?
故障した古い設備がそのまま残っているケースもあるので、使えるかどうかを要チェック。また、カフェを焼肉屋に業態転換するなどの場合は、冷蔵庫や排気の容量が足りないことがある。排気ダクト、水圧や排水、ガスなどの状態もチェックしておこう。

□リース契約の問題はないか?
物件によっては厨房設備や什器備品などがリース契約という場合があり、リース料をめぐってあとから問題が生じることも。不動産契約に際しては、弁護士やコンサルタントに依頼して、契約書にリースでの問題があった場合の条項を入れておいたほうがよい。

□譲渡される設備の明細は?
前オーナーから、譲渡される内装や設備類の明細リストを必ず出してもらおう。譲渡設備の個々の金額がわからないと、税務上、消耗品や減価償却資産を経費計上できず、ムダな税金を払うことになりかねない。

□以前の店の評判と撤退理由は?
以前の店の評判を知ることは、以前の店との違いをアピールするためのヒントになる。

〈契約時チェックポイント〉
□いつから家賃が発生するのか?　□更新時期と費用は?
□解約は退去日の何カ月前申告か?　□家賃の支払日、支払い方法は?

設計・施工業者を選ぶときのコツ

設計・施工依頼は、数社から見積りを取って比較検討しましょう。

◎飲食店専門の業者に依頼する

店舗の工事を行うには、設計（デザイン）と施行を別々の業者に依頼する**分離発注方式**と、同じ業者にまとめて依頼する**一括発注方式**とがあります。初めての店づくりなら、業者とコミュニケーションも密にしやすい一括発注方式のほうが確実でしょう。

どちらの方式で依頼するにしろ、**飲食店の店舗づくりを専門とする設計・施工業者**を選びましょう。

たとえば、カウンターのデザインひとつとっても、幅や高さのちょっとした違いで居心地が違ってきます。飲食店は専門外という業者に依頼すると、飲食店の店舗ならではの不可欠な機能を把握していないため、使いにくく、居心地も悪い店舗になってしまうおそれがあります。

宇井流 問題解決Q&A

店舗の設計・施工にかかる費用の目安は？

設計・施工費用は店舗の規模や業者によっても異なりますし、居抜き物件かスケルトン物件かによっても違ってきます。そのため、一概《いちがい》に何万円が最低ラインという数字は挙げることができません。そこで、設計・施工にかけられる費用の限度額を、店の売上見通しから考えていくとよいでしょう。設計・施工にかける費用の目安としては、**3年で回収できるくらいの額が適当**といわれています。

特に内装は店のコンセプトを表現する決め手となるので、それなりの費用がかかります。できるだけ安く店舗工事をする場合でも、必要な内装ポイントを絞り、そのポイントにはしっかりお金をかけるという考え方をしましょう。

地元の業者で、飲食店を専門に手がけている業者に、設計・施工を依頼するのがベスト

居抜き物件の工事の流れ（例）

①基本プラン検討（3カ月前）
店のコンセプトに合うように、居抜き物件の必要な工事部分をピックアップし、どのような店舗にしたいかを検討する。

⬅

②業者決定
候補業者から見積りを取り、比較検討して業者を決定。高すぎる業者、安すぎる業者は避けるのがポイント。

⬅

③発注・着工（3カ月〜2カ月前）
工事中は業者任せにせず、オーナーとして現場に行って進行状況を確認し、業者から中間報告もしてもらう。

⬅

④竣工《しゅんこう》・引渡し（1カ月前）
工事終了後に設計事務所、オーナーの検査を受けて、問題がなければ竣工・引き渡し。

◎業者の実力は自分の目で確かめよう

実際に業者の選定では、まず**地元の業者**を探してみましょう。あとで問題が生じたときやアフターサービスの点で、地元の業者のほうが何かと有利です。

そして、**内装・厨房《ちゅうぼう》・空調の各工事を自社で一括して行える業者**がベスト。厨房機器や空調設備のメーカーや販売店と強いつながりがある業者なら、より安心です。厨房機器や空調設備は、飲食店にとって最重要設備ですから、それを下請けに丸投げするような業者では、責任の所在が曖昧《あいまい》で信頼できません。

また、その業者が手がけた店舗に行き、**業者の実力を自分の目で確かめる**ことも必要。さらに、最低でも3社からは**見積りを取って比較検討**したうえで、業者を絞り込みましょう。ただし、安易に見積りが一番安い業者に決めればいいというわけではありません。安くても、見積書に必要な項目が抜け落ちていて、あとから追加料金を請求される場合もあるので、見積りは慎重にチェックしてください。

工事契約で注意すること

工事契約では、トラブル対処法を契約書に明記しておくことが大切です。

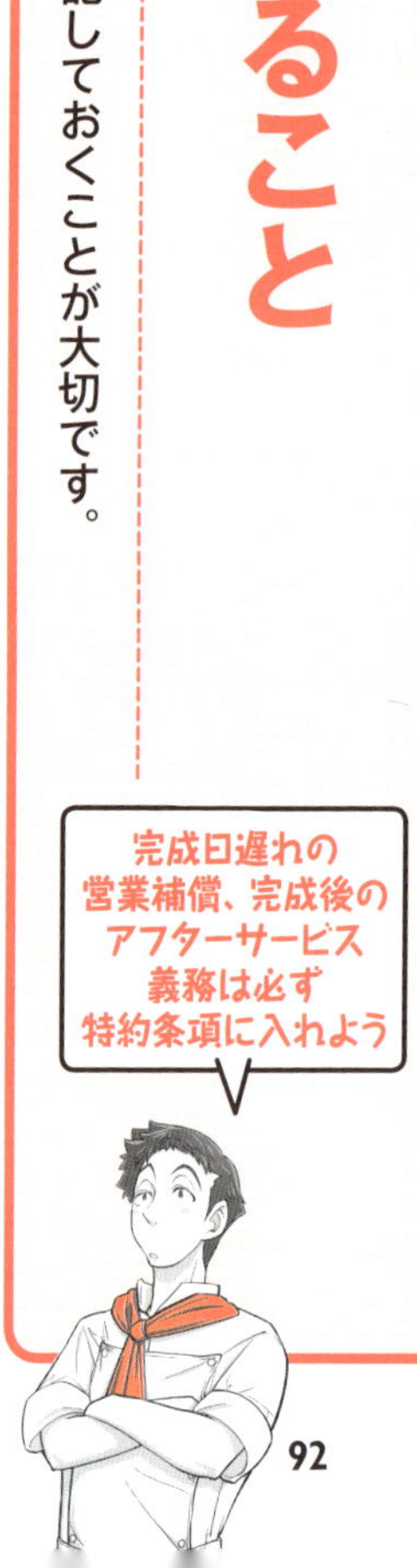
完成日遅れの
営業補償、完成後の
アフターサービス
義務は必ず
特約条項に入れよう

◎完成日遅れの営業補償は必ず明記

店舗工事には、思わぬトラブルが生じる場合があります。いくら信頼できる業者に工事を依頼したとしても、トラブルの対処法を口約束だけで取り決めるのは禁物。契約書の条項に、トラブルの際の責任の所在などを明記してもらいましょう。

明記しておきたい条項は、まず**完成日が遅れた場合の日数分の営業補償**。飲食店のオープンには、メニューの試食やスタッフのトレーニング、宣伝活動などの準備期間も必要になります。もし店舗の完成日が遅れると、これらの準備が予定どおりにできなくなり、損失を被ってしまいます。

完成日の遅れは最も大きなトラブルなので、それを防ぐためには、契約書に営業補償を明記するというだけでなく、工事費の支払いを工事前、工事中、工事後で3分の1ずつ行うというリスクヘッジもしておくと安心です。

◎工事後のトラブル対処も取り決めておく

また、業者の見積りに漏れがあり、工事後に追加料金が発生するというトラブルもあります。これに対しては、見積りを十分にチェックすることも重要ですが、**設計変更をしていない限り、追加料金は認めない**という条項を契約書に入れておきましょう。

そしてもうひとつ、店のオープン後に内装の不備が見つかったり、すぐに設備が故障したというのでは、営業がストップしてしまいます。そこで、**完成後の一定期間についてのアフターサービス義務**も、契約書に明記しておく必要があります。

工事契約書の例

No.

収入印紙

契　約　書

平成　　　年　　　月　　　日

発注者(以下甲とする)と受注者　　　　　　　　　　(以下乙とする)は、協議の上、下記条項により契約を締結する。契約終了迄の証として記名押印したる本書2通を作成し、各その1通を保持する。

(甲)発注者　**開田　洋**　　　　(乙)受注者　**株式会社　飲食工務店**

所在地:　○○県　○○市　1丁目2番地3号

社名:　株式会社　飲食工務店

代表者名:　山田太郎

(TEL　0000-00-0000　　　　　　　)

契約の条項に疑問があれば、納得できるまで十分に確認しよう

契約金額	7,500,000 円		
工事名	○○工事		
受渡場所	○○県　○○市　1丁目2番地3号		
納品期間	平成 00 年 00 月 00 日	～	平成 00 年 00 月 00 日

施工内容	品名・仕様	数量	単価	金額
	店舗内装工事	1	4,000,000 円	4,000,000 円
	店舗外装工事	1	3,500,000 円	3,500,000 円

支払条件	支払日	金額	支払方法
	平成 00 年 00 月 00 日	7,500,000 円	現金
	平成　年　月　日		
	平成　年　月　日		

特記事項		振込先	○○銀行○○支店○○口座

特約事項

第1条　甲と乙は取引の通念に従い誠実にこの契約を履行する。

第2条　乙と上記工事を上記金額により受渡ししなければならない。上記工事以外は追加工事、附属工事であっても、その内容を問わず別途契約により定めるところに従う。

第3条　上記代金の支払日は上記支払日欄に記載の通りとする。

第4条　上記工事物の所有権は代金完済のときに（小切手・手形による支払の場合にはその決済のときを代金完済とする）甲に移転するものとする。したがって甲は代金完済前に上記工事物につき譲渡、賃貸、担保の設定等をすることはできない。

第5条　本工事によるアフターサービス期間は受渡し後1か月間とする（但し、甲の責に基づく場合を除く）。

第6条　甲は乙の責に基づかない事由によって、乙が本契約の責務を履行することができなくなった場合でも、本契約に定める通りに代金を支払うものとする。

第7条　①設計・仕様その他工事に変更を要する場合は、速やかに変更する見積書を作成の上、工事代金の増減及び日程の延長、短縮等を甲乙協議の上、書面により取決め、甲乙記名押印しておくものとする。②前項の場合、甲は乙に対し仕掛品についての乙の損失を賠償しなければならない。

第8条　本契約によって生ずる権利・義務は甲乙とも相手方の承諾なしに第三者に譲渡することはできない。

第9条　①前記各条項に甲が違反したとき、又は甲に本契約の義務を履行することが困難と認める事由が生じたときは乙は何らの通知催告なくして本契約の解除をなしうるものとし、甲は乙に対し損害賠償しなければならない。この場合、工事の完了部分は甲の所有とし、実績精算し違約金として請負金額の20%を甲は乙に支払うものとする。②甲は乙が前項により本契約を解除したときは、乙に対して既に支払った代金の返還を求めることができない。また乙は自由に工事物の存在場所に立ち入り、工事物の一切を搬出し任意に処分することができるものとし、この場合甲は異議を述べない。

第10条　甲及び乙は、この契約に疑義が生じた場合又は記載のない事項が発生した場合は、互いに誠意をもって協議し解決に当たる。

引き渡し日の工事確認方法

不備がないよう、引き渡し日のチェックポイントを覚えておきましょう。

◎引き渡し日とは工事確認の日

よくある誤解ですが、引き渡し日は工事完成日ではありません。引き渡し日は、**見積書どおりの工事内容になっているかを確認する日**なのです。もしも問題があれば、すぐに補修工事を指示する必要があります。

やっと完成するという思いが強いと、ついざっと見て終わりにしてしまいそうですが、オープンしてから不備が見つかるというのでは、営業に支障が出てしまいます。内装や設備機器に問題はないかを、引き渡し日に怠《おこた》りなくチェックすることが大切です。

また、工事の不備を防ぐためには、引き渡し日だけでなく、工事期間中から足繁く現場に顔を出し、要望どおりのものになっているか確認したほうがよいでしょう。現場に行って工事をしている人たちと親しくな

引き渡し日のチェックリスト

- □ **自動ドアやシャッター**：動きは滑《なめ》らかか、妙な音はしないか。
- □ **ドアや窓**：スムーズに開閉するか、ガタつきはないか。
- □ **床**：妙な凹凸はないか、歩くときへこむ箇所はないか。
- □ **壁**：塗りに傷はないか、壁紙のハガレはないか。
- □ **テーブルや椅子**：傷やガタつきはないか。
- □ **店内や外看板の照明**：問題なく点灯するか。
- □ **水道・トイレ**：水は濁っていないか、水量はちょうどよいか。
- □ **空調や換気扇**：しっかり作動するか。
- □ **厨房機器**：コンロは火加減にムラがないか、冷蔵・冷凍庫に不具合はないか。

っておけば、引き渡し日に補修工事を頼む際にも、イヤな顔をされないはずです。

◎ 実際に触って使ってみてチェック

引き渡し日に確実にチェックすべき事柄を、右ページ下段のリストに挙げてみました。内装や設備機器は、見た日のみで問題の有無を判断してはいけません。**実際に自分で触って使ってみる**ことで、不具合がないかどうかをチェックしましょう。

たとえば、壁の塗り具合は手で触ってみて、椅子《いす》は自分で座って確認し、ドアや窓などは何度も開閉して建てつけ具合を確認します。「ドアがちょっと引っかかるくらいならいいか」といった妥協はいけません。建てつけは今後悪くなることはあっても、よくなることはないので、妥協をして見逃すと、どんどん使いづらい店になってしまいます。

設備機器も、スイッチのあるものはすべて実際に動かしてみることが必要です。特に空調や換気扇、厨房《ちゅうぼう》設備の作動確認には、細心の注意を払いましょう。

「店の顔」をつくる(1) ―看板と外観でアピールする

看板と外観は、お客にどんな店なのかを伝える有効な手段となります。

看板と外観の
工夫が、
集客力にも
影響してくる

◎看板は遠視性、デザイン、大きさが重要

お客の新規来店理由の第1位は、実は「通りがかりに店を見て」です。そのため、通りがかりの人に店の存在を気づいてもらうことが、集客にとって非常に重要なポイントになります。

では、通りがかりの人に店の存在を気づいてもらうには、どうすればよいのでしょうか。最も有効な手段は、**目立つ看板を設置する**ことです。看板はただの飾りではなく集客のためのツールなので、遠くからでも発見してもらえる**遠視性**がなければいけません。見えやすいように設置場所を工夫し、お客の目を引きつける**デザインや大きさ**も重要になってきます。

メインの看板は店名と業種・業態を伝えるものにして、メニューや価格を掲示するタペストリー、日替わりメニューやイベントなどを知らせるイーゼルなど、サブの看板も店頭に設置すると効果的です。

◎外観によって店のイメージが伝わる

看板で店の存在に気づいてもらったら、さらに**店の外観によってイメージを表現**し、お客の興味を高めるようにしましょう。店の外観は、**開放度**、**透視度**、**深度**という要素でイメージが決まってきます。

たとえば、オープンカフェのように開放度の高い外観なら、カジュアルなイメージになります。また、大きな窓から店内の様子がわかる透視度の高い外観なら、安心感のある家族向けの店のイメージ。そして、深度とは道路からの奥まり具合ですが、路地裏などの深度の高い店にすれば、高級感や隠れ家的なイメージを演出できます。

「店に入ってみよう」と思わせる看板・外観の工夫

通りがかった人に店の存在を知らせ、「入ってみよう」と思わせるためには、どのような看板や外観の工夫が有効なのでしょうか。都心の路面店カフェを例に工夫を見てみましょう。

●開放度と透視度を高める
壁一面をガラス張りにした外観は、高い開放度と透視度を醸し出す。通行人も店内の様子がわかるので、安心して入れる。

●店名看板は遠視性が大切
店の存在に気づいてもらうには、店名看板の遠視性（遠くからでも見える）が非常に大切。できるだけ目立つように、デザインと大きさを検討しよう。

●スタンド看板は通行人の目線で
通行人の歩く方向や目線に合わせた位置にスタンド看板を置くことで、店の発見率が向上する。

●タペストリーに主要メニューを掲示
主要メニューを掲示したタペストリーがあれば、何を提供する店なのか業態も一目で伝わり、集客に効果的。タペストリーも、スタンド看板のように通行人の目線に合わせた位置に設置することがコツ。

●手書きのイーゼル看板も活用
手書き文字のイーゼル看板は、安心感や温かみを演出でき、店の個性も打ち出せる。道幅が狭くてイーゼルが置けないなら、窓に下げるなどの工夫をする。

「店の顔」をつくる(2) ―テーマカラーを打ち出す

店を印象付けるためには、看板や外観の色彩イメージも重要です。

テーマカラーによる演出は、店のコンセプトを印象付ける効果的な工夫！

◎店のイメージをテーマカラーで強調

繁華街の飲食店の立地では、周囲にも似た店が何軒も並んでいるのが実情です。そんな中で自店の存在をお客に強く印象付けるためには、**看板や外観のテーマカラーを決め、視覚に訴える演出が効果的**。また、住宅街の立地でも、テーマカラーで一般の住宅との違いを見せれば、店の存在を際立たせることができます。

さらにテーマカラーで全体の統一感を高めることで、店のイメージがお客に伝わりやすくなります。たとえば、暖色系の色彩でデザインされた看板や外観を見れば、家族連れで楽しめる店だという印象を受けるはず。逆に寒色系ならば、静かにくつろげるシックな大人の店といったイメージになります。

通行人はその店のテーマカラーでどんな店かを判断

宇井流

成功のためのもう一歩

テーマカラーを引き立たせるコーディネートを考えよう

看板や外観だけではなく、**テーマカラーを軸に店全体のコーディネートをしていくとさらに効果的**です。店内の壁紙、家具やテーブルクロス、食器や什器などの色をテーマカラーと調和させれば、店のイメージに統一感が生まれます。また、メニューブックやスタッフのエプロンも、テーマカラーに沿った色にすると面白《おもしろ》いかもしれません。

その際、**すべてを１色のテーマカラーで埋め尽くさない**ことがテクニック。たとえば、家族向けの店で壁紙をテーマカラーの薄いオレンジ系にしたなら、テーマカラーを引き立たせるために、テーブルや椅子などは優しい印象のブラウン系、テーブルクロスにアクセントとして鮮やかなイエローを使うといった工夫をしてみるのです。

し、目的に応じて入店してくるわけです。

◎色彩が人に与える印象を知っておこう

テーマカラーを打ち出す際のポイントは、店の業態やコンセプト、ターゲットにしたい客層に合った色彩を検討することです。そのためには、次のような色彩が人に与える印象を知っておくとよいでしょう。

- **温かみのある明るい色**……安心で優しいイメージを醸し出せる。ファミリー店向け。
- **派手でポップな色**……楽しく活気あるイメージを演出。たとえば看板のバックの色は黄色、文字は赤にするなど、組み合わせでさらにインパクトが出る。特に赤は食欲を増進させる色なので、ボリュームで勝負する店におすすめ。居酒屋や大衆食堂向き。
- **薄くスッキリした色**……上品で高級なイメージを醸し出せる。レストランや健康志向の店向き。
- **暗く重厚感のある色**……静かで落ち着いたイメージを与える。バーやクラブなど夜中心の業態向き。

テーマカラー

「店の顔」をつくる —居抜き物件を新しい顔に(3)

少ない資金でも、工夫次第で居抜き店舗の印象を一新することができます。

◎最低でも看板はつくり直そう

新しい店は、それだけで「入ってみよう」という期待を人に抱かせるもの。しかし、小さな商圏で居抜き物件を借りて開業する場合、以前の店の印象が地元の人々に強く残っているので、**その印象を払拭《ふっしょく》するような新しい「店の顔」を打ち出す**ことが必要です。

そこで、最低でも看板は自店のコンセプトに合ったデザインにつくり直し、入り口の雰囲気を変えましょう。以前の店の看板に新しい店名のシールを貼って流用することは、絶対に禁物です。

また、内装もまったく新しいものに改装したいところですが、資金不足のケースが多いことでしょう。そうした場合、左ページの図のように、お金をかけずにイメージを変えるテクニックを検討してみましょう。

宇井流 飲食店のNGパターン

流行遅れの看板ではお客が入らない

看板にも流行があります。たとえば、ひと昔前なら「スパゲッティ＆珈琲」などと、売っているものだけを示す看板が主流でした。けれど現在は、「うちのごはん」といったように、店のテーマとなるキーワードを掲げる看板も多くなっています。

居抜き物件の看板をそのまま利用したのでは、流行遅れの印象があり、お客の店への期待もしぼんでしまいます。以前の店との違いを明確に打ち出すためには、**今の時代に合った看板につくり直すことが最初の一歩**です。

お金をかけなくても、居抜き物件の印象を変えることは可能

居抜き物件の印象を変えるテクニック

●照明で新しい店のウリを強調
照明の色や配置を変えたり、間接照明を使ったりして、違う印象を演出しよう。たとえば自然食レストランなら、野菜などの素材の入ったかごにピンスポットを当てるなどの工夫をすれば、新規店のウリを強調できる。
●フォーカスポイントを変える
店内を見渡した場合、最初に目に入る場所（フォーカスポイント）を変えると、第一印象が違ってくる。観葉植物やパーティション、アートパネルなどを使ってフォーカスポイントを変えるだけでも、従前店と違うイメージになる。
●工夫次第で什器備品の印象も一新
従前店のテーブルをそのまま使うにしても、掛けるクロスの色や模様を変えるだけで、席の雰囲気が一新。季節に応じて異なるテーブルクロスを使い分けるといった工夫も効果的。
●壁の色を変える
壁の色を従前店と変えてみると、「違う店」であることを印象付けられる。新しい店のコンセプトも、壁の色でお客に伝えることが可能。

店舗計画(1)ー店舗全体のレイアウト

お客とスタッフがぶつからない動線にするのがレイアウトの基本です。

レイアウトの検討は、店のイメージを具体化するのにも役立つ

◎まずは店舗機能をざっくりと配置する

飲食店に必要な機能は、キッチン、食材保管のためのストレージ、客席フロア、レジ、トイレ、事務作業スペースや更衣室、休憩所などのバックヤードといったものです。これらの機能を店舗に配置していくわけですが、客席を大きく取ったためにレジを置くスペースがなくなってしまった、などということになっては大変です。まず各機能のスペースの広さをざっくりと決め、そのうえで店舗全体のレイアウトを検討していきましょう。

レイアウトは、**客動線、搬入動線、スタッフ動線の3つを考慮**して、お客やスタッフがぶつからないように各機能を配置していくのが基本です。特に出入り口付近は、来店するお客と出ていくお客の動線が混乱し

宇井流

成功のためのもう一歩!!

客動線やスタッフ動線は、自然な動きに沿うのが理想

コンビニやスーパーは、人が左回りに流れるよう設計されています。人間の視線は左から右に動く習性があるので、**左回りのほうが人にとって自然な動き**になるのです。また、**人とすれ違う際に不快にならない幅は1m**といわれています。そのため、1m以上の動線の幅を確保できれば理想的です。

必ずしも、動線を左回りや1m以上の幅にしなければならないわけではありませんが、こうした人間工学の知識を持っていたほうが、レイアウトの検討に役立つはずです。

左回りがラクだわ★
LEFT

ないようにする必要があります。出入り口付近のスペースが狭ければ、そこにレジを置かずにテーブル会計にするなど、臨機応変に考えましょう。

◎動線に応じてレイアウトを修正

実際の店舗レイアウトは、まずフリーハンドでいいので必要機能のスペース配置を紙に大まかに描いてみます。そこに客動線、搬入動線、スタッフ動線を矢印で記入してみて、**人や物が円滑に動くことができるレイアウトになっているかどうかを確認**します。動線に混乱が起きそうな場合には、レイアウトの修正が必要です。

だいたいの配置が決まったら、方眼紙を使ってなるべく正確なレイアウトを描いていきます。実寸の1メートルを1センチに見立てて、100分の1サイズでレイアウトを描くとよいでしょう。

また、3Dシミュレーションができるレイアウトソフトを使ってパソコンでレイアウトをつくれば、完成イメージがさらにハッキリして便利です。

店舗全体のレイアウトの例

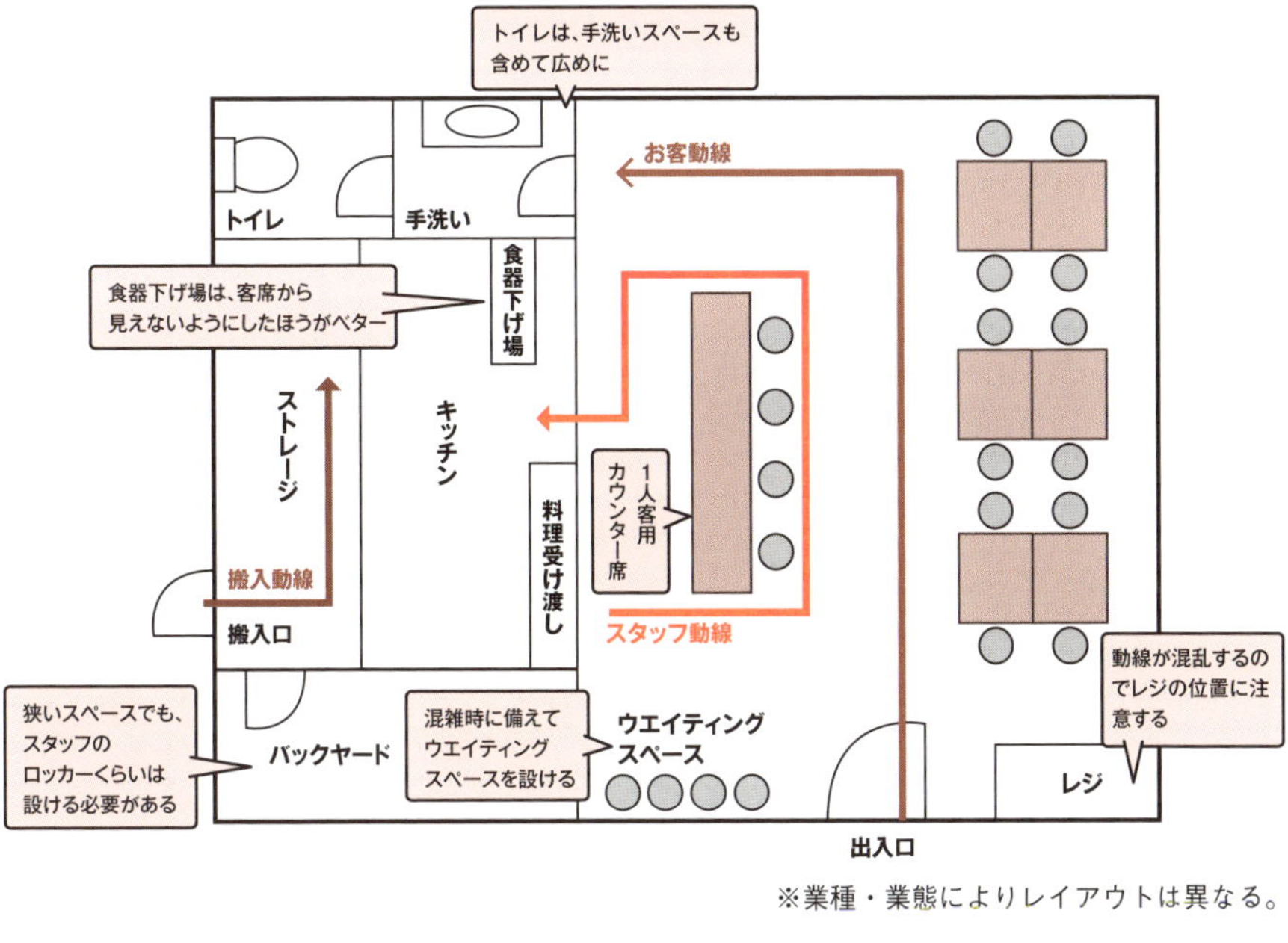
トイレは、手洗いスペースも含めて広めに
トイレ
手洗い
お客動線
食器下げ場は、客席から見えないようにしたほうがベター
食器下げ場
ストレージ
キッチン
1人客用カウンター席
料理受け渡し
搬入動線
搬入口
スタッフ動線
動線が混乱するのでレジの位置に注意する
狭いスペースでも、スタッフのロッカーくらいは設ける必要がある
バックヤード
混雑時に備えてウエイティングスペースを設ける
ウエイティングスペース
レジ
出入口

※業種・業態によりレイアウトは異なる。

店舗計画（2）ーキッチンのレイアウト

キッチンは、効率的に作業ができる動線をしっかり確保しましょう。

店のコンセプトによって、オープンキッチンか、クローズドキッチンかの検討も必要よ

◎作業の流れを考えたレイアウトが重要

①食材を保管する、②下ごしらえする、③仕込みをする、④調理する、⑤下げた食器を洗う――。大きい店でも小さな店でも、キッチン（厨房《ちゅうぼう》）での作業の流れはほぼ同じです。これらの**作業がスムーズに流れるようにする**ことが、キッチンのレイアウトのキモとなります。

一般的に保管庫も合わせたキッチンのスペースは、**店舗面積全体の30％から35％くらいは必要**といわれています。広ければ広いほど働きやすいというものではなく、広すぎても動線に歩数が増えてロスが出てしまうので、注意が必要です。また、横の移動距離が長いほど疲れやすくなるので、自分を始点に①から⑤までの動作が左回りにできるように、保管庫や冷蔵庫・作業台・加熱機器・洗い場を配置するのが理想的です。

◎キッチンには2つのタイプがある

一口《ひとくち》にキッチンといっても、異なるタイプがあります。ひとつは客席から調理の様子が見える**オープンキッチン**、もうひとつは客席から見えない**クローズドキッチン**です。レイアウトを考える際には、どちらのキッチンのタイプにするかを決める必要があります。

活気重視のカジュアルな店ならオープンキッチン、落ち着いて食事できる高級店ならクローズドキッチンにするのがおすすめ。けれど、居抜き店舗ではキッチンのタイプを変えられないこともあります。改装できないオープンキッチンを、クローズドキッチンとして使いたい場合は、観葉植物を仕切り代わりにして洗い場が見えないようにするなどの工夫をしましょう。

キッチンのレイアウト例（クローズドキッチン）

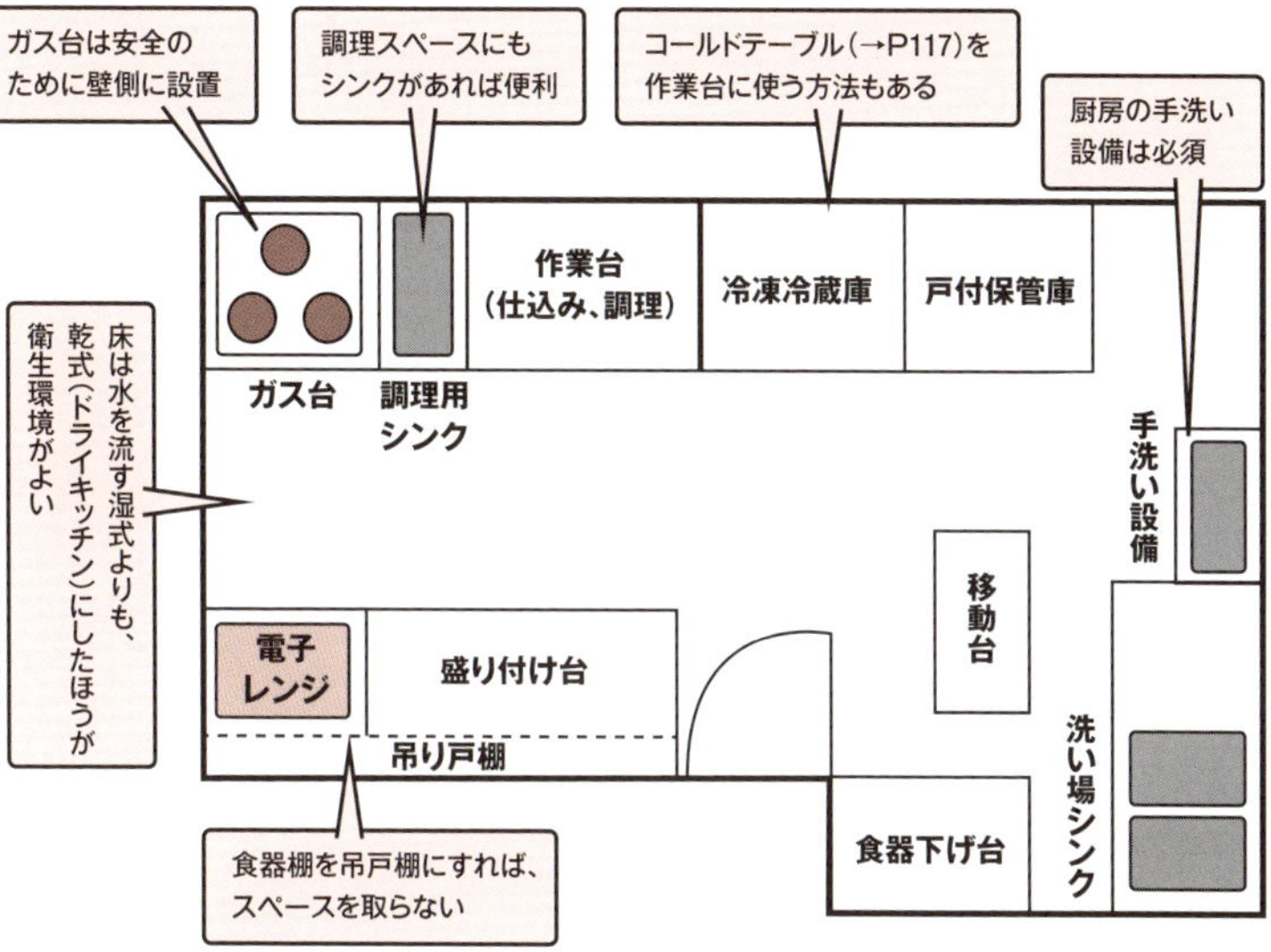
ガス台は安全のために壁側に設置
調理スペースにもシンクがあれば便利
コールドテーブル（→P117）を作業台に使う方法もある
厨房の手洗い設備は必須
ガス台
調理用シンク
作業台（仕込み、調理）
冷凍冷蔵庫
戸付保管庫
手洗い設備
床は水を流す湿式よりも、乾式（ドライキッチン）にしたほうが衛生環境がよい
移動台
電子レンジ
盛り付け台
吊り戸棚
洗い場シンク
食器下げ台
食器棚を吊戸棚にすれば、スペースを取らない

※業種・業態によりレイアウトは異なる。

〈厨房設備の注意点〉

■**シンク（洗い場）**
2槽以上のシンク（洗浄設備）であることが保健所で義務付けられている。

■**コンセント**
調理台、盛り付け台、仕込み場などで必要なので、コンセントは多めに取り付けよう。

■**照明**
調理人の手元に光が当たるように設置。クリップライトでもよい。

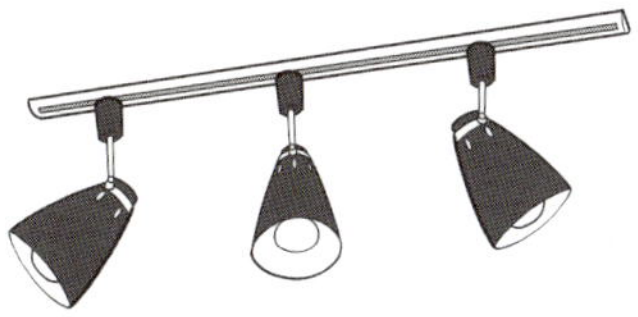

■**水道コックと蛇口**
水道コックはレバー式に、シンクの蛇口はシャワーとストレートの両対応にしよう。

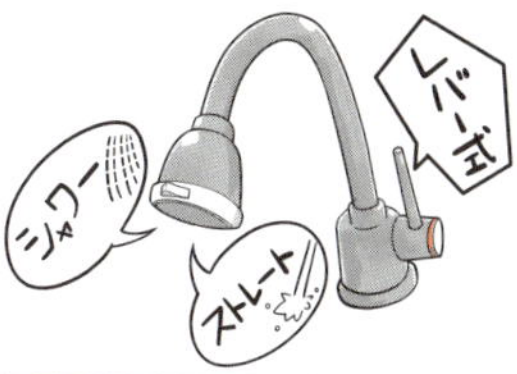
シャワー
ストレート
レバー式

店舗の準備

店舗計画(3) ーフロアのレイアウト

フロアのレイアウトでは、客席数の設定が最重要ポイント!

◎客席数もコンセプトに合わせることが重要

フロアのレイアウト要素は、客席、会計レジ、客用化粧室などです。動線を考慮してこれらの配置を決めていくわけですが、**特に重視すべきポイントは客席の数**です。

まずは、テーブル席を検討してみましょう。限りのあるスペースの中で**テーブル席をいくつ設けるかは、店の業態やコンセプトによって違ってきます**。たとえば、客単価の高い高級店ならば、お客がゆったり過ごせるように大きなテーブルにして、席数を少なくするべきでしょう。けれど、客数と回転率で勝負するファストフード店ならば、小さめのテーブルを並べ、席数を増やすことが必要になります。

そこで、テーブル席のレイアウトをする際は、店の

業態による席数目安の計算方法

物件が決定した段階で、平面図からだいたいの席数を割り出せます。事業計画書を作成する際の売上高予測にも使えるので、参考にしてください。業態に応じて、席数の目安は次のような式で算出することができます。

高級レストラン	フロア面積(坪)×1=席数の目安 (40坪の場合なら、40×1=40席)
一般的レストラン	フロア面積(坪)×1.2=席数の目安 (40坪の場合なら、40×1.2=48席)
居酒屋	フロア面積(坪)×1.5=席数の目安 (40坪の場合なら、40×1.5=60席)
ファストフード店	フロア面積(坪)×2=席数の目安 (40坪の場合なら、40×2=80席)

客席数を決めるときは、店のコンセプトを念頭に置いて決めよう

コンセプトに合ったテーブルサイズを決めたうえで、どのくらいの席数を確保できるかを考えなければいけません。ちなみに、居心地が悪くならない最低限のテーブルサイズは幅50センチだといわれています。

◎「死に席」をつくらないコツは？

客席のレイアウトで注意したいことは、**いわゆる「死に席」をつくらない**ことです。誰も座らない席があると、その席の分だけ売上ロスが生じます。

「死に席」をつくらないコツは、**2人客や1人客にも対応できる席を設ける**ことです。4人掛けのテーブル席だけだと、混雑時は相席を嫌う客もいるので、どうしても「死に席」ができてしまいますが、2人掛けのテーブル席やカウンター席があれば、そうした問題が解決できます。

もうひとつは、お客が避けたがる場所にも席がある場合、**その席の環境を改善する**ことです。日差しの強い窓際の席にはロールカーテンを下げ、奥まった暗い席は絵や観葉植物で明るさを演出するなどしましょう。

フロアのレイアウト例

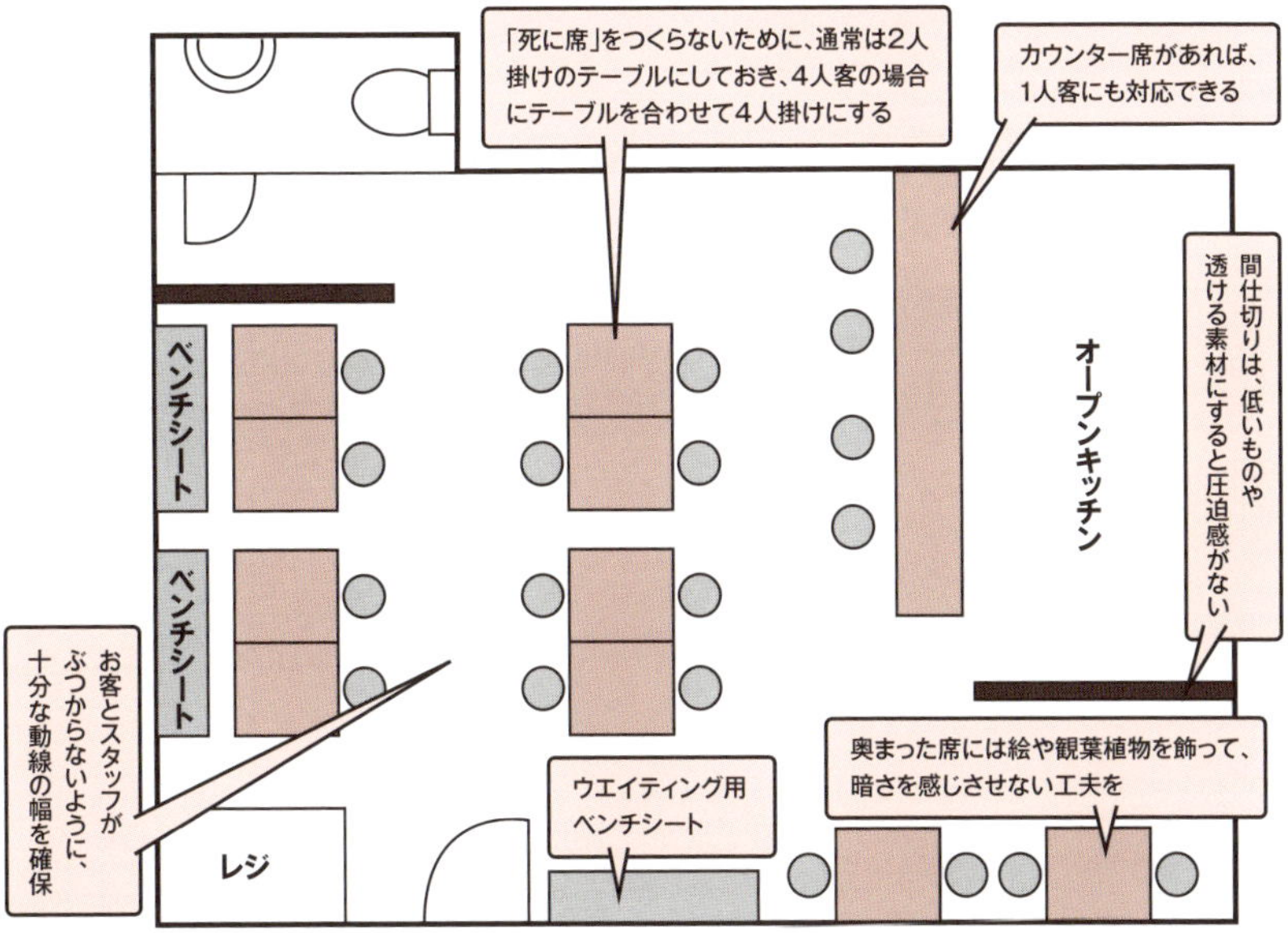
「死に席」をつくらないために、通常は2人掛けのテーブルにしておき、4人客の場合にテーブルを合わせて4人掛けにする
カウンター席があれば、1人客にも対応できる
間仕切りは、低いものや透ける素材にすると圧迫感がない
オープンキッチン
ベンチシート
ベンチシート
お客とスタッフがぶつからないように、十分な動線の幅を確保
奥まった席には絵や観葉植物を飾って、暗さを感じさせない工夫を
ウエイティング用ベンチシート
レジ

※業種・業態によりレイアウトは異なる。

店舗計画（4）ストレージとバックヤード

狭くてもストレージとバックヤードがないと、店はうまく動きません。

ストレージとバックヤードの重要性をしっかり理解してね

◎ストレージは業態に合った広さに

客席フロアとキッチンのスペースのほかに、店舗に欠かせないものは食材や備品を保管するスペース。保管庫は**ストレージ**といい、業態によって広さが異なります。たとえば、冷凍食品を大量に使う惣菜《そうざい》屋なら、それなりの広さが必要になりますが、地元の食材を毎日仕入れるような店なら、その日のうちに売り切れる量を保管できる広さで十分です。

食材のストレージで大切なことは、**取り出しやすいことと衛生的な保管ができること**。あれこれ詰め込まず、保管量は庫内の7割を目安にします。取り出しやすくするために、いつも同じ場所に同じ食材を置く**定位置管理**を徹底しましょう。さらに、**先に保管した日付の古い順から取り出せるよう整理整頓**し、発注ミス

宇井流 問題解決Q&A

キッチン用のストレージにはどんな種類があるの？

ストレージには、乾燥食材や缶詰などを入れておく常温保管用の**ドライストレージ**と、生鮮食品などを冷蔵保管する**コールドストレージ**があります。コールドストレージはつまり冷蔵庫のことですが、コールドテーブル、縦型冷蔵庫、プレハブ冷蔵庫など、さまざまな種類があります。

小さな店でキッチンが狭い場合は、コールドテーブルが便利。これは、背の低い冷蔵庫で上部を作業台として使えます。また、大規模店なら、収納力たっぷりのプレハブ冷蔵庫を導入すると安心です。

▲コールドテーブル

や食品事故の防止に備えましょう。

備品用のストレージについては、十分なスペースがない場合、客席フロアにベンチシートを設けて、そのベンチシートの下に備品収納庫を設けることもできます。また、床下に収納庫を設置できるケースもあるので、施工業者に相談してみるとよいでしょう。

◎バックヤードを省略してはダメ

小さな飲食店では、スタッフの休憩室や更衣室、ロッカーなどの**バックヤード**を持たないケースも見かけます。けれど、ロッカーがあり、狭くても着替えをしたり一息《ひといき》つけたりするようなスペースはぜひとも必要です。場所がないからといって、トイレで着替えるのは衛生上よくありませんし、お客がそれを知ると店への評価はガタ落ちになってしまいます。

また、一息つけるスペースがないと、スタッフの働く意欲にも影響が出てしまいます。その結果、サービスの低下を招きかねないので、バックヤードも重要なスペースと考える必要があるのです。

バックヤード

店づくりの仕上げ(1)
ー五感に訴える店内演出

ディスプレイや照明、ＢＧＭも店のコンセプトの表現手段になります。

◎ディスプレイで演出効果を高める

店のコンセプトを表現するためには、視覚や味覚はもちろんのこと、聴覚・嗅覚・触覚も含めた**お客の五感すべてに訴える演出**を考えることが必要です。コンセプトに合った内装や什器備品で統一感を持たせることが基本ですが、**ディスプレイや照明、ＢＧＭを活用**すれば、さらに演出効果も高まります。そこで、まずはディスプレイの注意点を紹介しましょう。

①主要なディスプレイを目立つ場所に

主要なディスプレイを決め、それを店に入って最初に目が行く場所に置くと効果的。たとえばコーヒーショップなら、入口からすぐ見える場所にビンテージの豆挽き機を置けば、店のテーマが一目《ひとめ》でわかる。

②ディスプレイは掃除のしやすさも大切

成功のためのもう一歩

BGMはタダではないことを知っておこう

ＢＧＭにはさまざまなジャンルがあります。居酒屋なら演歌やポップス、お洒落《しゃれ》なカフェならジャズやボサノバといったジャンルがよいでしょう。

しかし、有線放送のＢＧＭを商業ベースで使う場合、タダではないことに注意。**ジャスラック（日本音楽著作権協会）**や**ＵＳＥＮ**に使用料を払う必要があります。ほかに**ネットラジオの定額配信サービス**もあります。媒体により手続きが異なるので、前もって調べておきましょう。

さまざまな演出の工夫で、お客に店のコンセプトをアピールしよう!

汚れたディスプレイがあると、店全体の清潔感を損ないかねないので注意。オブジェよりも額縁入りの絵のほうが、ホコリがつかず掃除も容易でおすすめ。

③内装と相乗効果のあるディスプレイを

たとえば、季節の料理を楽しむ店ならば、野菜をカゴに入れて飾り、床はナチュラル系の板張りに。相乗効果も考えたオブジェを選ぼう。

◎照明とBGMの工夫も効果的

照明によっても、店のイメージは違ってきます。明るい照明なら活気あるイメージを演出でき、逆に照明の明るさを抑えれば落ち着いたイメージの店になります。間接照明やスポットライトの利用も効果的で、メニューボードやテーブルなど要所だけ明るくすると、立体感ある空間づくりができます。

BGMも店の印象を左右します。活気重視の店なのか落着き重視の店なのか、コンセプトに合ったBGMのジャンルや音量を決めましょう。また、時間帯に応じてBGMを変えるといった工夫も効果的です。

照明による演出のポイント

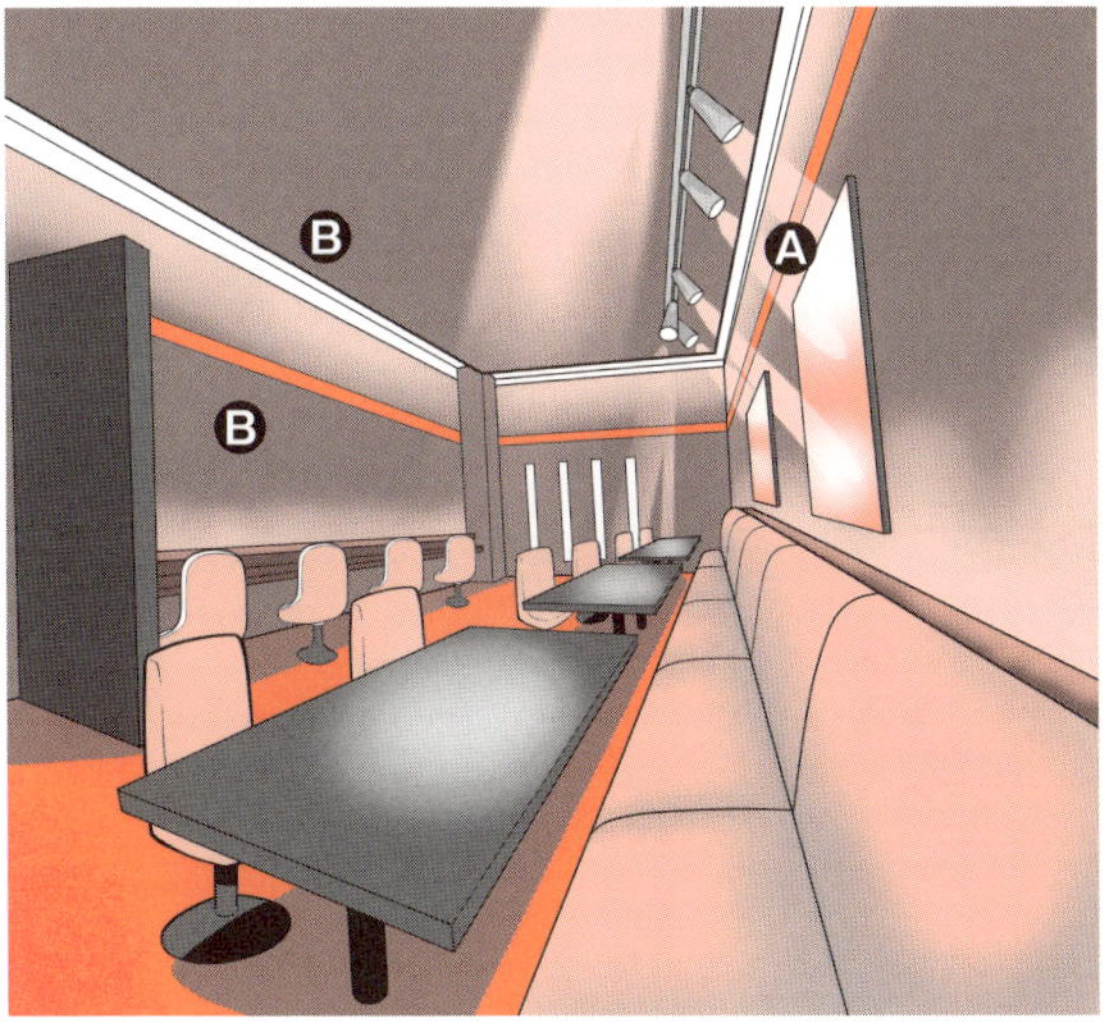

Ⓐ 間接照明を使ってフォーカスポイントをつくり立体感を演出
Ⓑ 天井や壁を使った反射光で高級感を演出

店づくりの仕上げ ーテーブルの演出(2)

テーブル演出に必要な消耗品は、選び抜いたものを使うことが大切です。

◎テーブル上の消耗品も重要な演出道具

テーブルの演出に不可欠なものは、テーブルクロスやランチョンマットなどのリネン類、ナイフやフォーク、スプーン、箸《はし》などのカトラリー、おしぼりや紙ナプキンなどです。これらは汚れたら取り替える消耗品ですが、**店のイメージを決める重要な小道具になり得る**ことを忘れてはいけません。

メルヘンチックなものを揃えるか、クールなものを揃えるか、消耗品も店のイメージとの統一感を考えて選びましょう。テーブルで使う消耗品は業者のカタログから注文するか、ネットで見つけて注文します。

気をつけたいのは、お客の手に触れるリネン類や紙ナプキンなど。触り心地で品質ランクがわかってしまうので、**家庭用よりワンランク上のものを選ぶ**ことが

コンセプトに合わせたテーブルとトップクロスの例

店のコンセプトを表現するには、テーブルのサイズや形、テーブルの上のトップクロスの色や素材にもこだわりが大切です。

	フォーマル店	カジュアル店
テーブルのサイズ	大きい	小さい
テーブルの形	四角型	丸型
トップクロスの色	白系	赤系
トップクロスの素材	麻	模造紙

テーブルクロスはもちろん、カトラリーなどまで配慮することが、お客の心をつかむ秘訣!

大切です。一式まとめて発注する際でも、サンプルをもらい触り心地を実際に確認してから決めてください。

◎店の心遣いが感じられるカトラリーを

消耗品の中で、**特にこだわりたいものはカトラリー**です。テーブルに置くカトラリーの工夫次第で、店の魅力を高めることができます。

たとえば、洋風懐石を提供する店なら、懐石であることを強調するために、ナイフやフォークではなく、箸で食べてもらうようにしても面白《おもしろ》いでしょう。また、本格的なフレンチでも、高齢者が食べやすいように、ナイフやフォークとともに箸をテーブルに置いておくと喜ばれます。

さらに、凹凸があって滑りにくい桑箸《くわばし》にして、それをきれいなデザインの箸袋に入れてセッティングすれば、店の気遣いを感じてもらえるはずです。店名を入れた箸袋は、立派な販促グッズにもなります。ショップカードなどの制作を業者に依頼する場合、一緒に箸袋の名入れを頼むとよいでしょう。

店づくりの仕上げ―食器の揃え方(3)

食器は耐久性のあるものを十分な数、用意することが必要です。

混雑時に食器が
不足しないように、
食器は
多めに揃えよう

◎食器セットは客席数の2倍を用意

食器は、実際に料理を盛り付けてみて、柄のバランスや持った質感などを確かめて選んでいきます。

店の演出にとって、どのような食器がよいのかを左ページに紹介しましたが、店で使う食器は家庭と比べて格段に使用頻度が高いので、**選ぶ際には耐久性も十分考慮**しましょう。特売品や安売り品を買うのは、耐久性の面からもおすすめできません。また、材質によっては、食器洗い機で洗えないものや、レンジ対応でないものもあるので注意が必要です。

オープンの1カ月前には、食器を揃えておくようにします。その際に注意すべきことは、食器の数です。「食器の数が足りないから、料理を出せない」などということになれば、店の評価は最悪のものになります。

料理用の食器セットは、**最低でも客席数の2倍の数**を用意しましょう。

◎グラスやカップはどのくらい必要？

料理用の食器のほかに、グラス類の準備も忘れてはいけません。一般的な飲食店の場合、グラスは水用・ジュース用・アルコール用の3種類、カップはコーヒー用と紅茶用の2種類が必要です。**それぞれ1日の客数分と割れたときの補充分**を用意しておきましょう。

また、バーや居酒屋であれば、グラス類をもっと多く揃えておく必要があります。最も使われるタンブラーグラスは座席数の2倍から3倍、ビアグラスやロックグラスは座席数の約2倍、ほかのカクテルグラスやワイングラスは座席数と同じくらい用意しておくといいでしょう。

演出を考えた食器選びをしよう

グラス

水用、アルコール用など、用途ごとに高さの違うグラスを用意して、それをテーブルに並べれば立体感のある演出ができる。

プレート類

白いプレートならば、どんな色の料理を載せても配色的に問題がない。定番のオーバル型やスクエア型から揃え、色味のない分、形で楽しめる変形型プレートも用意するとよい。

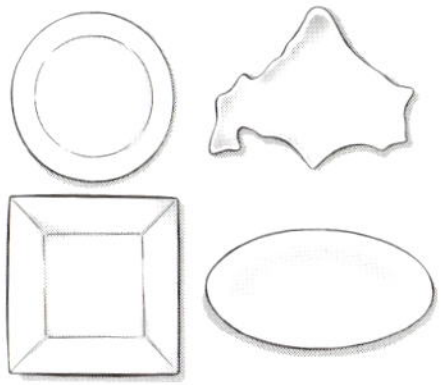

柄小鉢

自然の風物を描いた柄小鉢は和食に最適。春は桜、秋は菊などの柄が入った小鉢を置き、季節感を演出しよう。

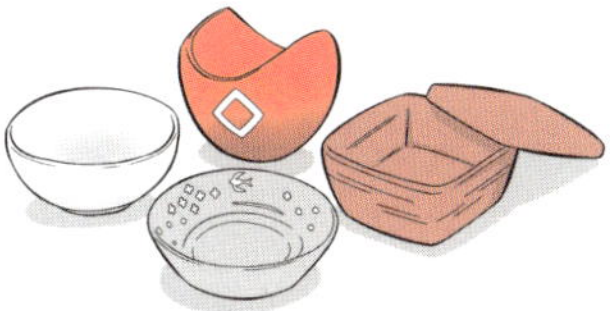

大鉢

大鉢には人数分を一気に盛り付けるため、料理の映える濃い色を選びたい。藍か黒が定番。ザラザラした素焼きの大鉢は、見た目が味わい深いだけでなく、滑りにくく機能的でもある。

取り皿

取り皿は、最初に何も入っていない状態で並べるものなので、柄や色があるものを選ぶと楽しい。ただし、柄はバラバラでも、テイストは統一しよう。最も忙しい日の客数分を用意。

ガラス食器

サラダやビジソワーズなどの冷菜をガラス食器に盛ると、涼やかで見た目の美しさも引き立つ。レンジ不可のものがあるので注意。

店づくりの仕上げ ー厨《ちゅう》房《ぼう》機器の揃え方(4)

厨房機器を揃える場合、厨房面積と機器の必要性をよく検討しましょう。

◎店の広さや業種・業態に適した機器を

業務用厨房機器にはさまざまな種類がありますが、大量使用に耐えられるよう、おおむねサイズが大きめで頑丈につくられています。

厨房機器を揃える際は、その機器が**自店の厨房の広さに適したサイズかどうか**、事前に検討することが必要です。たとえば、6ドアの大型冷凍冷蔵庫を設置できたとしても、調理スペースが窮屈になり作業がしにくいというのでは困ります。また、業種・業態によって、**どうしても必要な機器とさほど必要でない機器がある**ので、何を揃えるべきかをよく考えましょう。

必要な機器の購入資金が足りない場合は、**レンタル**という方法もありますし、**中古品**を探すという方法もあります。中古品は必ず実物を見て、稼働性を確かめてから購入するようにしてください。

◎厨房機器のここを確認！

実際に厨房機器を導入するときは、次のような点を確認したうえで導入を決めましょう。

- **作業の効率化・省力化に役立つか**（人件費削減の効果があるか）
- **店の客数やメニュー数に対応できる性能か**（食器洗浄機などの場合、一度に洗浄できる皿数は十分か）
- **立地のインフラ状況に対応できるか**（コンロなどの場合、都市ガス対応かプロパンガス対応か）
- **清潔を保てるか**（掃除がしやすい構造か）
- **耐久性は十分か**
- **稼働音は静かか**
- **保証期間やメンテナンス対応は十分か**

主な業務用厨房機器

加熱系機器

コンロ
業務用は火力も強く、すぐ火が通る。

ガスオーブン
業務用は1度に3～4つの皿を入れられる。

ガスコンベクションオーブン
直火ではなく熱風で焼くので、焼きムラが少ない。

フライヤー
ガスフライヤーは立ち上がりのスピードが速く、
電気フライヤーは温度を一定に保ちやすい。

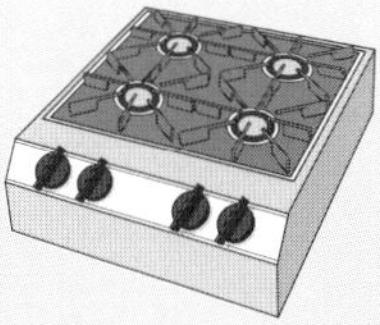
▲コンロ

▼フライヤー
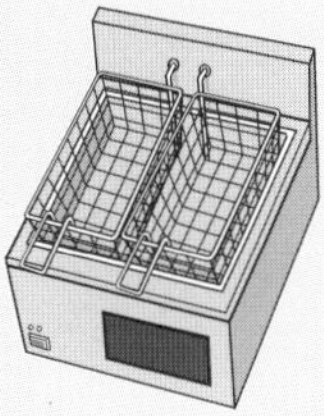

非加熱系機器

コールドテーブル
上部は作業台として使え、
下部は冷凍庫または冷蔵庫になっている。

冷凍冷蔵庫
業務用は4～6ドアのものが一般的。

食器棚
営業許可を受けるには、
扉付きのものでなければいけない。

野菜脱水機
野菜は脱水しないと味が変わるので、
多くの飲食店が導入している。

製氷機
夏場の使用量を想定して、容量の大きいものを選ぼう。

スライサー
電動式なので、包丁よりも早くスライスできて効率的。

ミキサー
業務用は、ヘッドを変えることですり下ろしや
みじん切り、かき氷などにも対応できる。

▲コールドテーブル

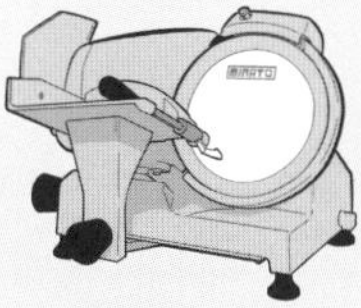
▲スライサー

▼ミキサー
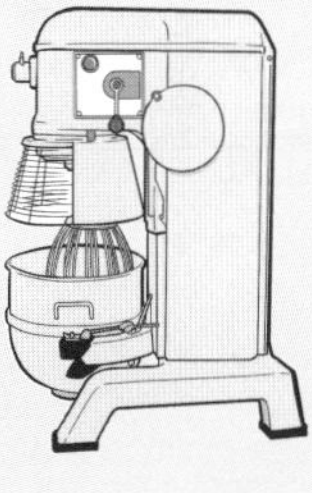

衛生系機器

食器消毒保管庫
熱風によって食器類を消毒し、乾燥させて保管する機器。

生ゴミ処理機
生ゴミを水と炭酸ガスに分解してくれるので、
臭いや虫を防ぎ、厨房を清潔に保てる。

食器消毒保管庫▶

お金をかけない店舗づくりのコツ

業者にすべてを任せずに、工事費抑制の工夫をすることが重要です。

お金をかけなくても、「お客にとっていい店」をつくることは可能！

◎業者任せにしないことがコスト抑制の基本

飲食店は、オープンしてからが本番。そこで、ランニングコストや修繕費などにまわす資金をキープしておくために、できる限りお金をかけずに店舗づくりをしたいところです。

内装工事は業者に依頼するしかありませんが、**できるだけ依頼部分を省く方法を考えましょう**。たとえば、お客の手が触れない天井や床はコンクリート打ちっ放しのままにしたり、内装のベースとなる工事だけを業者に依頼し、壁塗りを自分で行い、装飾や調度品などを手づくりするという方法もあります。

素人《しろうと》でもできる部分は、自分でやってしまうわけです。つまり、**工事をすべて業者任せにしない**ことが、工事コストを抑制する基本です。

宇井流

成功のためのもう一歩

「お客にとっていい店」をつくるには、材料の質よりもデザイン優先で

業者に内装を依頼するときには、材料の質にこだわるよりも、**デザインを優先**しましょう。

もちろん材料にお金をかけることに越したことはありませんが、資金には限度があります。少ない資金しかなく、材料にあまりお金をかけられなくても、デザインがよければ居心地のいい店がつくれます。また、将来的な改装のことを考慮すれば、高額で頑丈な材料で内装を仕上げても、それを何十年も使うわけにはいきません。

限りある資金の中で、「お客にとっていい店」をつくるためには、お金を使うのではなく、デザインをどうするかに頭を使うことが大切なのです。

◎お金をかけた自己満足の店づくりは禁物

たくさんお金をかけても、よい店ができるとは限らないことを知っておきましょう。

カジュアルな店がコンセプトという場合に、自己満足でお金をかけて高級な内装にすると、かえってお客は居心地の悪さを感じるはずです。逆に、お金をかけなくても、コンセプトに合った店舗づくりをすれば、お客は「居心地がいい」と感じてくれます。要は、自分にとっていい店ではなく、**お客にとっていい店をつくる**ことが重要なのです。

もうひとつ知っておくべきことは、**お金をかけて「長持ちする店舗づくり」をしても意味がない**ということです。飲食店は基本的に、一定期間が過ぎれば改装が必要になります。長持ちする店舗にしようと多額の資金を使ったせいで、いつまでもその投資額を回収できないとなれば、改装費が捻出できません。店舗づくりに必要以上のお金をかけることは、むしろ失敗のもとになるということです。

自己満足

コラム

安易な改装は客離れの原因になる

売上に問題がない状況での改装は逆効果

店舗のデザインにも、やはり時代の流行というものがあります。そのため、流行を取り入れたいと改装を行う店がよくありますが、安易な考え方での改装は絶対に禁物です。

そもそも売上が上がっているならば、お客はその店のデザインを支持しているわけです。それなのに改装で店をまったく新しいイメージにしてしまうと、従来の店のイメージが好きだったお客は、自分の気持ちを無視されたと感じることでしょう。その結果、客離れが生じかねません。**売上が上がっている限りは、むしろ改装を行うべきではない**のです。

改装が必要なのは売上不振と老朽化の場合だけ

では、どういう場合に改装をすればいいのでしょうか。それは、**売上不振に陥《おちい》った場合と店の老朽化がひどくなった場合**です。

売上不振の店での全面改装は、従来のマイナスイメージを払拭《ふっしょく》する効果をもたらします。店舗のイメージが変われば、新規開店と同じように見えるので、お客は「行ってみよう」という気持ちになるものです。ただし、売上不振を本当に打開するためには、イメージを変えるだけでなく、ＱＳＣの向上も図る必要があることを肝《きも》に銘《めい》じておきましょう。

また、店が老朽化すれば、当然、改装が必要になるわけですが、その場合の改装は慎重さを要します。前述したように、売上に問題がない状況で店のイメージを変えると、客離れが起きるケースがあるからです。お客から見えない厨房《ちゅうぼう》などは、一新してもよいでしょう。しかし、客席ホールについては、常連客の気持ちや利用動機をよく考慮したうえで、従来のイメージをできるだけ踏襲した改装を検討することが大切です。

5章

メニュープランニングと食材管理

メニュー開発は、ニーズの見極めとオリジナリティがポイント。価格設定の方法や食材管理の方法も知っておく必要がある！

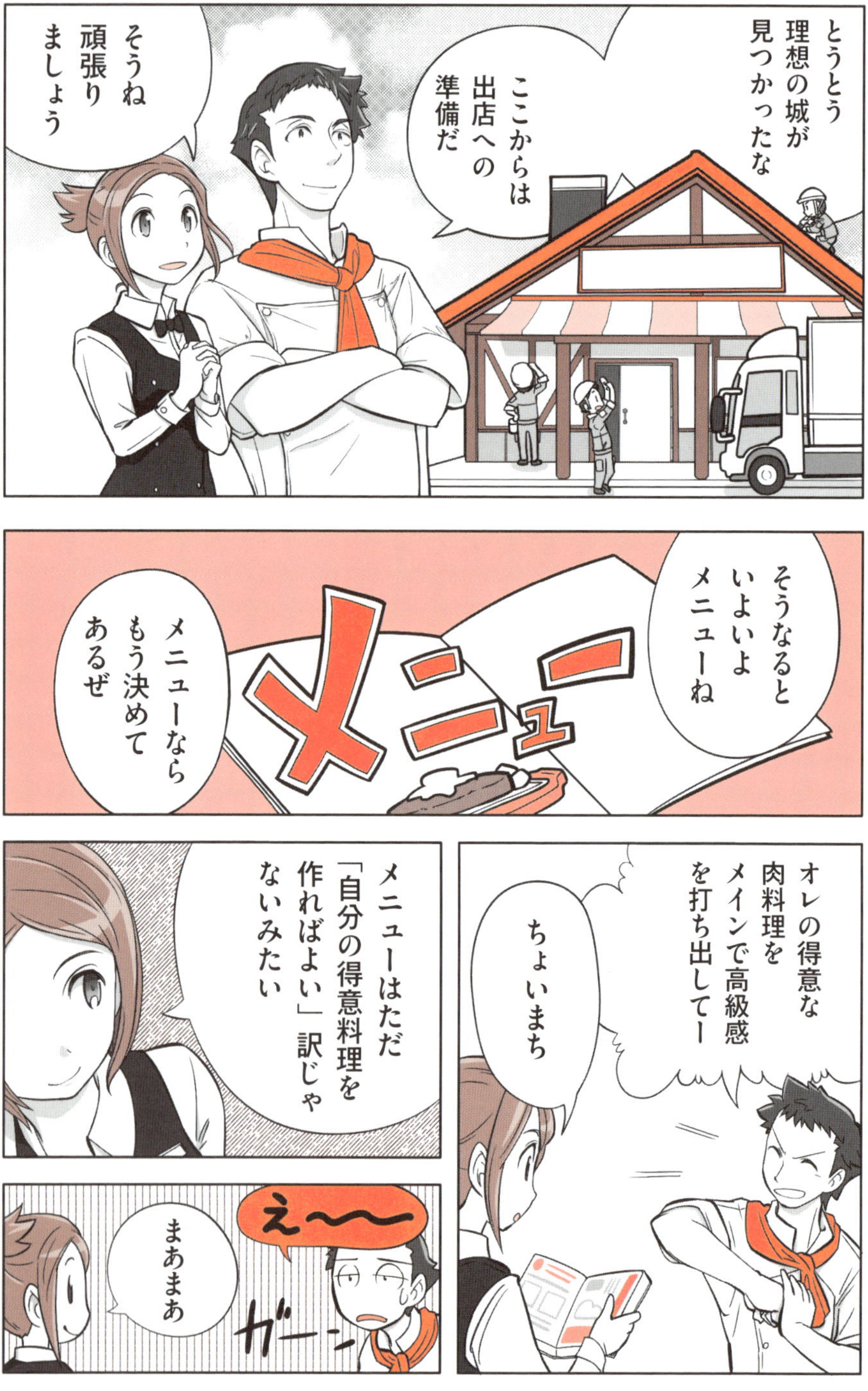
とうとう理想の城が見つかったな
ここからは出店への準備だ
そうね頑張りましょう
そうなるといよいよメニューね
メニュー
メニューならもう決めてあるぜ
オレの得意な肉料理をメインで高級感を打ち出してー
ちょいまち
メニューはただ「自分の得意料理を作ればよい」訳じゃないみたい
え〜〜
ガーン
まあまあ

近隣の
競合店を
よく見て
かつ
差別化を
はかって
いかなきゃ
きょろ
きょろ
きょろ
きょろ
ハンバーグ
¥1,200～
ラーメン
¥700～
?
フレンチ
¥3,000～
それに
合わせて
材料の
原価管理や
食材の管理を
考えなきゃね
原価
ぎゅ
確かに
ユーザーあっての
お店だもんな
男性向け
ボリューム
女性向け
ヘルシー
ターゲットに
合ったニーズを
提供できないと
不利かー
シニア向け
栄養バランス
健康志向
安心安全
わかったよ
今夜から
じっくり
2人で
考えようか
そうだね
…洋くん
今日何
食べたい？
何だよ
急に
ニーズに
応えよう
と思って

メニューのトレンドを知ろう

ニーズ把握のために、トレンドメニューに目を向けてみましょう。

◎トレンドにお客のニーズが現れる

来店したお客は、メニュー（商品力）・サービス・雰囲気の総合力でその店を評価します。しかし、飲食店である限り、**評価の決め手となるのはやはりメニュー**です。魅力的なメニューを提供できてこそ、サービスや雰囲気も活きてくるのです。

では、どのようなメニューにお客は魅力を感じるのでしょうか。基本は、**お客のニーズをつかんだメニュー**であること。味や見た目、価格など、魅力の要素はさまざまにありますが、そのメニューがニーズとフィットしていなければ、お客は魅力を感じてくれません。

そこで、お客のニーズとフィットしたメニューを考える際に、**トレンドメニューに目を向けることが非常に有効**な手立てとなってきます。トレンド（流行）には、今どきのお客のニーズが現れるからです。

◎店のコンセプトとトレンドの融合が大切

ただし、トレンドメニューに目を向けるといっても、「これがトレンドだから、ウチの店のメニューにしよう」といった単純な発想は禁物。店のコンセプトと合わないトレンドメニューをそのまま導入すると、店の個性が損なわれて逆効果になりかねません。

トレンドメニューはお客のニーズを把握するための参考として考え、実際に取り入れる場合には、**店のコンセプトと融合させる工夫が必要**です。

たとえば、熟成肉を海鮮居酒屋で提供しても不釣り合いです。けれど、熟成肉ブームから「新しい調理法の料理を」というニーズを見出せば、熟成魚といったメニュー開発も考えることができるはずです。

トレンドを取り入れる場合は、店のコンセプトと融合させることが大切

トレンドメニュー例

熟成肉

肉を数日から数十日寝かせて旨《うま》みを引き出し、肉料理の新しい楽しみ方を提供。熟成肉を看板メニューにしたビストロやワインバーは、予約が取れないほど評判になった。

クラフトビール

小規模な醸造所で職人が醸造する手工芸（クラフト）的ビール。醸造所が違えば味も違うので、飲み比べて楽しめることも人気の秘密。

ジャーサラダ

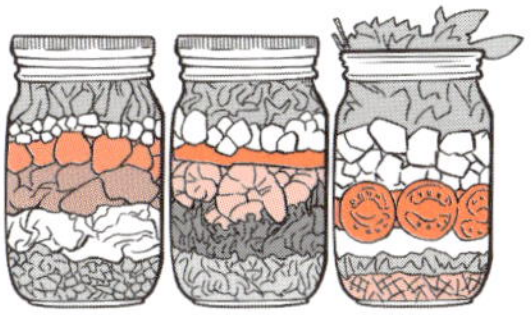

単純なサラダではなく、多種類の野菜をジャー（瓶）に詰めたサラダで、そのお洒落《しゃれ》さが女性の人気を呼んだ。ジャーサラダのテイクアウト店も多数登場。

ジビエ料理

野生の鹿や熊、ウサギ、キジ、鴨《かも》、猪《いのしし》などの食材を使った料理。フランスが本場だが、身が引き締まっていて美味《おい》しいと、日本でも注目されるようになった。

サードウェーブコーヒー

煎《い》りたての豆をハンドドリップで1杯ずつ淹《い》れて高品質なコーヒーを提供するというのが特徴。日本の喫茶店の昔ながらの淹れ方だが、米西海岸の「ブルーボトルコーヒー」が日本出店したことでブームとなった。

まぜそば

汁のないラーメンに自分で好きな具を入れ、かきまぜて食べる。残った具にご飯を加えて、「まぜごはん」にもできる。従来のラーメンとは違った「食べ方の楽しさ」で大ヒット。

オリジナルメニューを開発するコツ

「他店にはない」というメニューは、大きな付加価値を生み出します。

食材と調理法の組み合わせを工夫すれば、オリジナルメニューを開発できるよ

◎オリジナルメニューは差別化の決め手

多くの飲食店がある中でお客を引き寄せるためには、他店と違う個性が必要です。その個性を最も強くアピールできるものが、**オリジナルメニュー**。「この店でしか食べられない」と思わせるメニューを持つことで、**他店との差別化を図る**ことができます。

オリジナルメニューというと、今までにない新奇なメニューを想像しがちですが、実はポピュラーなメニューでもオリジナルメニューになり得ます。たとえばラーメン専門店の場合、麺・汁の製法や具材の工夫などによって、各店が独自性を競い合っています。メニュー自体は他店と同じであっても、**際立つ個性があれば立派なオリジナルメニュー**といえるのです。

また、オリジナルメニューは、利益面でも心強い味

宇井流

成功のためのもう一歩

オリジナルメニューのネーミングにも工夫を

せっかくオリジナルメニューを開発したのなら、そのネーミングにも工夫を加え、お客の心をつかみたいところです。

たとえば、たんに「オリジナルカレー」といったネーミングでは、料理内容のどんな点がオリジナルなのかわからず、魅力も伝わりません。そこで、「7種の有機野菜カレー」などと、**ネーミングの中にアピールポイントを盛り込みましょう**。さらに、「シャキシャキ」「トロトロ」などの言葉でシズル感を表現できれば、食べる前のお客の期待感が高まり、印象にも残りやすいはずです。

ただし、奇をてらい過ぎたネーミングは感心できません。お客に長く愛される看板メニューにしたいのなら、覚えやすいネーミングであることも大切です。

方となります。「この店でしか食べられない」という付加価値があるのですから、その付加価値を価格に反映させることができます。つまり、通常のメニューよりも**大きな利幅の価格設定が可能**なわけです。

◎開発の基本はアレンジのアイデア

オリジナルメニューの開発は、ベテランの調理人でなくても可能です。開発の基本は、**食材と調理法の組み合わせ**です。

たとえば、今や居酒屋などの定番料理になっているモツ鍋は、あまり一般的ではなかったモツという食材を、昔から日本人になじみ深い鍋物にしたものです。つまり、「珍しい食材」と「ふつうの調理法」の組み合わせです。また、豆腐ハンバーグなどは、「ふつうの食材」と「変わった調理法」を組み合わせた例です。

要は、ゼロからオリジナルメニューを考える必要はないのです。従来から知られている料理に何か新しいものを付加して、アレンジしていくことがオリジナルメニュー開発のコツということです。

オリジナルメニューの開発テクニック

① 他店にない独自の食材を使ってみる。

② 調味料や香辛料の使用法を変えてみる。

③ 既存の食材の組み合わせを変えてみる。

④ 肉を蒸す、魚を和《あ》え物にするなど、既存の調理法を変えてみる。

⑤ 付け合わせやソース類を変えてみる。

⑥ 盛り付け方や食器の使い方に工夫を加える。

⑦ ネーミングも工夫して、イメージアップを図る。

時代のキーワードからのメニュー開発

時代の重要キーワードを常に意識して、メニュー開発を考えましょう。

◎シニア客のニーズは「健康の維持」

時代のキーワードとして、多くの人が真っ先に挙げるものは「**高齢社会**」です。総務省の人口推計によると、わが国の高齢者（65歳以上）人口は総人口の26％を占めるまでになっています（平成26年10月現在）。この高齢社会を背景に、シニア市場はますます拡大している状況です。

実際、シニア向けの宅配弁当やコンビニ惣菜《そうざい》がヒットしています。飲食店も負けずにシニア向けメニューを開発し、シニア客を取り込むことができれば、繁盛が期待できるはずです。

シニア向けメニューの開発は、まずシニア客のニーズを知ることから始めましょう。シニアにとって**最大のニーズはやはり健康の維持**。そこで、健康維持に役

高齢化率の推移と将来推計

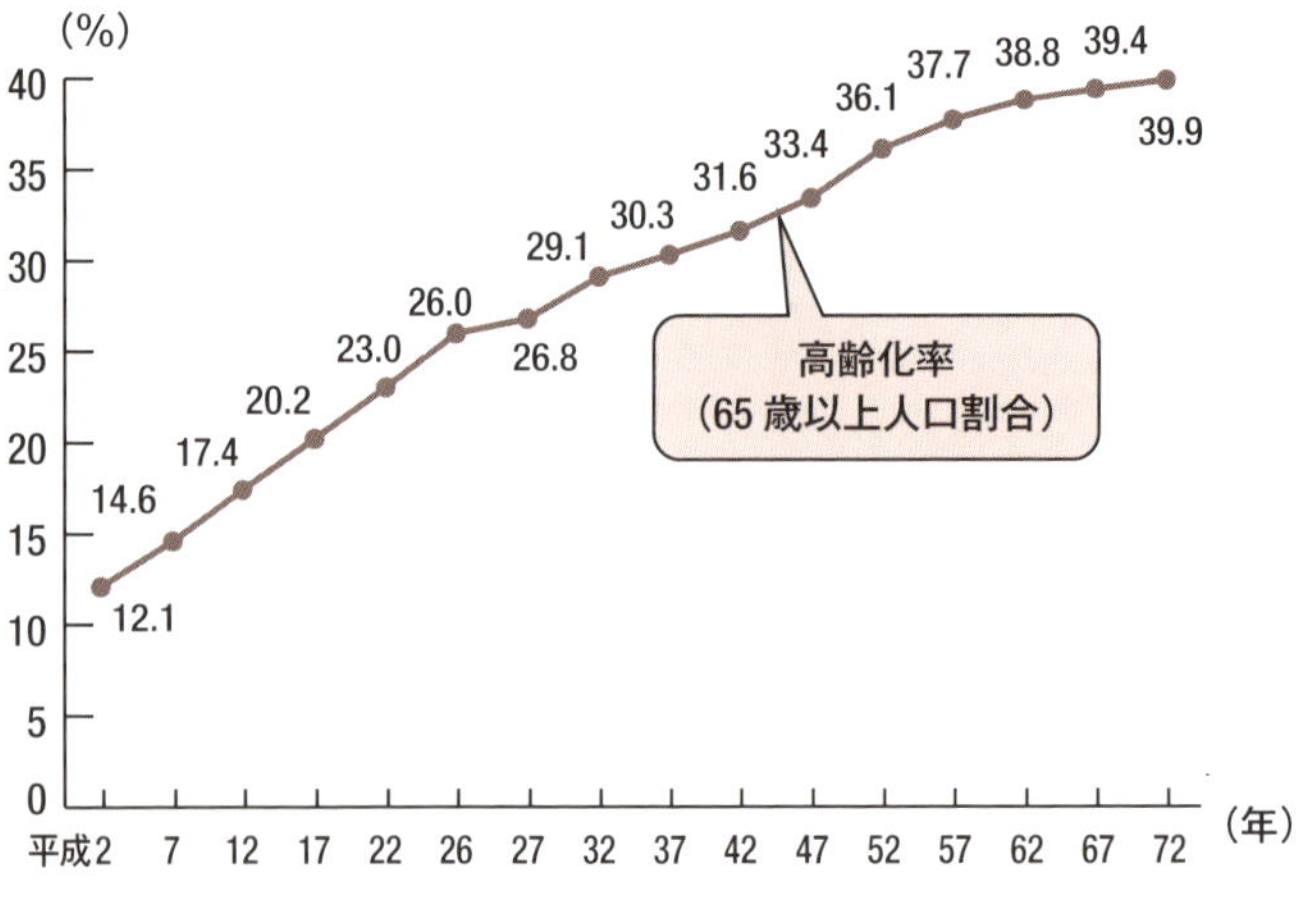

出典：内閣府「高齢社会白書」（平成27年版）より作成

「高齢社会」「女性」「ヘルシー」が、メニュー開発のヒントとなるキーワード！

立つメニューが狙い目となります。もう少し具体的にいえば、①**栄養バランスへの配慮**、②**安心・安全への配慮**、③**ボリュームへの配慮**がメニュー開発のポイントとなってきます。下図に、これらのポイントの内容を示したので参考にしてください。

核家族が進む中、子どもが独立して夫婦2人だけ、あるいは1人暮らしといったシニア世帯が増えています。そうした世帯では、日常の食事づくりが面倒で手を抜きがちです。けれど、健康を維持したいという気持ちは強いので、栄養バランスがよく、安全でボリュームも適した健康的な料理を食べられる店があれば、喜んで足を運んでくれることでしょう。

◎女性向けメニューで繁盛店に

「**女性**」も注目度が高い時代のキーワードです。今や飲食店にとって、女性客の取り込みは不可欠なテーマとなっています。

飲食店が女性客獲得に力を入れるのは、経済力のある女性が増えたことが理由のひとつですが、**女性に人**

シニア向けメニュー開発の主なポイント

栄養バランスへの配慮

偏った栄養摂取は健康維持の大敵なので、シニア向けメニュー開発では栄養バランスを特に重視しよう。いろいろな主菜、副菜を用意して、その中から好きなものを選べるようにすると、栄養バランスが取れてシニア客に喜ばれる。

安心・安全への配慮

脂肪・糖分・塩分を控えたメニューであることや、無農薬や有機栽培の食材を使っていることをアピールすれば、シニア客が安心して店を利用できる。カロリーや食材産地などをメニューブックに明記すると、さらに信頼感が増すはず。

ボリュームへの配慮

ボリュームのあるメニューは、シニア客に好まれない。シニア向けに、最初からボリュームの少ないメニューにしてもいいが、小盛り・中盛り・大盛りといったバージョンをつくったり、自分で量を加減できるカフェテリア式にしたりする方法もある。

気の店になれば男性客や家族連れも訪れるという相乗効果があることも、大きな理由となっています。飲食店を評価する女性の目は厳しいので、「女性の評価が高い店なら間違いはない」というイメージが生じ、さらにお客が増えるというわけです。

女性客を引き付けるメニュー開発のポイントは、後述する**ヘルシー感**を打ち出すことです。**見た目の美しさ**も重要な要素になります。また、サラダやデザートの充実も検討したいところです。

さらに、口コミの主役は女性であることを意識して、メニューに**驚きや感動を与える演出**を凝らすと効果的。驚いたことや感動したことは、人に伝えたくなるものです。言い換えれば、話題性のあるメニューを考えるということです。

◎ヘルシー感は楽しさとの両立が大切

高齢社会、女性というキーワードとともに、「**ヘルシー**」も飲食店にとっての重要キーワード。ヘルシー＝健康は、老若男女《ろうにゃくなんにょ》を問わず共通のニーズなので、ぜひ

女性向けメニュー

ヘルシーなメニューの開発を検討してください。

しかし、一口《ひとくち》にヘルシーなメニューといっても、客層によってイメージが違ってきます。若い女性客にとってのヘルシーなメニューは、低カロリーのイメージでしょうが、若い男性客にとってのヘルシーなメニューは、栄養価が高く体力がつくものといったイメージになります。

そこで気をつけたいのは、低カロリーであればヘルシーだと、単純に決めつけないことです。**ターゲット客層に合ったヘルシーなメニューは何か**、ということを考える必要があります。

また、若い女性をターゲットにして低カロリーのメニューで勝負するにしても、薄味の病人食のようなメニューでは満足してもらえません。たとえば、あまり繁盛していない健康食レストランなどを見ると、低カロリーにとらわれすぎていて、メニューの華やかさが欠如しているケースがあります。繁盛する飲食店にするためには、**ヘルシー感と楽しさを両立させる**ことが大切なのです。

ヘルシーメニュー開発の主なポイント

多彩な食材を使用	栄養バランスのために、多彩な食材をメニューに取り入れたい。その際、野菜をふんだんに使い、肉なら鶏肉、魚なら白身など、ヘルシー感が高い食材を組み合わせることが大切。	
調理法を工夫	フライなど脂っこいメニューでは、ヘルシーなイメージにならない。そこで、同じ食材であっても焼く・煮る・蒸す・スモークをするなど、ヘルシー感を出せる調理法を検討しよう。	
食器でアピール	あっさりしたヘルシーメニューを、あっさりした白い食器などに盛り付けると、華やかさが不足する。色合いのある絵皿や、ざっくりした陶器皿、木製皿などを使えば、アピール度が高まるはず。	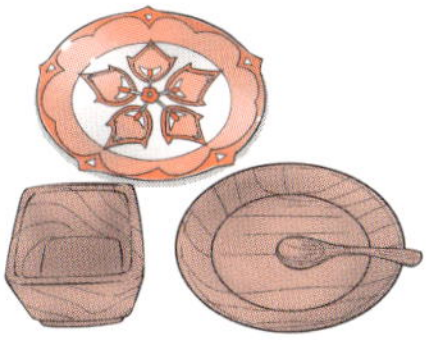

お客を喜ばせるメニューとは？

メニュー開発においても、「お客を喜ばせる」という要素が大切です。

五感を刺激する料理を提供して、お客に楽しんでもらおう

◎ お客は料理を五感で味わう

飲食店の料理は、たんにお客の食欲を満たせばよいわけではありません。**料理を通してお客に楽しさや喜びを与える**ことが、飲食店の存在意義だからです。

お客は料理を食べる際、味覚・視覚・嗅覚・聴覚・触覚という五感を総動員して味わおうとします。ですから、「味には自信がある」といっても、見た目が悪い料理では、お客を心から喜ばせることはできません。お客に喜んでもらうためには、**味覚はもちろん、視覚や嗅覚、聴覚や触覚にもアピールする工夫**が重要になってくるのです。

◎ 五感にアピールするテクニック

以下に、お客の五感にアピールするテクニック例を挙げてみました。高度な調理技術がなくても、**お客を喜ばせるメニュー開発は、アイデアさえあれば十分可能**です。ぜひ取り組んでみてください。

- **味覚**：食材や調味料の変更、調理方法の工夫などで、クセになる独特の味を開発してみましょう。
- **視覚**：食材の彩りや盛り付け方を考えましょう。盛り付けの器にもこだわりが大切。
- **嗅覚**：スパイスで嗅覚を刺激したり、食材を焼くときの香ばしい匂いなども活用しましょう。
- **聴覚**：ステーキを鉄板皿に載せ、ジュージューと音を立てさせながら提供するといったテクニックは、聴覚を刺激する工夫の代表例です。
- **触覚**：たとえば手巻き寿司や生春巻きなど、お客が自分の手を使ってつくるメニューがあれば、楽しさが増すはずです。

五感を刺激するメニューの発想法

海鮮ちらし寿司を例にメニューのブラッシュアップを考えてみましょう。

❶ 看板商品をピックアップする

看板商品にしたいメニューを選び、そのイメージイラストを描く。発想を手助けするためのイラストなので、色鉛筆などで簡単に描くだけでＯＫ。

❷ アイデアを出す

味覚、視覚、嗅覚、聴覚、触覚の欄をつくり、右の例のように、それぞれのアイデアを書いていく。制約なしの自由な発想こそが、魅力的なメニューを生み出す秘訣。

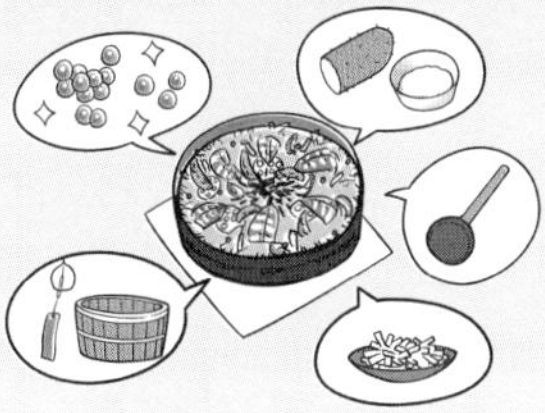

視覚
- 「いくら」「エビ」などの色味のある具材を散らして彩りを出す
- 木桶に盛り付けて豪華さをアピール

味覚
- とろろ芋を酢飯の上にかけ、まろやかな味わいに

触覚
- 「木のしゃもじ」を添えて、お客が楽しみながらかき混ぜられるようにする

嗅覚
- 生姜を多めにして、爽やかな香りを引き立たせる

聴覚
- 夏は木桶に風鈴をつけて、涼感を演出

❸ メニューの完成イメージをつくる

アイデアが出尽くしたら、その中から取り入れるものを決め、メニューの完成イメージをつくる。どのアイデアを取り入れるかは、原価や価格設定などの現実的な制約を考慮する必要があるが、難しいアイデアでも実現できる方法を検討することが大切。

酢飯の上に、とろろ芋を加える
具材は錦糸卵、海老《エビ》、椎茸《しいたけ》、大葉、海苔《のり》、いくらを使う
木桶に盛り付け、木のしゃもじを添える
香りが感じられるように、生姜は多めに入れる

新しい食材で他店との差別化を図る

少量仕入れしかできない希少食材の活用は、小さな店のほうが有利。

◎小さな店だからこそ希少食材料理が可能

食材の中には、地方にしかないものも多くあります。あまり知られていない食材を見つけて取り入れることができれば、それだけで**他店との差別化ができ、評判を呼べます**。

珍しい食材を取り入れる際の条件は、**自店のコンセプトに合っていること、味がよいこと、アレンジが効くこと**などです。

高級食材でなくとも、「戦国武将が山で食べた勝負食」といったストーリーがあれば、注目される可能性は大いにあります。また、小さな店の場合、めったに入手できない食材でも、ある分だけ仕入れて「今日のおすすめ」や「季節限定メニュー」として提供できるでしょう。こうしたことは、大量に仕入れて安く売る大手チェーン店ではなかなかできないことです。

◎希少食材の入手方法は？

地方の珍しい食材を探すには、農水省や自治体のホームページ、業界新聞や雑誌などで情報収集をすることから始めましょう。気になる食材があれば、産地に足を運び、味見もしてみましょう。旅行好きの友人などの口コミも、大いに参考にしてください。

問題は、通常の流通では入手できないケースがあり、宅配料が高くつくかもしれないことです。けれど、その食材を使うことで強力な差別化ができるなら、元は取れるはず。「地元の人にしか売らない」といったこだわりのある生産者に対しては、飲食店開業への熱意や店のコンセプト、その食材を使いたい理由などをアピールすることも必要です。

入手は大変だけど、希少素材があればお客を呼べる

日本列島は名物食材の宝庫

おといねっぷ味噌（北海道中川郡音威子府村）
寒冷地の環境を活かした寒仕込みの熟成味噌。

八戸《はちのへ》前沖サバ（青森県八戸市）
黒潮と親潮がぶつかる魚場ならではの脂がのったサバが知られる。

栃尾油揚げ（新潟県長岡市栃尾）
厚揚げなみに存在感のあるユニークな油揚げ。

寒ハギ「如月王《きさらぎ》」（富山県魚津市）
魚津港で水揚げされるウマヅラハギ。

ふな寿司（滋賀県）
琵琶湖《びわこ》固有種のふなを飯につけて発酵させた伝統の保存食。

在来豚「アグー」（沖縄県）
一般的な豚肉に比べ肉厚で甘く、ステーキにも向く。

七福芋（愛媛県新居大島）
この島でしか採れない、甘みの強いさつま芋。

メニュープラン(1)
ーメニュー構成の決め方

メニューは品数よりも、差別化メニューの割合を増やしましょう。

◎メニュー構成はカテゴリー検討から

飲食店のメニュー構成は、まず店の業種・業態に応じて、扱うメニューのカテゴリーを検討しなければなりません。たとえばイタリアンレストランならば、前菜、パスタ、サラダ、コース料理といった必要なカテゴリーを決めます。そのうえで、パスタ系はボンゴレパスタ、ペペロンチーノパスタなどというように、カテゴリーごとの具体的なメニューを考えていくようにしましょう。

こうすることで、**全体のメニュー構成をバランスの取れたものにすることができます**。全体を見直してみて、「主力であるパスタの品数が全体の10％では少なすぎるので、パスタメニューの品数をもっと増やそう」などと調整を加えていくわけです。

宇井流 飲食店のNGパターン

同じメニュー構成をいつまでも続けると客離れを招く

メニュー構成は一度決めたらもう考える必要はない、というものではありません。

延々と同じメニュー構成のまま店を営業していると、そのうちお客は飽きてしまい、再来店が期待できなくなってしまいます。お客を引きつけ続けるためには、**メニュー構成を常に見直して、新鮮さを保つことが重要**なのです。

とはいっても、頻繁にメニュー構成全体を変更するのは難しいかもしれません。そこで、たとえば季節メニューやクリスマス用スイーツなど、期間限定のメニューを入れてみるのも効果的でしょう。オープン後は、基本的なメニュー構成にバリエーションを加える方法を、ぜひ検討してみてください。

業態別メニュー構成の例

定番メニューはもちろん必要ですが、数ある飲食店の中からお客に自店を選んでもらうために、差別化メニューをできるだけ多くしましょう。

【カフェ】

差別化メニュー	10品（25%）
パン	4品（10%）
パスタ	4品（10%）
ライス	4品（10%）
アラカルト	6品（15%）
サラダ	4品（10%）
デザート	8品（20%）
計	40品

【レストラン】

差別化メニュー	9品（18%）
アンティパスト	9品（18%）
パスタ	7品（14%）
サラダ	4品（ 8%）
アラカルト	12品（24%）
デザート	5品（10%）
コース料理	4品（ 8%）
計	50品

【居酒屋】

差別化メニュー	32品（40%）
前菜	8品（10%）
一品料理	12品（15%）
揚げ物	4品（ 5%）
焼き物	8品（10%）
サラダ	4品（ 5%）
麺飯系	8品（10%）
デザート	4品（ 5%）
計	80品

出典：ReSuS資料より作成

◎「標準」のメニュー構成では魅力がない

実際にメニュー構成を検討する場合には、業種・業態によって「標準」のメニュー構成というものがあります。けれども、標準に沿って無難に定番メニューばかりを揃えると、他店と似たり寄ったりの店になり、個性が見えにくくなってしまいます。

また、メニュー数が豊富でさえあればうまくいくとは限りません。「何でもある店」は、逆に「自信のある料理がない店」と思われる場合もあります。

そのため、具体的なメニューを決める際には、**やみくもに品数を増やさない**ことが大切です。小さな店は客席数が少ないので、品数を増やしすぎると廃棄ロスが出て、利益を圧迫しかねません。むしろメニュー全体の品数は絞り込み、**店の個性を出す差別化メニューを増やす**ことを心がけたほうがいいでしょう。極端な例ですが、メニューは自信のラーメン1種類で、麺が売り切れれば終わりというスタイルでも、その強烈な個性によって成功するケースがあり得るのです。

メニュープラン(2)ーマニュアルと材料原価管理

味、量、原価率などを常に一定にすることが、安定経営への第一歩!

調理マニュアルで、メニュー内容のバラつきや材料費ロスを抑制

◎調理マニュアルの必要性

メニュー構成が決まったら、**調理マニュアル**をつくりましょう。なぜ調理マニュアルが必要かというと、飲食店のメニューは、**常に一定の内容**であることが求められるからです。

勘に頼って調理していては、調理担当者が変わるたびに、味やボリュームなどにバラつきが出てしまいます。お客が「先日と同じ料理を頼んだのに、味も量も違う」と感じれば、店の信頼度もガタ落ちです。そこで、マニュアルをつくり、それに従って調理をするようにすれば、担当者によって内容が変わってしまう心配はなくなります。

また、後述しますが、マニュアルは**材料原価管理**のためにも必要です(↓P141)。

◎基準表は可能な限り詳細に

飲食店のメニュー内容を決める要素は、①**味**、②**量**、③**盛り付け**、④**材料原価**、⑤**提供時間**です。これらの要素を標準化するものが、調理マニュアルです。

実際の調理マニュアルのつくり方は、**仕込み基準表**と**メニュー基準表**に分けて、それぞれに必要な材料と調理工程を記載していきます。その際、可能な限り詳細に書き込むことが大切です。

左ページにメニュー基準表の例を掲載しましたが、材料は調味料まで書き込み、調理手順には使用する道具や所要時間、注意事項などもしっかり書き込みましょう。盛り付けの形状については、自作のイラストでは曖昧《あいまい》なものになりかねないので、写真を添付したほうがよいでしょう。

メニュー基準表の作成例

メニュー基準表

商品名
和風タコライスプレート

要素項目	セグメント
業態分類	ダイニング
商品分類	ランチ

計数項目	数値
販売価格	¥864
本体価格	¥800
原材料費	¥255.63
原価率	31.95%
粗利益率	68.05%

材料名	仕入れ価格	容量	単位	使用量	使用価格
仕込み済タコミート	¥565.61	575.00	g	80.00	¥78.69
サニーレタス	¥200.00	300.00	g	50.00	¥33.33
トマト	¥70.00	150.00	g	20.00	¥9.33
大葉	¥6.00	1.00	枚	3.00	¥18.00
マヨネーズ	¥348.00	500.00	g	15.00	¥10.44
仕込み済ポテトサラダ	¥332.94	508.00	g	50.00	¥32.77
仕込み済ピクルス	¥1,585.80	1796.00	g	20.00	¥17.66
米	¥2,170.00	10000.00	g	200.00	¥43.40
ドリンク	¥100.00	1000.00	ml	120.00	¥12.00

調理手順
①器にご飯を盛り付ける。
②刻んだレタス・大葉を周囲に盛り付ける。
③タコミートを中央に盛り付ける。
④ダイス状カットしたトマトを盛り付ける。
⑤マヨネーズを網目状に振りかける。
⑥ポテトサラダとピクルスを添える。

盛り付けポイント	盛り付け例
彩りを重視する。	
使用食器	
プレート	
特記事項	
備考	

◎メニューの原価率は平均30％が一般的

仕込み基準表とメニュー基準表には、材料原価や原価率、粗利益《あらりえき》高なども記入します。原価率とは、**売価に占める材料原価の割合**のことです。また、粗利益高とは、**売価から材料原価を差し引いた儲けの額**です。

たとえば売価１０００円のメニューの材料原価が４００円なら、原価率40％、粗利益高６００円です。原価率を20％に下げると、粗利益高は８００円になります。つまり、原価率が大きければ儲けが小さくなり、原価率が小さければ儲けが大きくなるわけです。原価率はそれぞれのメニューによって異なりますが、**原価率を平均30％前後に設定**している店が多いようです。

この原価率を割り出す際に注意すべきことは、**歩留《ぶどま》り**を考量した材料原価をベースにすることです。歩留りとは、調理で実際に使用できる食材部分（可食部）の量のことです。下図で具体的に計算方法を示してみましたが、歩留りを考慮しないで原価率を割り出すと、本来の原価率より低い値になってしまいます。

歩留りを考慮した原価率計算

牛肉ステーキの例

売価：1人前200ｇで1,600円
仕入れ値：1kg（1,000ｇ）のブロックで2,800円
歩留り：700ｇ（筋や脂肪部分を取り除き、1kgのブロックのうち700ｇを使用）

歩留りを考慮していない場合

原価＝仕入れ値 ÷ 単位量 ×1人前の量
＝2,800円÷1,000g×200g＝560円
粗利益高＝売価－原価
＝1,600円－560円＝1,040円
原価率＝原価 ÷ 売価 ×100
＝560円÷1,600円×100＝**35％**

歩留りを無視しているので、本来の原価率ではない

→

歩留りを考慮した場合

原価＝仕入れ値 ÷ 歩留り ×1人前の量
＝2,800円÷700g×200g＝800円
粗利益高＝売価－原価
＝1,600円－800円＝800円
原価率＝原価 ÷ 売価 ×100
＝800円÷1,600円×100＝**50％**

これが本来の原価率！

材料原価管理の方法

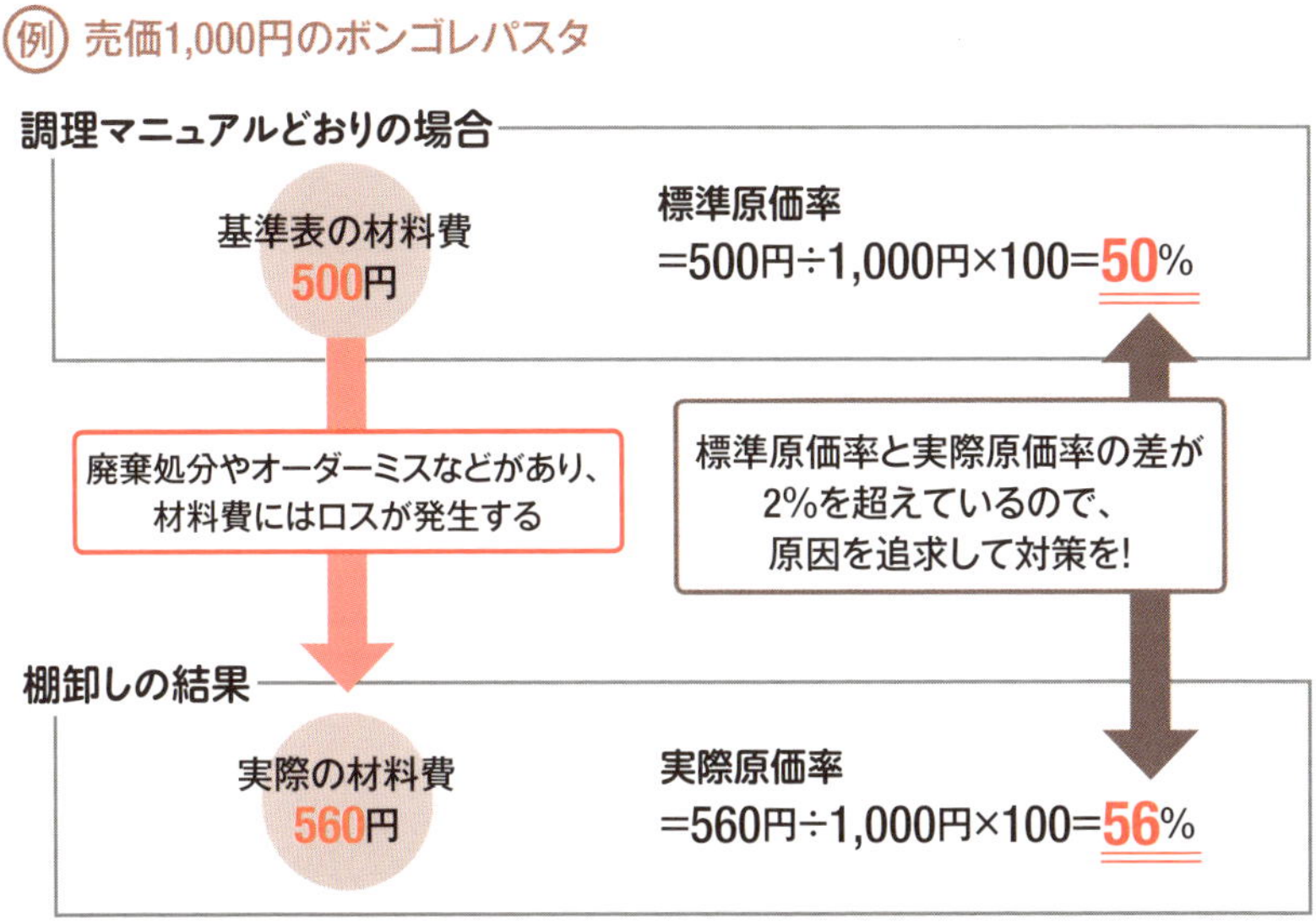
例 売価1,000円のボンゴレパスタ
調理マニュアルどおりの場合
基準表の材料費
500円
標準原価率
=500円÷1,000円×100=50%
廃棄処分やオーダーミスなどがあり、
材料費にはロスが発生する
標準原価率と実際原価率の差が
2%を超えているので、
原因を追求して対策を!
棚卸しの結果
実際の材料費
560円
実際原価率
=560円÷1,000円×100=56%

◎基準表には材料原価管理の役割もある

さて、基準表の材料をムダなく使い切ってメニューを提供できれば、原価率は基準表どおりのものになるはずです。しかし現実は、そうなりません。廃棄部分の多い食材があったり、ときにはオーダーミスも起こるので、どうしても材料費ロスが生じるからです。

基準表の原価率を**標準原価率**、棚卸《たなおろ》し（→P230）によって割り出した実際の原価率を**実際原価率**といいますが、材料費ロスが生じる分だけ、実際原価率のほうが標準原価率よりも大きくなります。つまり、実際の儲けは、設定した儲けよりも少なくなるのです。

そこで、儲けを減らさないために、**実際原価率を可能な限り基準表の標準原価率に近付ける**ことが必要になってきます。これが**材料原価管理**です。実際原価率と標準原価率との差は、**だいたい2％以内が許容範囲**とされています。実際原価率と標準原価率との差が2％を超えるなら、ロスが大きいということなので、ロスの原因を探り、対策を検討しましょう。

メニュープラン(3) ーメニュー価格の設定方法

適切なメニュー価格とは、お客の満足度と一致する価格です。

店のコンセプトに合った客単価で、メニュー価格を決めよう

◎ 客単価によってメニュー価格も決まる

メニュー価格が高すぎると客数が伸びず、安すぎると利益が上がりません。ちょうどよい価格はいくらなのか、非常に悩むところでしょうが、**メニュー価格は客単価に基づいて決める**というのが基本です。客単価とは、1人のお客が店で使う金額のことです。

具体的には、左ページの図のように客単価をまず設定し、その客単価の範囲内でメニューのカテゴリーごとの価格帯を決め、さらにカテゴリーごとの価格帯に沿って各メニューの価格を設定していきます。

注意したいことは、客単価の設定の仕方です。客単価は、**ターゲット客層や利用動機によって違ってきます**。そこで、客単価を設定する際には、自店のターゲット客層や利用動機を明確にする必要があります。

宇井流 成功のためのもう一歩

オーダー数をコントロールする価格設定テクニックを知っておこう

たとえば、1,000円、1,500円、2,000円のメニューがある場合、真ん中の価格のものを選びたがるのが人間の心理。その心理傾向を利用して、**特に売りたいメニューは真ん中の価格に設定**すると、オーダー数が伸びるはずです。

また、原価率が高くて儲からないメニューは、あまりオーダーしてもらいたくないのが正直なところです。そこで、**儲けの少ないものは、オーダー数を抑えるために高めの価格設定**にするとよいでしょう。

Menu

メニュー価格設定の流れ

小さなカフェの例

①客層と利用動機を想定

ビジネス街のサラリーマンやＯＬがターゲット。主体となる利用動機はランチ需要

→

②客単価を設定

ターゲット客層や利用動機から、客単価は 400 ～ 1,500 円

↓

③メニューカテゴリーごとの価格帯を設定

パン系：400 ～ 600 円
パスタ・ライス系：600 ～ 1000 円
ドリンク系：400 ～ 500 円

お客がメニューを選びやすいように、上限価格と下限価格の差は２倍内におさめよう

←

④各メニュー価格を設定

パン系：**チーズトースト 400 円**
ホットドッグ 500 円など
パスタ・ライス系：**ボンゴレパスタ 800 円**
海老ピラフ 700 円など
ドリンク系：**エスプレッソコヒー 400 円**
カフェオレ 500 円など

◎満足度があれば客は「高い」と思わない

メニュー価格を決める際に、お客がその価格を「高い」と感じないかと心配する経営者が多いようです。たとえば自店のパスタは1500円、他店のパスタは1000円という場合、お客は1500円を「高い」と感じて他店に流れる、と考えてしまうからです。

けれど、単純に安い店にお客が集まるとは限らないのが飲食業です。そもそも、**お客がその価格を「高い」と感じるか「安い」と感じるかは満足度次第**です。十分な満足感を得られれば、お客は1500円のパスタを「高い」と思わず、どんどん来店してくれます。

お客の満足度を決定するのは、商品力・サービス・雰囲気というQSC（→P34）。つまり、実際のメニュー価格が高くても、**QSCの質がよければ、お客は「おトクでリーズナブルな店だ」と感じてくれる**のです。

こうした価格についての考え方を知らずに、安易に価格を下げると、店のコンセプト自体が崩れてしまい、かえって客足が遠のくということになりかねません。

食材管理の仕組みをつくる

仕入れから提供まで、食材管理のルールを徹底化することが重要です。

食材管理でコストのムダを排除できる

食材管理の目的は、第一に**食材の廃棄ロスを防ぐ**ことです。使い切れないうちに食材が傷んでしまい、廃棄処分を頻繁にしているようでは、利益が上がりません。仕入れた食材は使い切り、コストのムダを排除するために、食材管理をしっかり行う必要があります。

また、利益のためだけでなく、**お客に安全な料理を提供する**という面でも、食材管理が必要です。食の安全を保障することは、飲食店にとっての社会的責務であることを忘れないでください。

作業ルールの周知徹底が大切

食材管理の仕組みづくりは、仕入れから料理の提供までに必要な7段階の流れについて、**厳守すべき作業ルールを設ける**ことが基本です。具体的なルールを左ページの図で紹介してみましたが、スタッフに周知させるために、マニュアルを作成するとよいでしょう。

重要なポイントをいくつか挙げると、まず小さな店の場合は、**仕入れは必要最低限の量に抑える**こと。在庫が過剰になり廃棄ロスを出してしまわないように、小ロットで多頻度の仕入れを行うようにしましょう。

貯蔵と出庫の段階では、**定位置管理**と**先入れ先出し**の徹底が大切です。定位置管理とは、いつも同じ場所に同じ食材を保管することで、在庫量を確認しやすくするものです。先入れ先出しとは、新しく仕入れた食材を貯蔵庫の奥のほうに入れ、日付の古い食材から取り出すというルールです。先入れ先出しを習慣づけておけば、以前に仕入れた食材が貯蔵庫にあることを忘れ、使用期限切れで廃棄という失敗を避けられます。

食材管理の流れ（小さな店の場合）

①仕入れ
- 小ロット多頻度で仕入れるようにする。
- 仕入れた食材には、仕入れ日を記載する。

↓

②検品
- 数量に誤りがないか確認する。
- 使用期限、品質や鮮度、容器の衛生状態、包装状態などを確認。

↓

③貯蔵
- 品質劣化や破損を防ぐために、食材ごとに適した安全な貯蔵庫に早急に搬入する。
- 定位置管理を徹底し、在庫量を把握しておく。

↓

④出庫
- 先入れ先出しを行い、廃棄ロス削減を心がける。

↓

⑤仕込み
- 仕込み基準表を厳守して仕込みを行う。
- 仕込み内容に変化が生じていないか、定期的にチェックを行う。

↓

⑥調理
- メニュー基準表を厳守して調理を行う。
- 調理内容に変化が生じていないか、定期的にチェックを行う。

↓

⑦提供
- 食材の廃棄ロスにつながるオーダーミスがないように、注文を受けたら必ず再確認を行う。

初心者が食材業者を選ぶときのコツ

食材業者は、得意分野や要望への対応力を考慮して慎重に選びましょう。

小さな店なら、
少量多頻度の
仕入れが可能な
業者がよい

◎いくつかの食材業者を使い分けよう

食材業者は、大切なビジネスパートナーです。料理の質は食材によっても大きく左右されるので、食材業者の選定の際は慎重に検討しましょう。

失敗しないためのポイントは、**ひとつだけの食材業者から食材全部を仕入れない**こと。食材業者によって、魚介類、肉類、野菜、乾物、飲料など、それぞれ得意分野があります。また、品揃えの豊富さが自慢の業者、高級食材を中心に扱っている業者など、品揃え傾向もさまざま。必要な食材に応じて、業者を使い分けるようにするべきです。

特に主要な食材に関しては、最低でも3つくらいの業者を比較したうえで、どの業者にするか判断しましょう。業者を比較するといっても、初心者の場合、最

食材業者選定のチェックポイント

食材業者はインターネットやタウンページなどで探すことができますが、できれば知人に紹介してもらい、その業者の評判も聞ければ安心。候補を見つけたら、次のポイントをしっかりチェックしましょう。

- ☐扱う食材の得意分野は？
- ☐食材の品質は？
- ☐仕入れ価格は？
- ☐小ロット仕入れは可能か？
- ☐多頻度の配送は可能か？
- ☐急な注文に対応してくれるか？

初は値段の違いしかわからないかもしれません。けれど、市場などでたくさんの食材を見て勉強すれば、食材の品質も比較できるようになります。

◎店の近くの食材業者が理想的

食材業者の選定には、サービス面の比較検討も必要です。小さな店はストレージが狭いことが多いので、小ロットでこまめに配送してくれる業者がおすすめです。小ロット仕入れは大量仕入れよりも単価が高くなりますが、小さな店で大量仕入れをすると、廃棄ロスばかりということになりかねません。長い目で見れば、単価は高くても小ロット仕入れのほうがお得、という結果になるはずです。

そして食材の品質、サービス面の条件をクリアした食材業者が、店の近くにあれば理想的。近所の食材業者ならば、配達時間が短くて済み、急な注文にも融通を利かせてくれやすいはずです。また、その業者を通して、商圏内の競合店に関する情報も得られるかもしれません。

仕入れは小ロットで
基本 仕入れは 必要分のみ 「小ロット」 です
小ロット
小ロット
割安なので つい大ロットを 選びたく なりますが
必要量を超えた ロスは思いのほか 無駄になるのです
大ロット 得
ん
紙類
また 無駄な出費 増やして!!
ロスは 小ロット だったんだけど…
ダービー
※「物流とロジスティクス」でよく学べます

食中毒予防の基礎知識

食中毒を起こさないためには、予防の3原則の確実な実践が必要です。

飲食店にとって、「安全な食」を提供するための衛生管理は最重要課題！

◎食中毒は起きてはならない事故

「安全な食」を提供することは、飲食店の社会的義務です。そのため、**食中毒は絶対に起きてはならない事故**といえるものです。食中毒は、お客の健康を害するだけでなく、生命を危険にさらしかねないのです。もし食中毒を発生させた場合、店の信頼が大きく失墜《しっつい》することはもちろん、営業停止などの厳しい行政処分も受けることになります。

食中毒は、食材が腐りやすい梅雨時から夏場にかけて多く発生すると思われがちですが、実はノロウイルスなどによる食中毒は冬場に増加します。そこで、**季節に関係なく1年を通じて徹底した衛生管理**が求められます。

実際には、スタッフの定期的な健康チェック、手洗

問題解決Q&A

もしも食中毒を発生させてしまったらどうなるの？

お客から嘔吐《おうと》や下痢《げり》などの症状が出たという連絡を受けたら、病院で診断を受けてもらう必要があります。もし食中毒であれば、食品衛生法により、医師は最寄りの保健所に報告することが義務付けられています。そして報告を受けた保健所は飲食店の調査を行い、食中毒発生の原因が飲食店にあると判明した場合には、行政処分が下されます。

行政処分は厳しく、**営業停止処分**や**違反者情報（飲食店名）の公開**などがあるため、飲食店のダメージは非常に大きなものになります。また、被害を受けたお客から、訴訟を起こされるケースも多々あります。営業停止処分が解除されて営業を再開しても、お客の信頼回復にはかなりの時間と努力が必要になるでしょう。

いの習慣付け、調理中の手袋使用、清掃や食材管理ルールの徹底などが必要です。また、常日頃からスタッフの衛生意識を高める教育も必要です。

◎食中毒予防の3原則を周知させよう

食中毒の原因にはアニサキスなどの寄生虫、フグや毒キノコなどの自然毒もありますが、**大部分はウイルスと細菌が原因**となっています。

特に多いのが手指や食品を介して感染するノロウイルスによる食中毒で、食中毒発生件数の約半分を占めています。細菌については、食肉や卵から感染するサルモネラ属菌や、室温で放置した煮込み料理などで増殖するウエルシュ菌による食中毒が多発しています。

こうした食中毒を防ぐためには、**ウイルスや細菌を「つけない」「増やさない」「やっつける」という3原則を実践する**ことが大切です。下図に、3原則を実践するうえでの具体的方法を挙げてみました。これらをスタッフに周知させ、さらにマニュアル化して衛生管理に努めましょう。

食中毒予防の3原則

①ウイルスや細菌をつけない	②ウイルスや細菌を増やさない	③ウイルスや細菌をやっつける
●手から細菌などが食材に付着しないように、調理前後には必ず手洗いを行う。 ●肉や魚介類はビニール袋や容器に入れ、野菜や果物など生で食べる食品に肉汁類がかからないようにする。	●菌の繁殖に適した温度帯に食材を放置しない。冷蔵庫は10℃以下、冷凍庫は-15℃以下が目安。 ●厨房機器や店舗施設の清掃を徹底し、食材のゴミやカスを厨房内に残さない。	●加熱調理食品は75℃1分以上（ノロウイルス汚染のおそれのある食品は85℃1分以上）を目安に加熱し、細菌やウィルスを殺す。 ●ふきんやまな板、包丁などを熱湯で消毒し、調理器具もしっかり殺菌剤を使って洗う。

出典：政府広報オンライン「食中毒を防ぐ3つの原則・6つのポイント」、厚生労働省「大量調理施設衛生管理マニュアル」より作成

コラム

サンプルケースは時代遅れ？

1960年から70年代の外食産業の発展期には、サンプルケースで店頭を飾っている店が多くありました。しかし近年は、「サンプルケースは時代遅れ」と考えるオーナーもいて、メニューブックだけを店頭に立てかけている店が増えているようです。たしかに、サンプルケースを置いている店は昔からの店が多く、ケースの中のメニューサンプルも古くなって色あせている場合があります。そうした例を見かけるせいで、サンプルケースは時代遅れというイメージができてしまったのでしょう。

けれど、サンプルケースの本来の役割を認識すれば、**時代遅れだといって単純に切り捨てるのは誤り**だとわかるはずです。初めてのお客が入店するかどうかを判断する最大の要素は、やはり**メニュー内容と価格。サンプルケースは、そのメニュー内容と価格の情報を最も強力にアピールできるツール**なのです。

お洒落《しゃれ》さや高級感をコンセプトにした店には似合わない場合もありますが、大衆的な気軽な店なら、集客力アップのために、サンプルケースのある店頭構成を検討してみてもよいのではないでしょうか。

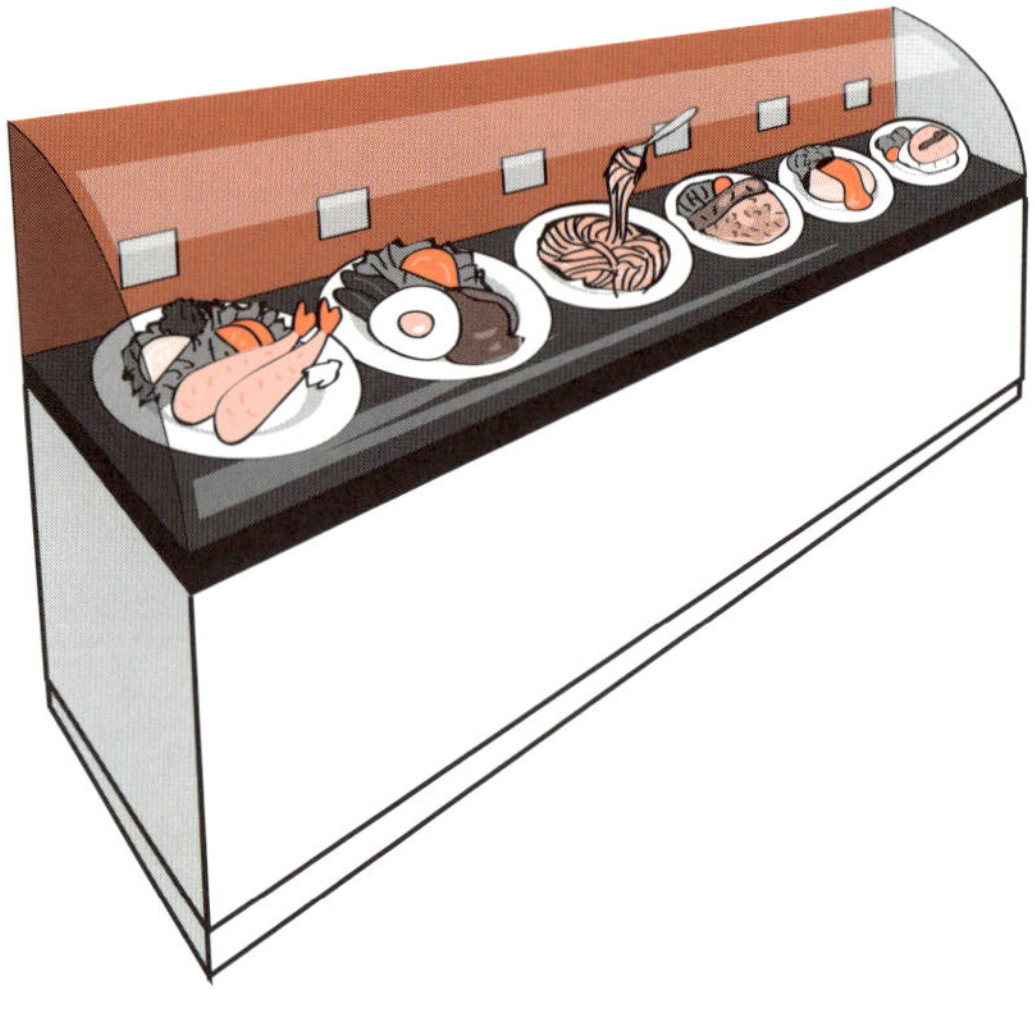

6章

飲食店の
売上アップのコツ

販促活動の強化と商品力・サービスの向上、そしてお客に飽きられないための工夫で、売上アップを狙おう！

洋と昌子2人の店はついにオープン初日を迎えた
リサーチから導きだした立地に優れたゆったりとした理想の店舗と――
OPEN
OPEN
地元の農家から
新鮮な卵鶏肉を使
栄養も満点ボリュームも
ふわふわ
オムライス
地域と客層から吟味したメニューを打ち出した――
――ん だけどね
ガラーン
ぽす
いてっ
くさらないでこの本で集客アップを目指しましょ!
お・おう

集客アップ①
チラシ作成
チラシで大事なのはいかに「お客の興味を引けるか」なんだ
洋も客側の目線で考えるとわかりやすいぞ
洋の旧友デザイナー
渡辺一史
「目的」、「業種・業態」、「基本情報」、そして「来店のメリット」これらを盛り込んでいこうか
チラシ制作プラン
がしっ
よろしくたのむよ!
集客アップ②
Webでの宣伝
グルメサイトへの登録完了っと!
他にもSNSでイベントアピールも効果が期待できそうね
facebook
twitter
mixi
アクセス数も増えてきたー!!
グーン

集客アップ③
メニューブックの見直し
メニューも店のイメージを重視してより家庭的に
写真も見直して
カシャ
カシャ
カシャ
プロカメラマンに撮ってもらおう
さらにデザイナーに再構成してもらう
いいね!
集客アップ④
お客様からのメニューの一部調整
アンケート
アンケートでCランチのデザートの種類を増やしてほしいって要望が
Cランチはコストを抑えるためにマフィンだけだったよなぁ
Cランチはほとんど出ないしそこまでするメリットはあるかな
でもCは子どもも客にウケがよいみたいだしA、Bとの差別化の意味でも必要だと思うわ!
なるほど
それならバランス再考してみようか
そうね

2週間後――
カランコロン
Italian Restaurant
Sandy
いらっしゃいませー
Aランチ Cランチ
あがったよー デザートよろしく
はーい！
CLOSE
ふー
クロージング終わったよー あれ、洋くん？
キョロ
キョロ
ぐーー
おつかれ様

飲食店繁盛の方程式

繁盛店づくりのためには、新規客の常連化が決め手となります。

割引券やポイントカードなどで再来店を促す仕組みをつくろう

◎新規客の常連化が繁盛の秘訣《ひけつ》

オープンしたばかりの飲食店は、当然、新規客の開拓から始めなければいけません。新規客開拓のために必要なことは、まず何よりも**店の存在を知ってもらう**ことです。通行人を呼び寄せる看板や外観の工夫、宣伝チランの配布やサービス券の配布、商圏にある事業所へのセールスなどで、店の存在を積極的にアピールしましょう。

しかし、オープン当初の新規客開拓に成功すれば、それだけで繁盛店ができるというものではありません。物珍しさから1度は来店してくれても、2度目の来店はないというのでは、やがて店の賑わいは失せてしまいます。

そこで、新規客をつかまえたら、その新規客に次回

成功のためのもう一歩

店のアピールには地元密着も有効

店の存在を知ってもらうには、チラシなどによる通常の宣伝活動のほかに、地元の人々との交流を深めることも効果的です。町内の催し物に積極的に参加したり、地域のサークル活動に協力したりして、地元コミュニティの一員となれば、ごく自然に店の存在を知ってもらうことができます。

また、地元密着によって、安心感や親しみもアピールできます。安心感があれば地元の人が気軽に来店し、常連客になってくれる可能性も高いはずです。

の来店を促し、**常連客を増やすことこそが繁盛の秘訣**となります。つまり、新規客から常連客へと、お客のステップアップ化を図るのです。

◎「常連客を大切にする店」をつくろう

では、お客が何度も訪れたくなるような店とは、どんな店でしょうか。雰囲気やサービスがよいことはもちろんですが、「常連客を大切にする店」にお客は何度も足を運びたくなります。

常連客を大切にしていると感じてもらうためには、**常連客に実際的なメリットを与える**ことが効果的です。たとえば、来店のたびに加算されるポイントカードを発行したり、一定以上の来店回数のお客に気の利いたグッズをプレゼントしてもいいでしょう。

常連客を獲得できれば、その常連客が友人・知人などに店を紹介してくれて、さらにお客の増加が期待できます。また、常連客はその店のファンなので、常連客が増えれば増えるほど、口コミの評価もおのずと高まります。

お客の3段階ステップアップ化を狙おう

①新規客の来店

宣伝チラシの配布などによって、来店の「きっかけ」をつくることが重要

②お客の再来店

会計の際に割引券を渡すなど、次回の来店を促す仕組みがあれば効果的

③固定客化・常連客化

ポイントカードの導入など、常連客に「おトク感」を与える工夫もしよう

どうすれば売上が上がるのか？

集客力と客単価、この2つをアップさせる取り組みを検討しましょう。

◎集客力と客単価のアップが必要

飲食店経営者の誰もが、長く続く繁盛店を目指しているはずです。けれど、せっかく開業しても、かなりの数の飲食店が数年で廃業しているのが現実です。

後継者がいないことが廃業理由というケースも存在しますが、やはり最も多い廃業理由は「売上の低迷」です。そのため、飲食店の安定経営にとって、**売上をしっかり上げ続けていくことが何より重要**ということになります。

では、どうすれば常に売上を上げていくことができるのでしょうか。飲食店の売上は「来店客数×客単価」で計算します。そこで、売上を上げるには、**集客力アップ（客数アップ）**と**客単価アップ**に取り組む必要があるのです。

売上アップを実現するためのポイント

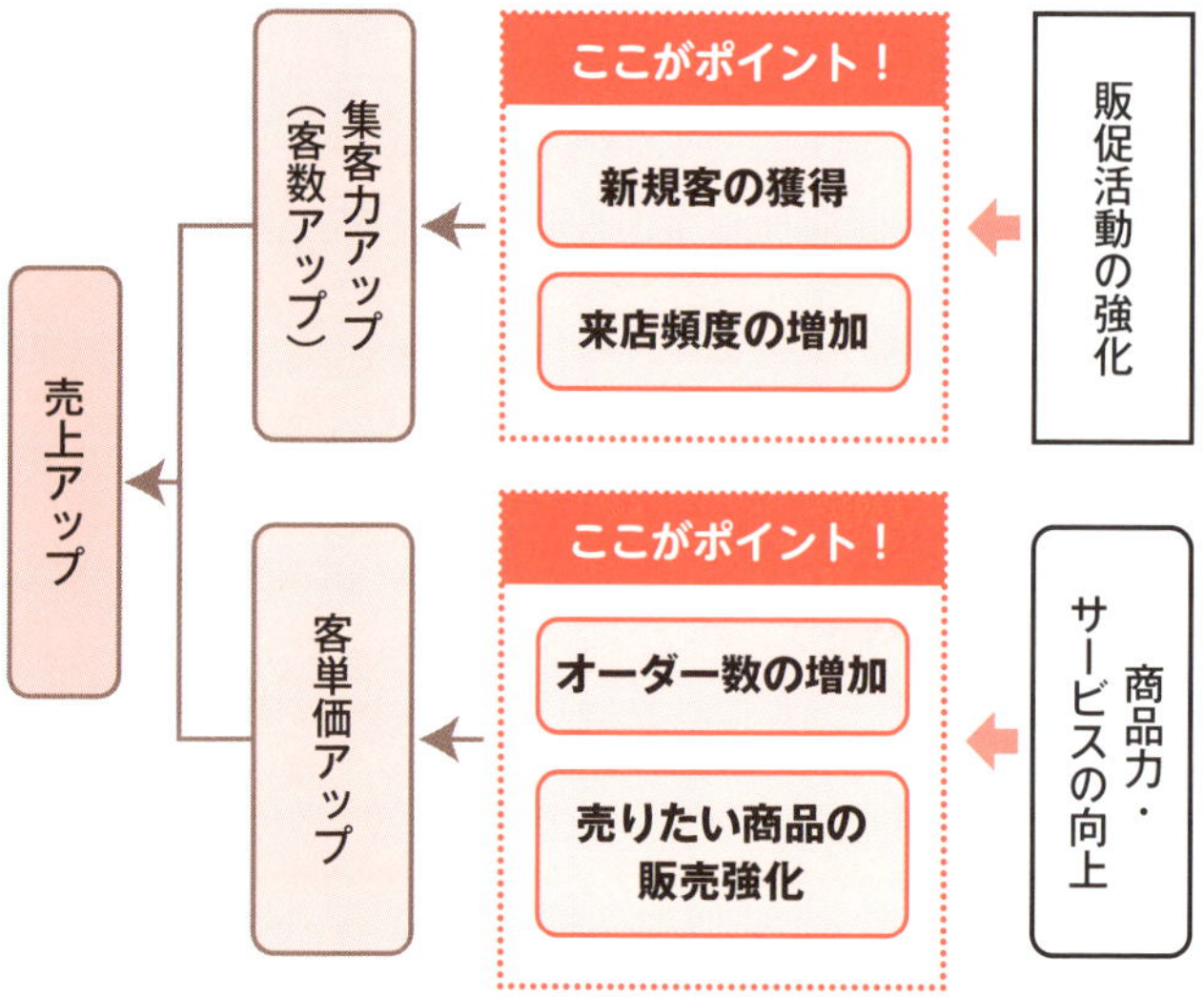

◎販促の強化、商品力・サービスの向上を

まず集客力アップには、**新規客の獲得**とともに、**お客の来店頻度を増やす**ことが必要です。いかに効果的な販促活動を行えるかが、ここでの課題です。チラシ配布やＷｅｂサービスの活用、ポイントカード導入など、さまざまな販促方法を検討してみましょう。

難しいのは、客単価アップの取り組みです。単純に全体のメニュー価格を値上げする、というわけにはいきません。安易な値上げは、お客の満足度を低下させ、客離れを招きかねないからです。

客単価アップの方法で代表的なものは、**お客のオーダー数増加を狙う**ことです。また、平均価格よりも高く魅力も大きい**看板商品（売りたい商品）を投入**し、その商品の販売を強化することも効果的です。こうした取り組みを成功させるためには、商品力とサービスの質を高める努力が不可欠です。

右ページ下図に、売上アップを実現するためのポイントをまとめてみたので、参考にしてください。

売上アップ大作戦
売上アップを目指すには客単価を上げるのが早そうだけど
安易な価格アップは客離れを加速するよね
客単価
アップ
こうすればどうかな？
トッピングA ＋¥200
トッピングB ＋¥300
ベースグレード
¥800
セットA ＋¥500
セットB ＋¥600
お客様が選べるのはいいわね
限定メニューや特別メニューも
看板商品も強化しなきゃね
文字小っさ!!!
増やし過ぎ

集客力アップ策⑴ ー宣伝チラシをつくる

パッと見ただけで店の魅力が伝わるチラシが理想です。

◎商圏への宣伝にはチラシが有効

どんなに自店に自信があったとしても、オープンさえすれば自動的にお客が来てくれる、というわけではありません。まずは一人でも多くの人に店の存在を知ってもらうために、宣伝を積極的に行うことが必要です。**宣伝チラシ**は、販促活動のための定番ツールといえるものです。

インターネットが普及した今、紙媒体による宣伝は効果が薄いと思われがちですが、チラシはつくり方や配り方の工夫によって十分に効果を発揮します。

特に飲食店は、よほどの有名店でもない限り、一定範囲の商圏のお客をどれだけ獲得できるかが勝負の分かれ目。**ピンポイントで商圏の人々に店の存在を知ってもらう**という面では、チラシが非常に有効です。

◎チラシに必要な4つの要素

考えなくてはならないことは、不動産からスーパーマーケットまで多種多様なチラシが氾濫《はんらん》する中で、**お客の興味を引くチラシをつくる**、ということです。読まれもしないチラシでは意味がありません。

チラシに漫然《まんぜん》と情報を羅列《られつ》しても、お客は興味を持ってくれません。集客に結び付くチラシをつくりたいなら、お客の目線に立って伝えたい情報を絞り込み、**お客に提供できる楽しさやメリットが一目《ひとめ》でわかる工夫**が重要です。

チラシに盛り込むべき不可欠な要素は、①**チラシの目的**、②**店の業種・業態や魅力**、③**店の基本情報**、④**来店によるメリット**です。これらの要素を押さえたうえで、インパクトのあるチラシをつくりましょう。

チラシに盛り込むべき要素

①チラシの目的	「○月○日オープン！」など、最も知らせたいことを明確に打ち出すことが必要。大きな文字などで強調し、見た人が一瞬でわかるようにする。
②店の業種・業態や魅力	どんな店なのか、どんな魅力があるのか、写真やキャッチコピーなどをうまく使って伝えよう。美味《おい》しそうな料理写真や心をつかむコピーがあれば、チラシを読んでもらえる可能性が高まる。
③店の基本情報	お客が安心して来店できるように、店の住所・電話番号、営業時間、定休日、案内地図やアクセス方法などを必ず明記しておく。
④来店によるメリット	「この店に行ってみよう」とお客に思わせるためには、割引券など実際的な特典をチラシに付加すると効果的。

開店チラシの作成例

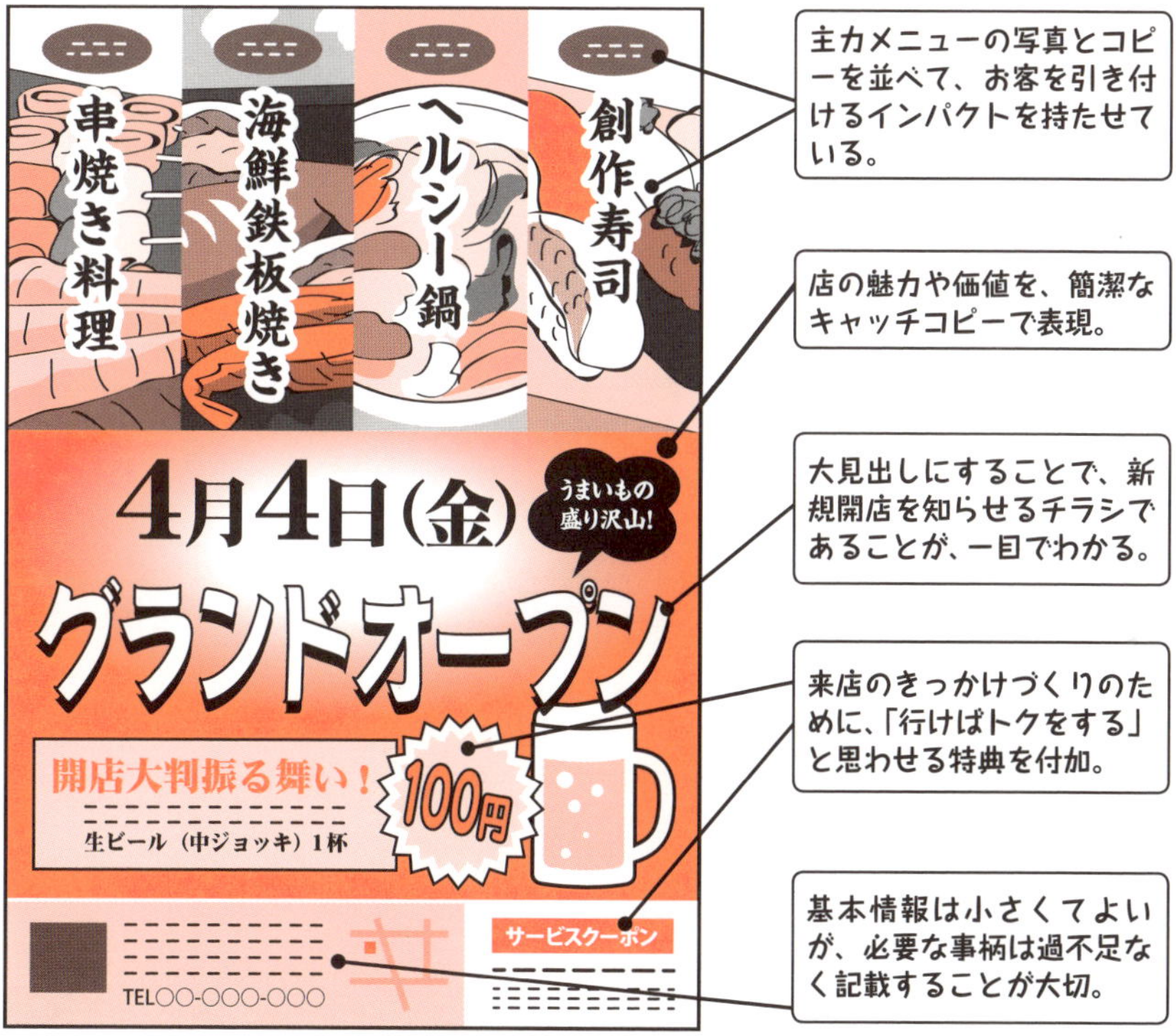

串焼き料理
海鮮鉄板焼き
ヘルシー鍋
創作寿司
4月4日(金)
うまいもの盛り沢山!
グランドオープン
開店大判振る舞い！
生ビール（中ジョッキ）1杯
100円
サービスクーポン
TEL○○-○○○-○○○
主力メニューの写真とコピーを並べて、お客を引き付けるインパクトを持たせている。
店の魅力や価値を、簡潔なキャッチコピーで表現。
大見出しにすることで、新規開店を知らせるチラシであることが、一目でわかる。
来店のきっかけづくりのために、「行けばトクをする」と思わせる特典を付加。
基本情報は小さくてよいが、必要な事柄は過不足なく記載することが大切。

集客力アップ策（2）―チラシの配布方法

チラシは、配布方法によって効果が違うことを知っておきましょう。

◎配布方法は商圏を考慮して選択しよう

チラシの宣伝効果を高めるためには、配布方法も考えることが大切です。配布方法には、**新聞折り込み**と**手配り**があります。それぞれのメリットとデメリットを知ったうえで、自店に合った配布方法を検討するようにしましょう。

新聞折り込みは、大量のチラシを簡単に配布できるという特徴から、**比較的広範囲の商圏**（3～5㎞くらいの商圏）を対象にした宣伝に適しています。一方、手配りは大量配布が困難なので、**それほど広くない商圏**の場合に適した方法です。たしかに手配りには手間がかかりますが、新聞折り込みよりも読んでもらえる確率が高く、**商圏の狭い小さな飲食店ならば手配りのほうが効果的**といえます。

宇井流 問題解決Q&A

チラシ配布の費用や適したチラシサイズは？

新聞折り込みチラシの費用は、折り込み代が1部当たり3円程度かかります。ポスティングの場合、業者に依頼すると、新聞折り込みよりも1部当たりの費用が高くなります。さらにアルバイトを雇って街頭配布を行う場合は、時給1,000円くらいが相場といわれています。

配布するチラシのサイズについては、新聞折り込みチラシならB4が適しています。A3以上のサイズの場合、折り込み代が別途加算されてしまいます。また、ポスティングや街頭配布のチラシは、あまり大きいと扱いにくいので、A4サイズ以下がよいでしょう。

OPEN!

広い商圏なら
新聞折り込み
小さな商圏なら、
手配りが効果的

配布方法ごとのメリットとデメリット

新聞折り込み	
メリット	・手間がかからない ・一度に大量の配布ができる
デメリット	・ほかの折り込みチラシにまぎれて、読まれず捨てられる可能性がある ・折り込み代がかかる

手配り（ポスティング、街頭配布）	
メリット	・しっかり読んでもらえる可能性が高い ・街頭配布ならば、即効的な集客が期待できる ・店のスタッフが配布する場合は、費用がかからない
デメリット	・大量配布は現実的に難しい ・配布に手間や時間がかかる ・ピークタイムに街頭配布をしたいなら、アルバイトを雇うなどの費用も必要

◎効果的な手配りのポイント

手配りについては、郵便受けにチラシを入れていく**ポスティング**と、**街頭配布**という方法があります。

ポスティングを効果的に行うためには、せいぜい半径500mくらいの**徒歩圏内に配布エリアを絞り込む**ことが大切です。欲張って遠くの地域にポスティングをしても、遠方からの来店の可能性は低いので、手間と時間がムダになってしまいます。

街頭配布は、ターゲット客層に直接配布できるので、最もムダのない方法です。また、その日の売上状況を見ながら配布できることも強みです。しかし、街頭配布は、**人通りが多くなければ効果が期待できません**。

午後の空いた時間を利用してスタッフに街頭配布をさせている店が多いのですが、その時間帯は人通りが少なく、飲食店への利用動機もさほどない時間帯です。そこで、費用はかかってもアルバイトなどを雇い、ランチタイムやディナータイムを狙って配ったほうが効果が得られるでしょう。

売上アップ

集客力アップ策（3）—Webサービスの活用

ネット社会といわれる今、Webサービスは必須の宣伝媒体です。

グルメサイトやブログなどをうまく活用すればお金をかけずに宣伝できるよ

◎Webサービスには大きな効果がある

近年、多くの飲食店が**Webサービス**を販促ツールとして活用するようになってきました。Webサービスを上手《じょうず》に活用すれば、さほどお金をかけずに店の宣伝を行うことができ、集客力アップも期待できます。

インターネットの普及以前は、お客の飲食店探しは友人・知人などからの口コミが主流でしたが、今や会社帰りにちょっと外食でもと思ったら、スマホで飲食店探しをするのが当たり前という時代です。こうした時代背景の中で、Webサービスによる宣伝効果は、ますます大きなものとなっています。

◎グルメサイトへの登録掲載を検討しよう

一口《ひとくち》にWebサービスといっても、さまざまなもの

宇井流 飲食店のNGパターン

Webサービスによる宣伝だけでは効果不足

インターネットの利用頻度は、年齢層によって違います。たとえば、高齢者世代で頻繁にネット利用をしている人はまだ少数派。高齢者に対するWebサービスでの宣伝は、あまり効果が期待できないのが現状です。

こうした点を考えると、**Webサービスだけに頼った宣伝には限界があります**。そのため、まず商圏の地元客にチラシ配布などでアピールして、口コミによる良い評価を積み上げる努力が欠かせません。Webサービスによる宣伝は、あくまで補助的なものとして考えたほうがよいでしょう。

?
?
Web

があります。集客に活用できるものとしては、グルメサイト、ホームページやブログ、フェイスブックやツイッターなどのSNSが挙げられます。

まずは**グルメサイトへの登録掲載**をぜひ検討してみましょう。グルメサイトには自店のコンセプトやメニュー、アクセスや営業時間などの基本情報はもちろん、割引クーポンも掲載できます。掲載料はそれほど高くなく、無料で掲載できるサイトもあります。

登録の際は、グルメサイトごとの特徴を十分に把握したうえで、**自店に適したサイトを選ぶことが重要**です。下図に主なグルメサイトの情報をまとめたので、参考にしてください。

ほとんどのグルメサイトは、**登録店のホームページやブログ、フェイスブックなどへのリンクが可能**な仕組みになっています。そこで、自店のホームページなどを作成しておくと、さらに効果的です。グルメサイトで店を知った見込み客が、リンクをたどってホームページなどを見れば、「行ってみたい」と思ってくれる可能性が高まります。

主なグルメサイトの特徴

サイト名	掲載件数	特徴	掲載料金
ぐるなび	約10万7,000件	グルメサイトの草分け的存在。予約が簡単で、居酒屋の登録が多い。サイトの特集記事も評判。	エントリー会員プラン：無料 ビギナー会員プラン：10,000円/月 販促正会員プラン：50,000円/月～
食べログ	約83万件	グルメサイト最大の登録件数と月間ビュー数を誇る。ユーザー参加型の「口コミ」が充実している。	店舗会員：無料 ライトプラン：10,000円/月 ベーシックプラン：25,000円/月 プレミアム5プラン：50,000円/月 プレミアム10プラン：100,000円/月
ホットペッパーグルメ	約4万5,000件	ランチ情報が多く、割引クーポンが豊富なので、学生や女性に人気。	店舗エリアによって異なる。
ヒトサラ	約8,000件	料理人から店を検索できるのが特徴。料理自慢の高級店向けといえるサイト。	ライトプラン：10,000円/月 ベーシックプラン：15,0000円/月 ゴールデンプラン：30,000円/月
楽天ダイニング	約1万1,000件	楽天市場や楽天トラベルでも、掲載店を紹介。お客は掲載店で楽天カード払いをすれば、ポイントが2倍に。	無料（成功報酬型）

※掲載件数、掲載料金は2016年3月時点の情報。

◎ホームページ作成の基本

ホームページは、ネット上にある「店の看板」といえるものですから、専門業者に作成してもらうのがベスト。ただし、どんなホームページにしたいのか、しっかりした方針を業者に伝える必要があるので、ホームページ作成の基本は押さえておきましょう。

トップページは、キャッチコピーやインパクトのある料理写真などを組み合わせ、店の業種・業態やイメージが一目《ひとめ》でわかるようにします。イベントや期間限定サービスなどの「お知らせ」も、トップページに掲載したほうが効果的です。以降のページでメニュー情報などを紹介し、営業時間やアクセスなどの基本データも忘れずに掲載しましょう。また、掲示版を設けておくと、お客同士の交流の場をつくることもできます。

トップページは、掲載する写真を替えるなどして、**年1回は更新**したほうがいいでしょう。具体的な情報ページについても、**メニュー改定などをしたらすぐに更新**することが大切。ホームページを更新しない怠慢《たいまん》

飲食店ホームページを構成する情報

ホームページを作成する場合、次のような情報をしっかり盛り込むことが必要です。

業種・業態	何の店なのか、簡潔なキャッチコピーで示す。目立つデザインで強調しよう。
基本情報	住所、電話番号、営業時間、定休日、案内地図などは必須情報。
メニュー情報	メニューはできるだけ写真で紹介。そのメニューのこだわりがわかるコメントも添えよう。
お知らせ	イベント情報や新メニュー情報、臨時休業のお知らせなどを随時アップ。
おトク情報	割引サービス情報などを掲示して、来店のきっかけづくりをホームページ上でも行おう。

な店は、お客の信頼も得られません。

◎ブログやフェイスブックなら手軽

ホームページのほかに、ブログやフェイスブック、ツイッターを利用する方法もあります。費用をかけずに手軽に自分で作成できるという点が、ブログやフェイスブックなどのメリットです。

しかし、ホームページと比べて、**見やすさや情報量の面で制限がある**ことを知っておきましょう。写真の掲載は何点でも可能ですが、決まったフォーマットがあるので、ホームページのように自由なレイアウトはできません。また、ツイッターの場合は、少ない文字数しか発信できません。

そのため、**メディアの特性を考慮した使い方をする**ことが大切です。店を身近に感じてもらうためにブログにオーナーの日記など掲載し、フェイスブックでは新メニューや季節限定メニューのアピール、そしてツイッターはイベント開催や営業時間変更などの速報的な情報発信に活用するといいでしょう。

HPとSNS

インターネット
今はインターネットを通じてさまざまなCMを打つことができます
TVだけの時代じゃないのよね
ホームページ(HP)
・レイアウト自在
・写真をたくさん載せられる
お店の地図やメニューの紹介スタッフのこだわりなんかを見せられるよね
ブログ
・日記スタイルでお店を身近に
今日はバラが咲いたよ
ウソはよくないと思う
フェイスブック・ツイッター
・リアルタイムで告知できる
・ユーザー同士のコミュニケーションが盛ん
今日はトッピングサービスします!
いいね!

客単価アップ策(1) ーメニューブックの戦略的活用

メニューブックも、客単価をアップさせる重要な販促ツールです。

メニューブックの工夫で売りたい料理の売上を伸ばせる!

◎メニューブックは客単価アップのツール

メニューブックの役割の基本は、どんなメニューをいくらで提供しているのかをお客に伝えることです。しかし、たんに料理名と価格を並べたカタログと思うのは間違い。実はメニューブックは、**客単価をアップさせる戦略的な販促ツール**となり得るのです。

お客はメニューブックの情報を頼りに料理の内容を想像し、オーダーの判断をします。そのため、料理の魅力が伝わってこないメニューブックでは、オーダー数が少なくなって当然です。逆に、料理の魅力が伝わってくるメニューブックであれば、料理へのお客の期待感が高まり、おのずと客単価もアップします。

つまり、**メニューブックの良し悪《あ》しによって客単価に違いが出てくる**ということです。

宇井流 **成功のためのもう一歩**

POP広告でさらに客単価アップ!

メニューブックのほかにも、客単価アップに有効なツールとして、**POP広告**があります。POP広告とは、来店時のお客に対して商品情報を伝える広告で、テーブルの上に置く卓上POPや店内の壁に貼るポスターなどがあります。

売りたいメニューをスタッフが言葉でお客にすすめるのは、なかなか難しいことです。しかし、**売りたいメニューをPOP広告で伝わるように**しておけば、スタッフがすすめなくても、お客が自分でそのメニューに気づいてオーダーしてくれます。また、食後のデザート類やサイドメニュー、子ども向けメニューなどの販売にも、POP広告が効果的です。

客単価をアップさせるメニューブックの4条件

たんにお洒落《しゃれ》で上質なメニューブックがあれば、客単価アップに結び付くというものではありません。客単価アップを狙うには、次の4つの条件を備えたメニューブックをつくりましょう。

①店のイメージに合っている（→P170）	店の業態や客層によって、ふさわしいメニューブックの仕様がある。メニューブックは、内装や調度品と同様に、店のイメージを表現するアイテムであることを知っておこう。
②売りたい料理がすぐわかる（→P171）	どの料理が売りたい料理なのかを明確に打ち出し、お客を誘導することが重要。メニューブックを見た瞬間に売りたい料理が伝わるように、デザインやレイアウトを工夫しよう。
③料理の魅力が伝わる（→P172）	単純な料理名の羅列《られつ》では、「ぜひ食べてみたい」と思ってもらえない。キャッチコピーや商品説明を加えて、それぞれの料理の魅力やこだわりをアピールする必要がある。
④料理の美味《おい》しさが伝わる（→P174）	料理に対するお客の期待感を最も高めるものは、「美味《おい》しそうなイメージ」。美味しさは言葉だけでは伝わりにくいので、写真を使って視覚に訴えると効果的。

◎メニューブックでお客を誘導できる

客単価アップのためには、オーダー数を増やすことと同時に、**売りたい料理をできるだけ売る**ことが重要です。売りたい料理とは、店の自慢の料理というだけでなく、儲けも大きい料理です。

そこで、優れたメニューブックをつくれば、**売りたい料理にお客を誘導する**こともできます。「何を食べたらいいのだろう？」と悩むお客に対して、「この料理はいかがでしょう」とすすめるセールスマンの役割を、メニューブックが果たしてくれるわけです。

では、料理の魅力を伝え、さらに売りたい料理にお客を誘導するというメニューブックをつくるためには、どうすればよいのでしょうか。実際の作成方法は次節（→P170〜173）で解説しますが、客単価アップに結び付くメニューブックは、上図に示した4つの条件を備えていることが必要です。重要なことは、そのメニューブックによって、**店からのメッセージをどれだけお客に伝えられるか**ということです。

売上アップ

客単価アップ策（2）メニューブックをつくる

効果的なメニューブックを作成するポイントを、ここで紹介します。

◎材質・サイズが店のイメージに影響する

メニューブック作成の際には、まず店のイメージに合った仕様を考えることが大切です。たとえば、本格フレンチレストランを謳《うた》っていながら、メニューブックがいかにも安物という仕様では、それだけで店のイメージが崩れてしまいます。**店のイメージは、メニューブックの仕様によっても左右される**のです。

メニューブックの仕様の中で、特に重要となるのは**材質とサイズ**です。材質が上品な革製なら高級店、シンプルなラミネート加工なら気軽な大衆店、といったイメージになるでしょう。また、小さめのサイズなら落ち着きとくつろぎ感のある店、大判サイズなら大勢で食事を楽しむ店、というイメージになります。

こうしたメニューブックの仕様と店のイメージとの

宇井流 問題解決Q&A

プロに作成を依頼する場合の注意点は？

メニューブック作成をプロに依頼する場合、メニュー名と価格だけを伝えて、あとは全部おまかせという方法は絶対にいけません。作成費用が多くかかるだけでなく、儲けに結び付かないメニューブックができてくるおそれがあります。

やはり最低でも**売りたい料理**をハッキリさせ、**料理の魅力をアピールするコピー案**も自分で考えたほうがいいでしょう。さらに、デザインの「ラフ案」をつくっておくとベター。どんなメニューブックにしたいのか、制作業者にしっかり伝わるようにすることが大切です。作成費用の主なものはデザイン料ですが、料理写真の撮影を頼む場合は別途に撮影料がかかり、メニューブック自体の冊数分の代金と印刷代も必要です。

仕様とデザイン、プラスワードで店のウリをアピールしよう

関連を意識しながら、自店にふさわしいメニューブックの仕様を決めていきましょう。

◎売りたい料理をアピールするデザインに

メニューブックの仕様が決まったら、次に検討すべきことはデザインです。デザイン検討の際に注意したいことは、たんなる見やすさだけでなく、料理の選びやすさを重視することです。もっとハッキリいえば、**お客を誘導するデザインにする**ことです。

すべての料理を平等に扱うデザインでは、その店が何をウリにしているのかわからず、お客も料理を選びにくいことでしょう。そこで、デザインの工夫によって、店のウリを強くアピールすることが必要です

たとえば、売りたい料理に大きな写真を使い、アイコンでアクセントをつけるといった工夫が有効です。さらに、下図のようなレイアウトテクニックも活用すれば、お客に対する誘導効果が高まります。メニューブックにおけるデザインの最大の目的は、**売りたい料理を明確に伝える**ことなのです。

売りたい料理がわかるレイアウトテクニック

人の視線の動きには一定の法則があります。視線は、メニューブックが縦組みならN方向、横組みならZ方向というように動き、始点と折り返し点に最も目が留まります。そこで、目の動きの始点や折り返し点に売りたい料理を配置するようにすれば、注目度が上がり非常に効果的です。

【Z型メニュー】

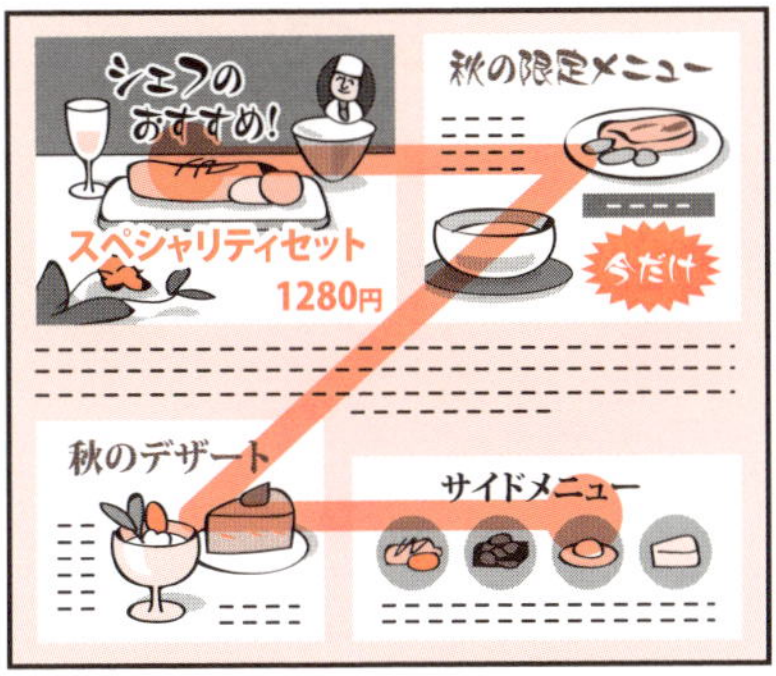

【N型メニュー】

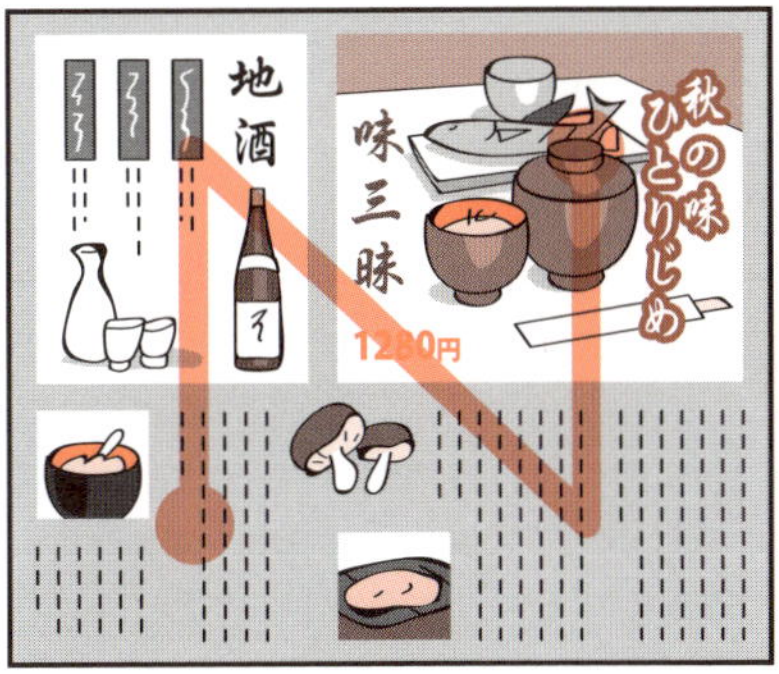

◎プラスワードで料理の魅力を高めよう

メニューブックにとって大切なのは、デザインだけではありません。「食べてみたい」と思ってもらえるように、**料理の魅力やこだわりを伝える**ことも不可欠。そのためには、美味《おい》しそうに見える料理写真を使ったり（→P174）、**プラスワードによって料理名にインパクトを与える**ことも効果的です。

プラスワードとは、たとえば「オムライス」ならば「ふんわりトロトロのオムライス」といった具合に、料理の特徴などを簡潔に説明する付加情報です。下表に例を挙げましたが、プラスワードを使うことによって料理の魅力がグンと高まり、お客を引き付けることができます。

また、プラスワードは**オーダーコントロールにも役立ちます**。売りたい料理はプラスワードを使ったネーミング、定番料理やあまり儲けの出ない料理はあっさりしたネーミングというように差をつければ、売りたい料理のオーダー増が期待できます。

プラスワードを使ったネーミング例

訴求ポイント	プラスワード例	ネーミング例
食感	こってり、フワフワ、とろける、ほくほく、シャキシャキ	こってり豚骨ラーメン、とろけるモツ煮込み、ふわふわチーズオムレツ
新鮮さ	朝採れ、産地直送、旬の、採れたて、活きのイイ	朝採れ野菜のサラダ、港直送まぐろ、旬の山菜天ぷら
味覚	激辛、あま～い、ピリピリ、さわやか風味	激辛味噌ラーメン、豚肉ピリピリ炒め、朝のさわやか風味ヨーグルト
ボリューム感	たっぷり、まるごと、小皿、懐石風、大鉢、	キノコたっぷりパスタ、まるごとアップルパイ、季節のバラエティー小皿料理
こだわり感	熟成、昔ながらの、厳選、じっくり、伝統の	昔ながらのコッペパン、厳選、熟成肉のステーキ
希少感・名物感	限定、今だけ、店長イチオシ、幻の、伝説の	限定5食！　サービス焼肉ランチ、今だけ入荷！　三陸産ホヤ刺身、幻の泡盛

儲かるメニューブックはここが違う!

【儲からないメニューブック】

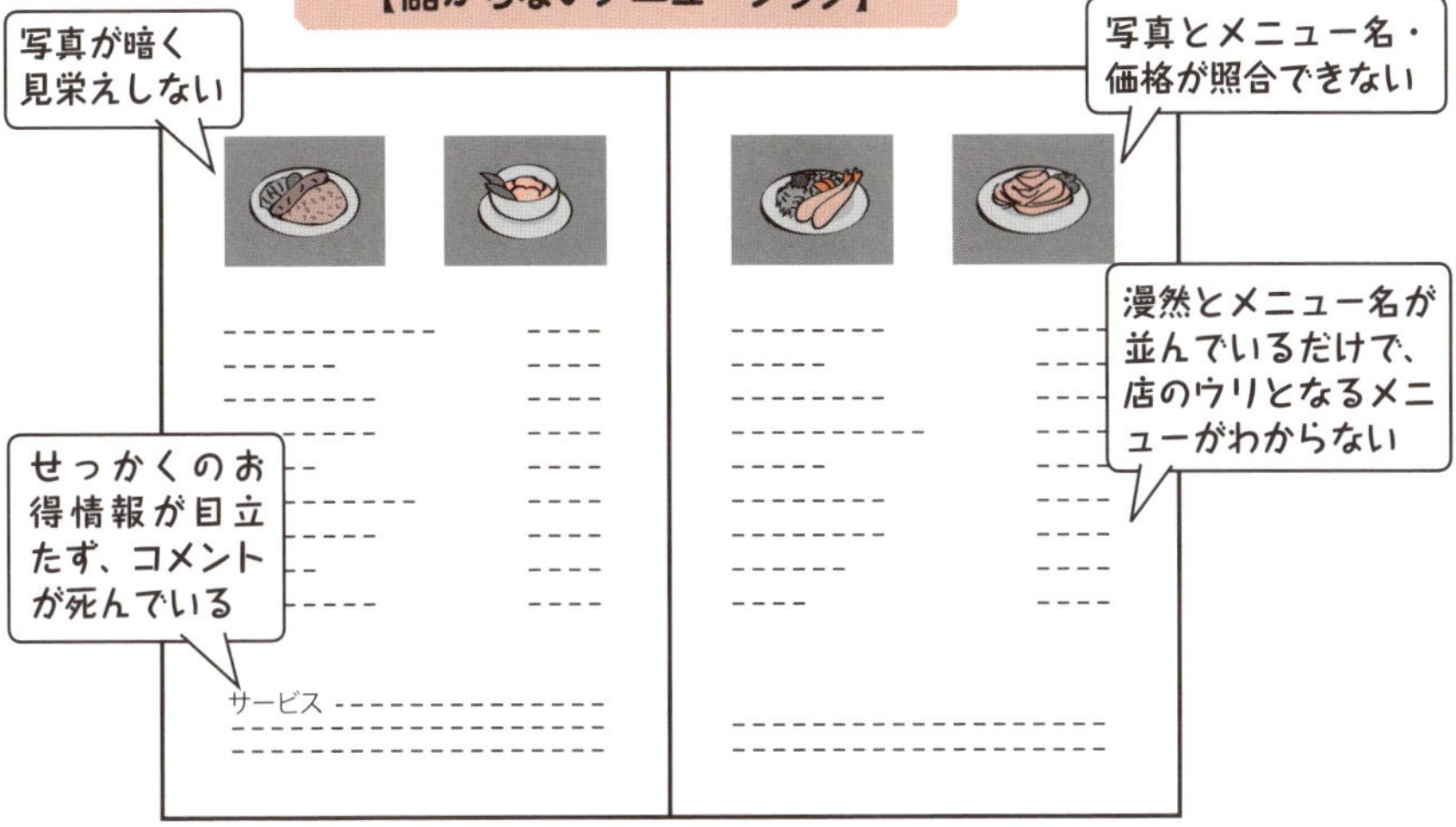

写真が暗く見栄えしない
写真とメニュー名・価格が照合できない
漫然とメニュー名が並んでいるだけで、店のウリとなるメニューがわからない
せっかくのお得情報が目立たず、コメントが死んでいる
サービス

【儲かるメニューブック】

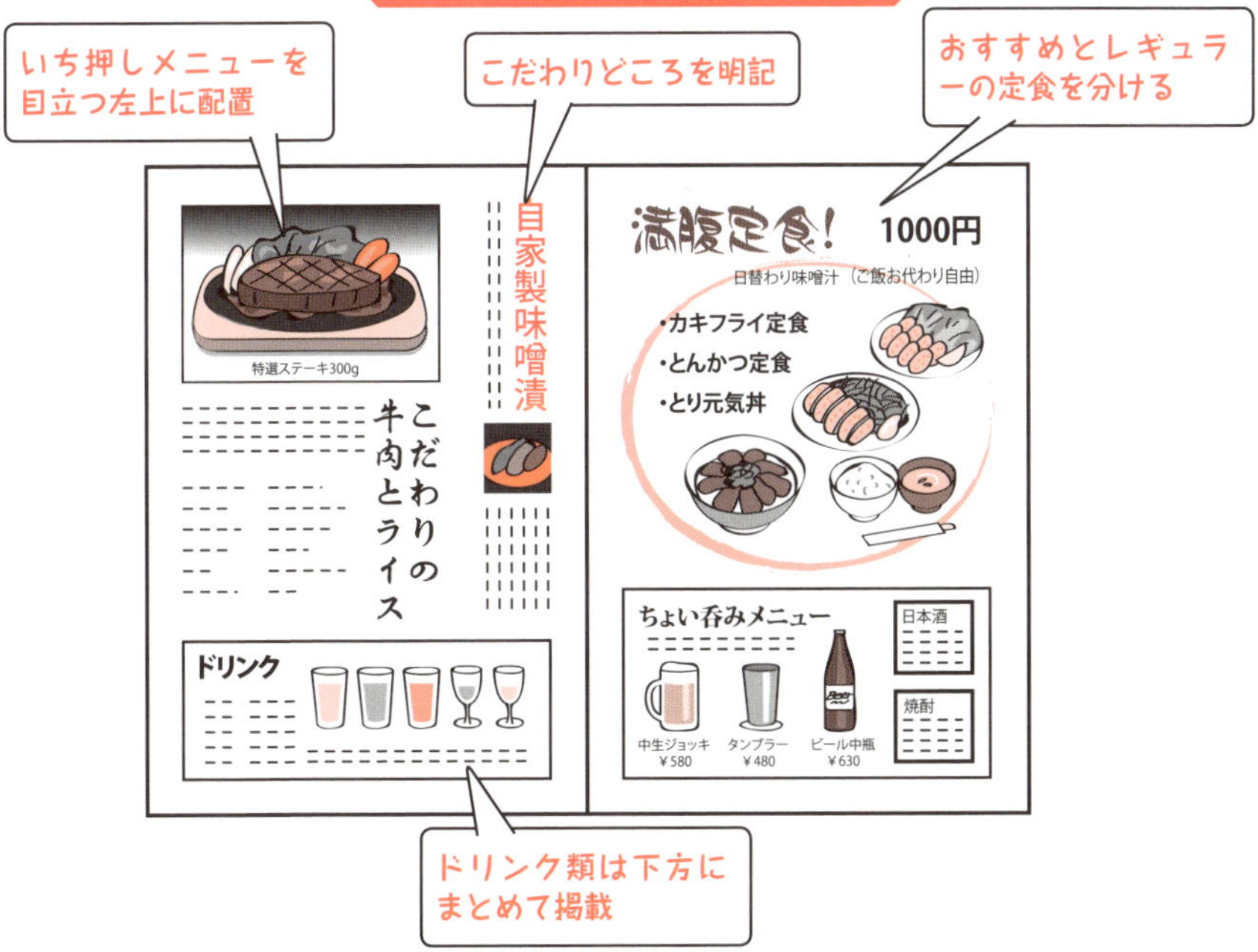

いち押しメニューを目立つ左上に配置
こだわりどころを明記
おすすめとレギュラーの定食を分ける
特選ステーキ300g
自家製味噌漬
こだわりの牛肉とライス
ドリンク
満腹定食! 1000円
日替わり味噌汁（ご飯お代わり自由）
・カキフライ定食
・とんかつ定食
・とり元気丼
ちょい呑みメニュー
中生ジョッキ ¥580
タンブラー ¥480
ビール中瓶 ¥630
日本酒
焼酎
ドリンク類は下方にまとめて掲載

効果的な料理写真の条件

料理写真の見せ方次第で、お客の店に対する期待感が違ってきます。

販促ツールには魅力的な料理写真が必須!

◎美味《おい》しく見えない料理写真は逆効果

チラシやWebサービス、メニューブックといった販促ツールにとって、**料理写真**は不可欠です。効果的な販促ツールの条件は一目瞭然《いちもくりょうぜん》であることですが、料理写真をアイキャッチとして使えば、一瞬で店の業種・業態はもちろん、特徴や魅力も伝えることができます。さらに、いかにも美味しそうに見える料理写真は、お客に「行ってみたい」「食べてみたい」と思わせる効力も抜群です。

ただし、料理写真の見せ方には注意が必要。インパクトが大きい分、**美味しく見えなければ、お客の料理に対する期待感を失せさせ、かえって逆効果**です。料理写真は、美味しく見えるものであることが必須条件なのです。

◎撮影はプロに頼んだほうが確実

そこで、料理写真の撮影はやはりプロに依頼したほうがよいでしょう。料理の熱さや冷たさ、照りやツヤなどのシズル感を表現するためには、高度な撮影技術が必要だからです。

プロに依頼をする場合は、**料理写真の撮影実績が豊富なカメラマン**を探すことが大切です。料金体系は、何時間でいくらという時間制と、何カットでいくらというカット制があります。撮影方法も、店で撮影してもらう方法とスタジオ撮影とがあります。予算や都合に応じて、料金制や撮影方法を選択しましょう。実際の撮影料金は、カメラマンによって差が大きいので、事前にしっかり確認しましょう。

料理を美味しく見せる撮影術

料理写真はプロに頼むのに越したことはありませんが、予算がなく、自分で撮影しなければならない場合もあることでしょう。そこで、できるだけ美味しく見える料理写真を撮るために、次の3つのテクニックを知っておきましょう。

レンズは「望遠」に設定

デジカメのレンズは初期設定で広角になっているが、広角で料理写真を撮ると、料理皿の形がゆがんで写ったり、余計な背景が写り込んでしまう。そのため、**レンズは必ず「望遠」に設定して撮影**しよう。

望遠でズームして、料理がフレームにおさまる位置まで下がって撮影

自然光を活かして撮影

料理を美味しく見せるコツは、**自然光の中で撮影する**こと。自然光が差し込む窓際などに料理をセッティングして、光の加減はレースカーテンなどで調整する。ストロボ撮影は、料理の立体感が失われるので禁物。

斜め後ろから自然光が当たるように、逆光で撮影するのが基本

写真の構図を工夫する

写真フレームの真ん中に料理皿が全部おさまる構図は、見る人の興味を引かない。料理の一番見せたい部分だけ中央にして、**皿をフレームの片側に寄せた構図**のほうが、臨場感があって料理の魅力が引き立つ。

皿の端がフレームから切れる構図にすれば、料理素材を大きく見せられる

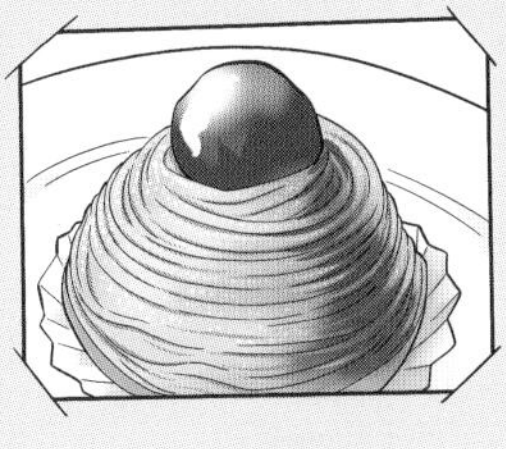

売上アップ

開店直前・直後！宣伝効果を高めるには？

思い切ったサービス内容を打ち出せば、宣伝効果も大きく高まります。

インパクトの強い開店サービスでスタートダッシュ！

◎宣伝は繰り返して行うことが必要

広告業界には、「セブンヒッツ理論」と呼ばれるものがあります。これは、広告に7回接触すると、その商品を購入する確率が高まるという理論です。飲食店の宣伝にも、このセブンヒッツ理論が有効です。たとえば、開店の前日だけチラシを配るという程度では、効果など期待できません。宣伝は、**何度も繰り返して行ってこそ効果が生まれる**のです。

また、**さまざまな宣伝方法を試す**ことも必要です。チラシ配布やWebサービスの活用といった間接的な宣伝だけでなく、商圏内の事業所に訪問セールスもしてみましょう。割引券などを持参して訪問し、フェイス・トゥ・フェイスの宣伝ができれば、その効果は大きいはずです。

宇井流 飲食店のNGパターン

いつまでも割引サービス頼みの集客はいけない

開店直前・直後の宣伝は、とにかくできるだけ多くの新規客に来てもらい、店の存在を知ってもらうことが目的です。その目的からすれば、開店当初に大幅な割引サービスを行うことはとても効果的な方法です。

しかし、大幅割引でお客を引き付ける方法は、開店当初だけにしておくべきです。いつまでも大幅割引を集客の武器にしているような店は、長続きしません。お客の側は「割引だけが魅力の店」と思ってしまい、店の側も「割引さえすればお客が来てくれる」と考えるようになると、ＱＳＣを磨く努力が疎《おろそ》かになりかねないからです。**集客力のある飲食店をつくる基本はＱＳＣを磨く**ことだと、肝《きも》に銘《めい》じておきましょう。

◎思い切った開店サービスでお客をつかむ

しかし、宣伝を繰り返して見込み客が増えても、実際に来店してもらわなければ意味がありません。そこで、お客の来店を促し、宣伝効果を最大限にする手立てとなるのが、割引などの開店サービスです。

開店サービスを行う際に大切なことは、「開店後1カ月間は全品3割引！」というくらいの**思い切ったサービス内容にすること**です。思い切った開店サービスによって赤字が出たとしても、その赤字は宣伝費用と思えばいいのです。

まずは、一人でも多くのお客に来店してもらうことが重要です。開店サービスの大幅割引を目当てに来店したお客が、店の良さを知って固定客となれば、割引分の費用はあとからいくらでも回収できます。

一番悪いのは、中途半端な開店サービスをすることです。1割引程度の割引率ではインパクトがなく、お客もわざわざ「その店に行こう」とは思ってくれないでしょう。

オープン後の取り組み⑴ 年間イベント計画を立てる

イベント開催で、お客に新鮮な驚きや楽しさを与え続けましょう。

◎イベント開催で「飽きない店」に

飲食店経営にとって、オープン当初に新規客さえ獲得すれば安心という甘い考えは禁物。新しい飲食店は次々と開店しているので、油断をするとお客はすぐに飽きて、新規店に目移りしてしまいます。長く店を維持するためには、マンネリ化することなく、**お客に新鮮な驚きや楽しさを与え続ける**ことが大切です。

そこで、ぜひトライしてもらいたい取り組みが**イベント開催**です。「季節のメニューフェア」「開店○周年感謝セール」「クリスマス特別ディナーフェア」といったようなイベントを頻繁に行えば、いつ行っても飽きない店という評価が生まれ、固定客の来店頻度が増えるはずです。また、イベントに興味を持った新規客の来店も期待できます。

◎イベントには準備期間と予算が必要

しかし、イベントは場当たり的な思い付きで開催できるものではありません。イベント用のメニュー開発やイベント告知には**準備期間**が必要ですし、**予算**も必要になってきます。

通常営業と並行して準備を進め、予算も確保するためには、**年間イベント計画**を立てて取り組むべきでしょう。売上計画と対応するように、毎年秋頃に翌年のイベント計画を立てておくのです。

具体的な年間計画の立て方としては、季節の恒例行事や記念日、地域イベントなどを書き出してみて、それらとリンクした店のイベント内容を考えていくと効果的です。また、イベントの実施期間は、最低でも2週間程度は設定しましょう。

年間イベント計画の例

	世の中のイベント	実施項目	現時点での行動内容
11月		初旬開店 中旬　鍋メニュースタート	宴会メニュー撮影（フリーペーパー、Webサイト用）
12月	忘年会 クリスマス 冬期休暇	初旬　宴会コースメニュー投入（フード2,500円／3,000円の2コース）	中旬以降　開店1か月間のフードメニューABC分析でメニュー変更を検討 （案：キムチとピクルスの差し替え、タレの差し替え、サムギョプサル包み物の追加）
1月	元旦 新年会 成人式	中旬　フードメニュー、ドリンクメニュー変更 中旬　宴会コース（フード1,900円投入）※集客実績で検討	前半　11月・12月のドリンクABC分析でメニュー変更を検討 前半　ランチメニューの試食、内容売価の決定、メニュー作成・写真撮影
2月	バレンタインデー	初旬　ランチスタート ※営業状況で3月に変更の可能性あり	前半　石焼ビビンバのメニュー試食、メニュー作成・写真撮影 （5品の予定　菜の花&ビビンバ、ユッケビビンバ、辛ビビンバ、スープビビンバ、他未定） 後半　フリーペーパー、Webサイト打ち出しの構成案検討
3月	ホワイトデー 送別会	初旬　フェアメニュー投入（石焼ビビンバ～5月中旬まで） 歓送迎会打ち出し（フリーペーパー、Webサイト）	
4月	歓迎会	歓送迎会打ち出し（フリーペーパー、Webサイト）	前半　冷麺のメニュー試食、メニュー作成・写真撮影 （5品の予定　豆乳冷麺、辛冷麺、キムチ冷麺、のり冷麺、他未定）
5月	ゴールデンウィーク 母の日	5月中旬　フェアメニュー投入（冷麺～9月中旬まで）	後半　フードメニューABC分析でメニュー変更検討 （案：チヂミ・クッパなどの一品料理の差し替え、フェアメニューの定番化を検討）
6月	父の日 梅雨対策 （雨の日イベント）	中旬　フードメニュー変更	中旬　辛いメニューの内容決定、試食、メニュー作成・写真撮影 （鍋、チャプチェ、チヂミ、クッパ等カテゴリから一品セレクト）
7月	夏のボーナス	中旬　辛いメニューを期間限定投入（9月中旬まで）	
8月	夏季休暇		中旬　フェアメニューの内容決定、試食、メニュー作成・写真撮影
9月	敬老の日	9月中旬　フェアメニュー投入（秋の素材を使ったメニュー～11月末まで）	後半　フードメニューABC分析でメニュー変更検討 （案：鍋メニューの追加、あるいは差し替え）
10月	運動会	中旬　フードメニュー変更	前半　1周年イベントの企画、内容構成
11月		1周年記念イベントの開催	

オープン後の取り組み（2） ーメニュー構成を見直す

ニーズ変化に応えるために、定期的にメニューを見直しましょう。

売上高
ABC分析の
やり方をしっかり
覚えよう

◎ニーズ変化に応えるメニュー構成が必要

お客のニーズは常に変化していくものなので、いつまでも同じメニューでは、やがてニーズと乖離《かいり》が生じて、売上が減少するおそれがあります。そこで売上の維持・向上のためには、変化するニーズに対応し、**定期的にメニュー構成の見直しを行う**ことが必要です。

実際のメニュー構成の見直しは、**ABC分析**という手法を用いて行います。ABC分析とは、数ある商品を重要度順にA、B、Cの3つのランクに分類して、どの商品を重点的に管理すべきかを判断する手法です。

目的によりランク分けの切り口が違ってきますが、メニュー構成の見直しに役立つのは、**売上高を切り口にランク分けする売上高ABC分析**です。具体的な手順は、左ページの図を参照してください。

◎ABC分析によるメニュー改定の方法

分析の結果からメニュー改定を検討していくわけですが、Aランクは売れ筋商品なので、**販売をさらに強化する**ことが重要です。Bランクについては、料理内容にひと工夫を加えるか、撤去してしまうかを検討する必要があります。

問題となるのは、Cランクです。Cランクは死に筋商品ですが、**機械的に撤去してしまえばいいと安易に考えてはいけません**。高齢者や子どもなどの少数派のお客に、そのメニューが喜ばれている場合もあるのです。また、そのメニューの存在が、ほかのメニューを引き立たせている場合もあります。そこで、Cランクのメニューそれぞれの位置付けを十分に考えたうえで、扱いを判断することが大切です。

売上高ABC分析の手順

①各メニューを売上高（売れ行き個数×単価）の多い順に並べる。
②全メニューの売上高合計に対する各メニューの売上高構成比（各売上高÷売上高合計）を算出する。
③その売上高構成比を大きい順から累計していく。
④累計が75%までのメニュー群をAランク、75%超95%までをBランク、95%超をCランクとする。

売上高順位	メニュー	売上高	構成比	累計	
1	A	554万円	25.1%	25.1%	Aランク
2	B	476万円	21.6%	46.7%	Aランク
3	C	324万円	14.7%	61.4%	Aランク
4	D	188万円	8.5%	69.9%	Aランク
5	E	132万円	6.0%	75.9%	Bランク
6	F	109万円	4.9%	80.8%	Bランク
7	G	101万円	4.6%	85.4%	Bランク
8	H	85万円	3.8%	89.2%	Bランク
9	I	70万円	3.2%	92.4%	Bランク
10	J	65万円	2.9%	95.3%	Cランク
11	K	59万円	2.7%	98.0%	Cランク
12	L	45万円	2.0%	100%	Cランク

売上高ＡＢＣ分析パレート図をつくる

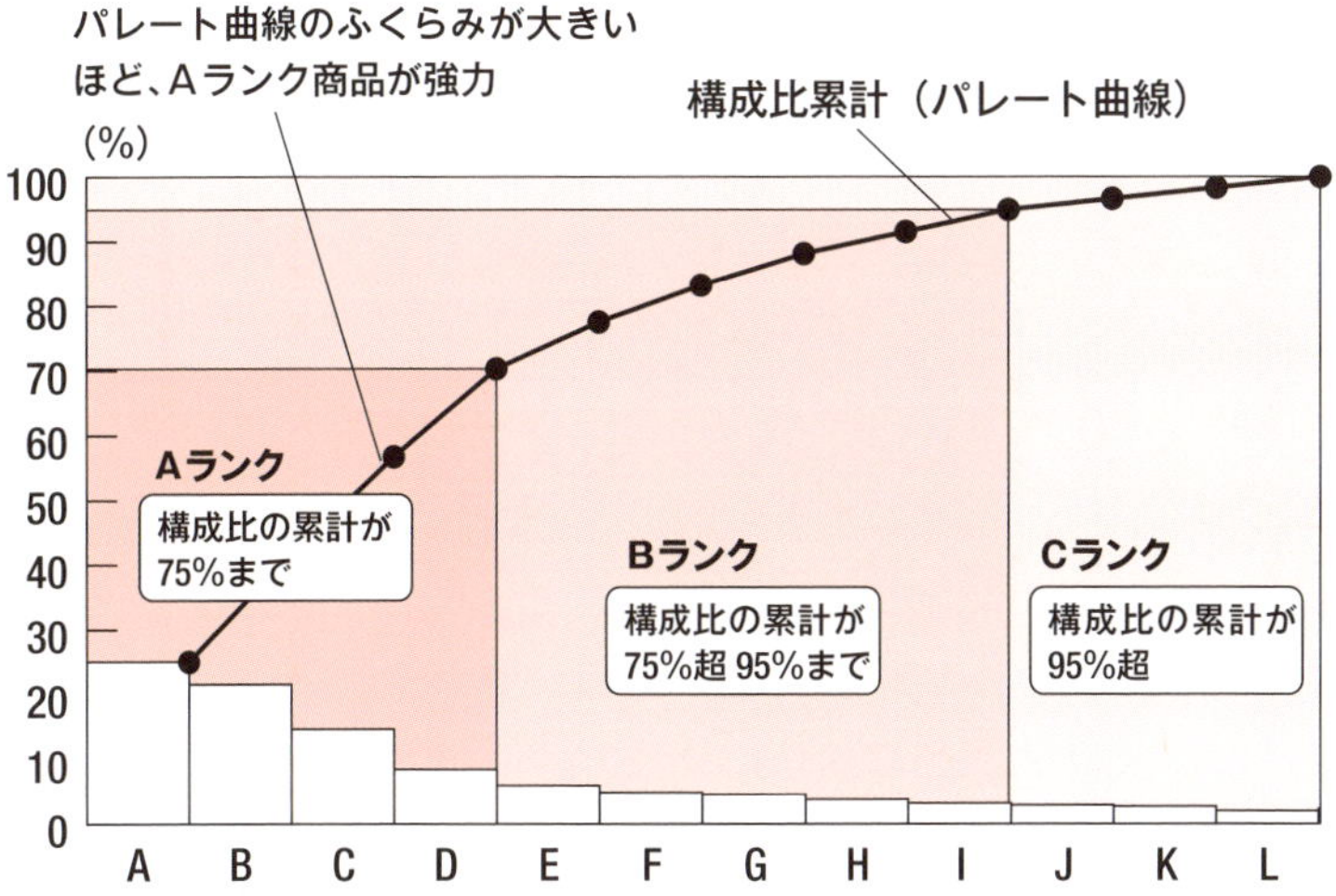

業種・業態別 繁盛店づくりのポイント

自店の特徴を見極めて、成功のためのアプローチを考えましょう。

◎店の特徴に合った工夫が大切

飲食店には、さまざまな業種・業態があります。さらに、規模や立地といった条件で、その店のあり方も違ってきます。当然、それぞれの店ごとに、成功のためのアプローチは異なります。

けれど、繁盛店づくりの基本が客数アップと客単価アップであることは、どんな店でも同じ。大切なことは、自店の特徴を把握したうえで、**その特徴に合った客数アップと客単価アップの工夫をする**ことです。

そこで、主な業種・業態ごとに、繁盛店づくりのためのポイントと取り組み例を左ページに挙げてみました。もちろん、ほかにも多くの取り組みの工夫があるはずです。実際の繁盛店がどんな工夫をしているのか、調べてみるとよいでしょう。

成功のためのもう一歩

小さな店なら テイクアウト導入を検討しよう

客数を増やせば、売上をアップさせることができます。客数は、席数×客回転率で決まります。けれど、小さな店の場合、スペースがないので席数に限界がありますし、客回転率もやはり限度というものがあります。そのため、小さな店での売上アップはとても難しいことに思えてきます。

何かよい手立てはないものでしょうか。実は、席数や客回転率とは関係なく売上をアップさせる方法が存在します。**テイクアウトを導入する**のです。店内が満席でお客が長居している状況でも、テイクアウトで商品販売を行えば、売上を伸ばすことができます。テイクアウト導入には、人件費がかからないというメリットもあります。また、来店客が知人などにお土産《みやげ》としてテイクアウトしてくれれば、宣伝効果も期待できます。

繁盛店を観察し、参考にできる面はどんどん取り入れよう

売上増のためのポイント&取り組み例

業種・業態	ポイント	取り組み例
居酒屋  	競合店がひしめいている業態なので、他店との差別化が最重要。値下げ競争も盛んだが、安易な追随はよくない。	●「海鮮づくし居酒屋」などといった特徴がわかる店名でアピールする。 ●珍しい郷土料理や地方の地酒・焼酎など、他店にはないメニューをウリにする。 ●再来店を促す仕掛けとしてポイントカードを導入。
カフェ  	比較的狭い商圏を対象にするため、常連客づくりが繁盛の決め手になる。その常連客を飽きさせないことも大切。	●ドリンクメニュー以外のフードメニューを強化。 ●飽きられないように、毎月、おすすめメニューを変える。 ●ボードに季節の挨拶を記すなど、常連客を喜ばせる演出を工夫する。 ●デリバリーに対応できるようにする。
うどん・蕎麦《そば》店  	うどん・蕎麦以外のメニューをどうするかがポイント。客層や利用動機の間口を広げる工夫を考えよう。	●時間帯別のメニューを展開し、変化をつける。 ●うどん・蕎麦のトッピングを充実させる。 ●蕎麦とミニ釜飯の組み合わせなど、セットメニューを増す。
フレンチ・イタリアンレストラン  	客単価が高いことで、お客が日常感覚で気軽に来店することは少ない。そのため、集客が課題になってくる。	●地元食材などを積極的に使って地域密着をアピール。 ●季節ごとにイベントを催して、お客の利用機会を広げる。 ●お値打ち感のあるランチメニューで、新規客を獲得する。
中華料理店  	多様な客層や利用動機に対応できる業種だが、それだけに自店のスタイルを打ち出すことが必要。	●女性客が喜ぶ小皿メニューを充実させる。 ●セットメニューの種類を増やし、中華らしく選択する楽しさを与える。 ●テイクアウト対応やデリバリー対応、スパイス販売などを行う。

コラム

外国人に喜ばれる店づくりも課題に

外国人観光客は年間2000万人の時代が到来

日本を訪れる外国人観光客は、今や2000万人近くにまで達しています。そうした状況を受けて、サービス業のさまざまな分野で、外国人観光客に対応する取り組みが展開されており、飲食店でも「外国人に喜ばれる店づくり」が大きな課題となりつつあります。

言葉も習慣も違う外国人観光客の心をつかむことは、たしかに難しいことでしょう。けれど、**1人でも外国人が店のファンになってくれれば、さらに多くの外国人の来店が期待できる**はずです。よい店を見つけた外国人は情報をＳＮＳで発信し、ほかの外国人もその情報を参考にして店を探すという、ＳＮＳによる情報交換が外国人観光客の間で盛んに行われているからです。つまり、来店した外国人観光客が、宣伝係の役割も果たしてくれるわけです。

外国人観光客のニーズは普段の料理とサービス

外国人観光客の心をつかむには、まず彼らのニーズを押さえておくことが大切です。実は、**日本の飲食店で提供される普段の料理とサービスを楽しみたい**、というのが多くの外国人観光客のニーズです。ですから、特別な外国人観光客向けメニューを開発する必要などありません。また、「日本」を強調しようと、寿司や懐石料理などを無理にメニューに加える必要もありません。

店としては、普段のメニューとサービスで勝負すればいいのです。そのうえで、**外国人が店を利用しやすいように、できるだけ垣根を下げる工夫をする**ことがポイントです。たとえば、外国語表記のメニューブックを用意する、外国語で料理を説明できるスタッフを配置する、外国人に人気のメニューランキングを掲示するといった工夫が効果的でしょう。

7章

スタッフの育成・管理と接客力

店の評判を高めるには、スタッフの能力アップが不可欠。働きやすい環境をつくり、スタッフをきちんと教育していこう。

繁盛してきたのはよかったけれど
ふら
ちょっと大丈夫？洋くん
ふら
大ジャンバラヤ
ぼー
ぼぼー
うわー
これはマズイわね
という訳でパートを雇用することにしました
未経験
経験者
経験者
経験者も多いしこれで大丈夫かな
キツイー
未経験にはまだ厳しいのかな
まってー
前の職場でこうだったので
え？急に来られない!?
ちょっとー

逆に
つかれたかも～
パートさんにも大事な戦力になってほしいな
ぐだ～
スタッフの働きやすい仕組みかあ
仕事の範囲とやり方のマニュアル化
勤務時間の選択制
仕事の評価で時給アップ
3日～1週間のトレーニング期間
トレーニング中
ワークスケジュールのバランス調整
力を合わせよう
ベテラン
ベテラン
評価の導入と給与への反映
Good!
サービスの向上につながりました
うん

スタッフ活用

成功するスタッフの募集方法

開店準備では、店舗工事やメニュー開発と同様にスタッフ募集も重要です。

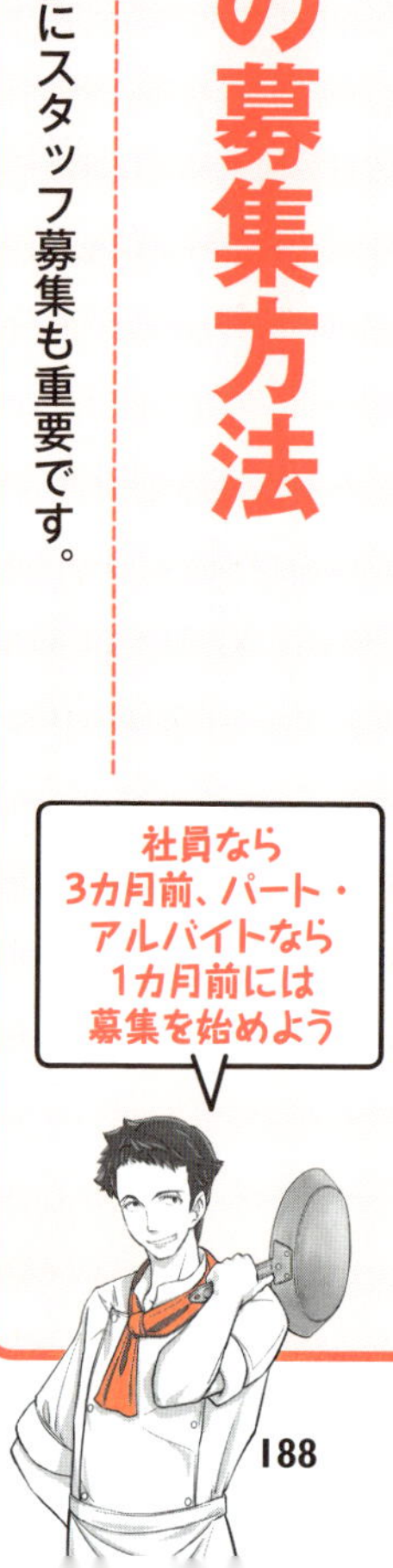

◎トレーニング期間を考えて募集は早めに

飲食店の開業準備というと、ついつい店舗の内装工事やメニュープランに気を取られ、スタッフの募集は後回《あとまわ》しにされがちです。けれど、実際にお客をもてなすのはスタッフです。オープンぎりぎりの段階であわててスタッフを募集し、仕事を覚える時間もなくオープン日を迎えてしまっては、お客のもてなしなどできるはずがありません。

店のオープンのためには、**できるだけ早い時期からスタッフを募集してトレーニングを施しておく**ことが必要です。そのトレーニング期間を考慮すると、社員の募集は最低でもオープン3カ月前に始め、パート・アルバイトの募集も最低1カ月前には始めなければいけません。

宇井流 飲食店のNGパターン

「経験者なら誰でもOK」という採用方法は危険

オープン前にトレーニングは行うにしろ、店のスタッフが全員初心者というのは、やはり不安。即戦力になる経験豊富なスタッフが欲しいと考えて当然です。しかし、ともかく経験者なら誰でもOKという採用方法をとるのは危険です。

飲食店は、店が違えばコンセプトも違います。経験者を採用したとしても、その技術やキャリアが自店のコンセプトとミスマッチならば、力を発揮できず、本人も辞めたくなるかもしれません。特に調理スタッフの場合は、辞められてしまうと、店の味自体が変わってしまうおそれがあります。ですから、**応募者の技術やキャリアが、自店でも活かせるものかどうか**をよく検討してから、採用を決めるようにしましょう。重要なことは、長く働いてもらえる人を採用することです。

◎募集には店の魅力を伝えると効果的

スタッフの募集広告を打つ媒体としては、求人雑誌や新聞、インターネットの求人サイト、タウン誌などがあります。募集広告に最低限明記すべき事柄は、**給与、勤務時間、勤務日数（月または週のうち何日勤務か）、交通費・食事支給の有無**です。できれば、ボーナスや昇給体系なども記載しましょう。

さらに効果的な募集を行うためには、募集広告で自店の魅力を伝え、働きがいのある店であることをアピールしましょう。また、どんなスタッフが欲しいのかに応じて、広告媒体を選ぶことも大切です。たとえば、幅広い年齢層のスタッフを集めたいのなら求人雑誌や新聞、比較的若いスタッフを集めたいならネットの求人サイト、地元の主婦層をスタッフとして集めたいならタウン誌が効果的です。

このほか、知人や食材業者などから紹介してもらう方法もあります。紹介であれば、人柄も保証付きなので安心です。

スタッフ募集

スタッフ活用

知っておくべき雇用のための法律

スタッフ雇用のためには、労働保険と労働基準法の知識が必要です。

労働基準法をしっかり守って、雇用契約をしないとダメだよ

◎労働保険の加入はオーナーの義務

スタッフを1人でも雇えば、オーナー（店主）は**労働保険の加入手続きを必ずしなければなりません**。労働保険とは、**労災保険**と**雇用保険**という2つの保険の総称です。

　まず労災保険は、仕事中や通勤途中にケガや病気などをした場合、保険給付が支払われる制度です。これは、社員やパート・アルバイトの区別なく、スタッフ全員が被保険者となります。一方、雇用保険は、失業した場合などに失業給付が支払われる制度で、被保険者は一定の条件を満たしていることが必要です。

　それぞれの被保険者の範囲と加入手続きは、左ページ上段の表のとおりです。実際の加入手続きは、社会保険労務士に依頼することもできます。

◎採用時には労働条件を明示

オーナーは、労働保険とともに、**労働基準法**についても知っておく必要があります。労働基準法には、最低限守らなければならない労働条件が規定されていますが、主な内容は左ページ下段の表のようなものです。

　これらの規定の中で、スタッフ採用の際に特に注意したいものは、「労働条件の明示」です。採用したスタッフとの間で、労働条件を記載した**雇用契約書（または就業規則）**を作成し、あとからトラブルが起きないようにしましょう。

　雇用契約書に記載が必要な事項は、契約期間、就業場所と業務内容、勤務時間や休日などの条件、給与の計算・支払方法と支払時期、退職手続き・解雇事由と解雇手続きなどです。

労働保険の被保険者と加入手続き

保険の種類	被保険者の範囲	加入手続き
労災保険	社員、パート・アルバイトなどの雇用形態にかかわらず、賃金を受ける者すべてが被保険者となる	①保険関係成立届を所轄の労働基準監督署に提出（保険関係が成立した日から10日以内） ②概算保険料を所轄の労働基準監督署または都道府県労働局に申告・納付（保険関係が成立した日から50日以内） ③雇用保険適用事業所設置届を所轄の公共職業安定所（ハローワーク）に提出（設置の日から10日以内） ④雇用保険被保険者資格取得届を所轄の公共職業安定所（ハローワーク）に提出（資格取得日の翌月10日まで）
雇用保険	雇用形態にかかわらず、次の要件いずれにも該当する者は、原則として被保険者となる ①1週間の所定労働時間が20時間以上 ②31日以上の雇用見込みがあること ただし、次の者は除かれる ●季節的に雇用される者で、雇用期間が4カ月以内または所定労働時間が週30時間未満の者 ●昼間学生 ●65歳以上で新たに雇用される者	

労働基準法の主な内容

労働条件の明示	労働契約の締結に際しては、賃金、労働時間その他の労働条件を明示しなければならない。
法定労働時間	1日について8時間、1週間について40時間を超えて労働させてはならない。
休憩の原則	労働時間が6時間を超える場合は最低45分、8時間を超える場合は最低1時間の休憩時間を与えなければならない。
休日の原則	毎週最低でも1回の休日を与えなければならない（4週間を通じ4日以上の休日でも可）。
年次有給休暇	6カ月間継続勤務し、全労働日の8割以上出勤した労働者に対して、10労働日の有給休暇を与えなければならない。
賃金支払の原則	賃金は、直接労働者に全額を支払わなければならない。また、毎月1回以上、一定の期日を定めて支払わなければならない。
時間外・休日労働の割増賃金	時間外労働の場合と深夜業の場合は通常の25%増し、休日労働の場合は通常の35%増しの割増賃金を支払わなければならない。
解雇の予告	労働者を解雇する場合、少なくとも30日前に予告をしなければならない。

スタッフ活用

スタッフに長く働いてもらうには？

仕事をきちんと教え込むことこそ、スタッフの定着率を高める秘訣です。

◎スタッフを大切に思う気持ちを示そう

飲食業界は、スタッフの定着率が悪い業界だといわれています。スタッフが長続きしない原因はさまざまありますが、実はオーナーの意識が最大の原因になっているケースが多いようです。

多くの場合、スタッフを大切に思う気持ちが、オーナーに不足していることが原因といわれています。スタッフからすれば、いくら給料をもらっていても、オーナーから大切に思われず居心地の悪い職場では、働く気がそがれてしまいます。ですから、長く働いてもらうためには、**スタッフを大切に思う気持ちをはっきりとした態度で示す**ことが必要です。

けれど、これはスタッフを甘やかすという意味ではありません。仕事ができればほめ、ミスがあれば遠慮

宇井流 成功のためのもう一歩

スタッフの立場になって考えることが重要

「わからないことは聞いてね」という言葉は、新人スタッフに対するオーナーの決まり文句のようになっています。そう語りかけること自体は悪くないのですが、自分の仕事の忙しさに追われ、新人に仕事を教える時間がとれないから、「わからないことは聞いてね」で済ますのは最悪のパターン。スタッフを大切に思っていない証拠です。

初めて仕事をする新人スタッフにすれば、「わからない点は何か」さえ見極めがつかないので、不安がいっぱいです。そこで、仕事を教える中でスタッフをよく観察し、**理解していない点をこちらから見つける**ことが必要です。スタッフを大切にするなら、スタッフの立場になって考えましょう。

なく指摘し、**しっかり仕事を教え込むことこそがスタッフを大切に思う気持ちの示し方**です。

◎教育・訓練があってこそ楽しく働ける

パート・アルバイトに対して厳しい訓練はせず、楽な単純作業だけをさせたほうが長続きするだろうと思っているオーナーもいますが、それはかえって彼らの居心地を悪くすることになります。居心地のよい職場とは、楽しく働ける職場です。しかし、ほかのスタッフより仕事ができないと見られていては、楽しいと感じないでしょう。

つまり、**楽しく働いてもらうためには、仕事の教育・訓練をきちんと受けさせる**ことが前提となるわけです。スタッフの成長を願って厳しく仕事を教えるなら、その気持ちは必ずスタッフにも伝わるはずです。

仕事をきちんと教えてくれ、自分の成長を見守ってくれるオーナーに、スタッフも信頼を寄せます。その信頼関係を生むことこそが、スタッフの定着率を向上させる秘訣なのです。

スタッフの育成
新人の研修はしっかりやらないとね！
オレ苦手なんだよなぁ教育系
うーん
スタッフに楽をさせるより、成長させて自信を持たせるのも大事なのよ
ってあれ
いなくなった
あーいたいた
洋くんあの
もっとくらいつけー
はいっコーチ！
よしっ
まちなさい
形から入るな

スタッフ活用

パート・アルバイトを戦力化するには？

パート・アルバイトの戦力化のために、働きやすい仕組みを設けましょう。

パート・アルバイトが働きやすいように、3つの仕組みを取り入れよう！

◎働きやすい仕組みを設けよう

通常の飲食店では、スタッフの大半をパート・アルバイトが占めているというのが実情です。そのため、パート・アルバイトの仕事の質が、店の評価に大きく影響してきます。つまり、店の評価を高めるには、**パート・アルバイトの戦力化が必要不可欠**なのです。

では、パート・アルバイトの戦力化のためには、何をすればいいのでしょうか。十分な教育・訓練を行うことはもちろんですが、まずは働きやすい仕組みをつくることが重要です。具体的には、次のような仕組みを検討しましょう。

①勤務時間の選択制
②仕事の範囲とやり方のマニュアル化
③仕事の評価で時給がアップする賃金体系

宇井流 飲食店のNGパターン

「使い捨て」という意識ではパート・アルバイトは育たない

飲食店のスタッフにパート・アルバイトが多い理由は、人件費が安くつき、店の都合に応じて人数も容易に調整できるからです。そうした便利さから、「パート・アルバイトは使い捨ての労働力」と考えてしまうオーナーもいるようです。

けれど、使い捨てという意識があっては、パート・アルバイトの教育に力が入らず、戦力化は進みません。パート・アルバイトの側も、「使い捨てと思われているなら、頑張って仕事を覚える必要もない」という気持ちになってしまいます。

パート・アルバイトは、**使い捨て労働力などではなく、店にとって欠かせないスタッフの一員**なのです。彼らを大切な存在として考えることが、戦力化への第一歩であることを知っておきましょう。

◎戦力化を促す3つの仕組みの効果

①の勤務時間の選択制は、**働きやすさの絶対条件**といえるものです。店側の都合で無理な勤務時間を押し付ければ、パート・アルバイトの不満が高まり、長続きしてもらえません。

②の仕事のマニュアル化は、最も重要なポイントです。パート・アルバイトは、短い勤務時間の中で仕事を覚えなければなりませんが、マニュアルによって仕事の範囲とやり方を決めておけば、**仕事を覚えやすく、慣れない仕事への不安も解消される**はずです。また、仕事のマニュアル化は、店のサービスのレベルを維持するうえでも役立ちます（↓Ｐ２０２）。

そして、③の評価に応じた時給アップ制は、パート・アルバイトの**「ヤル気」を引き出すうえで決め手となる仕組み**です。パート・アルバイトであっても、能力を正当に評価してもらえて、努力次第で時給が上がるとなれば、仕事への取り組み方も真剣になり、スキルも向上していきます。

シフト

スタッフ活用

スタッフ教育(1) ーオープン前トレーニング

オープン前トレーニングは期間が短いので計画的に取り組みましょう。

実践的なロールプレイングがオープン前トレーニングには効果的！

◎3日～1週間はトレーニング期間が必要

オープンしたばかりの店に行くと、「慣れていないものですから」といった弁解を聞くことがよくあります。けれど、お客にとって、店のスタッフが慣れているかどうかなど関係のないことです。お客からお金をもらうからには、飲食店のスタッフは**オープン初日から、プロとしてのサービスを提供しなければいけません**。

そのためには、オープン前にスタッフのトレーニングを行い、一応のレベルに育てておくことが絶対条件です。トレーニングに要する期間は業種・業態によって異なりますが、**最低でも3日～1週間は必要**です。短い期間で、ひととおりの仕事がこなせるようにスタッフを教育するわけですから、トレーニングは計画を立てて効率的に行うことが大切です。

宇井流

成功のためのもう一歩

トレーニングの一環としてメニューの試食も行おう

オープン前には、メニュー全品をつくってみて、**スタッフ全員での試食**を行いましょう。試食には経費がかかりますが、これはスタッフに必要なトレーニングの一環です。

厨房スタッフが試食をせずに、どんな味なのか知らないで料理をつくるというのは、無謀すぎて論外。ホールスタッフも、試食をしておかなければ、料理についてお客に尋ねられたときに困ってしまいます。また、おすすめメニューをお客に紹介しようにも、それを食べたことがないのでは、説得力のある言葉が出てきません。

オープン前トレーニングの基本的な流れ

厨房スタッフの作業訓練
- 基本的な仕込み作業をできるようにする
- 基本的な調理作業をできるようにする
- 食材の保管方法や衛生管理方法を覚える

ホールスタッフの作業訓練
- 接客用語や挨拶の仕方を覚える
- 注文の受け方と厨房への伝え方を覚える
- 配膳と片付けをできるようにする
- 会計時のレジ操作をできるようにする

↓

合同トレーニング	お客役とスタッフ役に分かれて、ロールプレイングを行う。さまざまなシミュレーションを実施して、個々の作業の問題点はもちろん、ホールと厨房との連携の問題点も洗い出し、問題が解決できるまでトレーニングを重ねる
↓	
リハーサル	合同トレーニングの総仕上げとして、開店から閉店までの作業をひととおり行ってみる。知人などにお客役となってもらい、料理やサービスに関する第三者の意見を聞いてみるのも効果的

ロールプレイングのトレーニングを重ねることで、
本番の対応力が向上する！

◎仕上げはロールプレイングで

一般的なオープン前トレーニングは、厨房《ちゅうぼう》スタッフとホールスタッフのそれぞれに基本的な作業を習得させ、そのうえで実践的な合同トレーニングを行うという流れです。合同トレーニングは、**本番さながらのロールプレイング方式**で行います。

その際、「料理がまだ出てこない」「出てきた料理が注文と違っている」などの問題発生ケースもシミュレーションすると効果的です。シミュレーションによって、スタッフの仕事の不備も見えてくるので、それを本番までにしっかり修正していきましょう。

しかし、実践的なトレーニングだけを行えば十分というわけではありません。トレーニングに入る前に、**「お客に感謝して尽くす」というサービス業の本分**と、**仕事におけるチームワークの大切さ**を教え込むことが必要です。

これは、飲食店スタッフにとって欠かせない心構えなので、徹底して指導する必要があります。

スタッフ教育(2)―仕事の教え方のポイント

OJTを実施する前に、必ず心構えと予備知識の教育を行いましょう。

スタッフ教育には
ステップを
きちんと踏んだ

◎仕事を教えるには4つのステップが必要

スタッフをプロに育てるためには、正しい方法で仕事を教えることが何よりも重要です。正しい仕事の教え方とは、下段の図に示した**4つのステップで指導していく**というものです。オープニングスタッフの教育でも、オープン後に雇った新人スタッフの教育でも、この4つのステップを踏むことが必要です。

①の心構え教育や②の予備知識教育を行わず、**いきなり実地訓練というのは禁物**です。たとえば、お客に尽くすというサービス業の心構えがないまま、たんなる接客テクニックを覚えても、お客の心をつかむサービスはできません。また、予備知識としての接客用語も知らず、お客から注文を受ける実地訓練に入っては、とまどうばかりで訓練の効果が上がりません。

スタッフ教育の4ステップ

①飲食店スタッフの心構えを教える

お客に尽くす心と、仕事におけるチームワークの大切さを認識させる

↓

②仕事の予備知識と内容を教える

接客用語やメニューの省略名などの予備知識を確実に覚えさせ、オペレーションの概要も把握させる

↓

③実地訓練を行う

現場でまず店長などが仕事の見本を示し、実際にスタッフにやらせてみることで、仕事を教えていく

↓

④反復訓練を行う

実地訓練で覚えた仕事を反復させることで、完璧に身につけさせる

OJT（実地訓練）チェック表の例（ホールスタッフ用）

OJTを行う際、仕事の習熟度を見極めるためには、チェック表を作成しておくと役立ちます。チェック表に習得させる作業を容易なものから順番に並べ、スタッフがそれぞれの作業を習得できたかどうかを書き込んでいきます。また、習得期間の目標を示しておけば、仕事を覚えるスピードも上がるはずです。

習得させる作業	習得期間	実施日と評価				
来店客に笑顔でハキハキと挨拶をする	2日	○月○日 評価 A・B・C	○月○日 評価 A・B・C			
タイミングを見計らって、テーブルの片付けや灰皿交換を行う	2日	○月○日 評価 A・B・C	○月○日 評価 A・B・C			
不手際なく指定されたテーブルに料理を運ぶ	3日	○月○日 評価 A・B・C	○月○日 評価 A・B・C	○月○日 評価 A・B・C		
お客の注文を受け、確認を行い、正確に厨房に伝える	4日	○月○日 評価 A・B・C	○月○日 評価 A・B・C	○月○日 評価 A・B・C	○月○日 評価 A・B・C	
間違わずにレジを操作して、会計を行う	5日	○月○日 評価 A・B・C	○月○日 評価 A・B・C	○月○日 評価 A・B・C	○月○日 評価 A・B・C	○月○日 評価 A・B・C
おすすめ料理などをスムーズに説明する	5日	○月○日 評価 A・B・C	○月○日 評価 A・B・C	○月○日 評価 A・B・C	○月○日 評価 A・B・C	○月○日 評価 A・B・C

◎OJTでは個々の習得段階の把握が大切

スタッフ教育の中心となるのは、③の現場で仕事を教えていく実地訓練ですが、これは一般に**OJT**と呼ばれるものです。OJTを効果的に行うコツは、簡単な作業から教え始め、**スタッフの習熟度に合わせて作業のレベルを引き上げていく**ことです。

作業に間違いがあった場合には、その場で指摘して、確実にひとつひとつの仕事を身につけさせましょう。基本となる挨拶の仕方やテキパキとした動作がまだできていない段階で、お客との会話方法などの難しい接客技術を教えても、できるはずがありません。OJTでは、**それぞれスタッフの習得段階を把握しながら根気強い指導**を心がけることが大切です。

そしてOJTで教えた仕事は、何度も繰り返させることが大切。たとえば、お客が入店した瞬間、頭で考えなくても、無意識のうちにお辞儀と挨拶ができているというのが本物のプロです。そうした反射動作を可能にするためには、④の反復訓練が必要なのです。

スタッフ管理術（1）ー能力給でヤル気を高める

仕事の評価を給与に反映させることで、スタッフのヤル気も高まります。

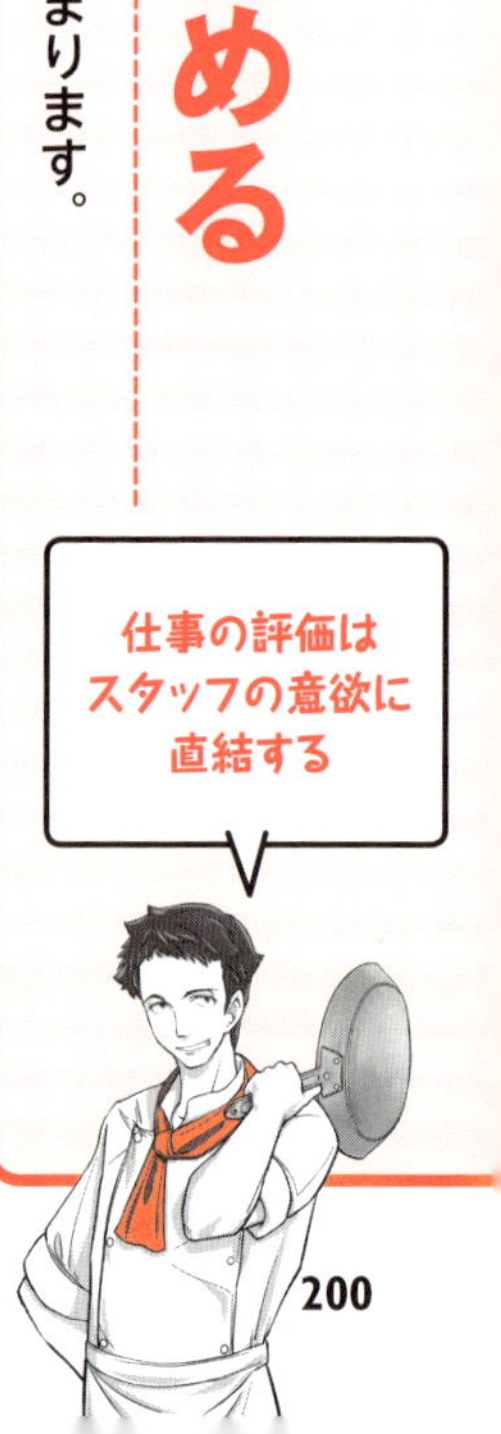

◎努力が給与アップにつながる制度が有効

スタッフの仕事に対する「ヤル気」は、店のＱＳＣの向上になくてはならない要素です。しかし、人のヤル気は強制できないのが、難しいところ。オーナーとしてできることは、スタッフが自《みずか》らヤル気になるような環境を整えることです。

そのための現実的な手立てとしては、**仕事の評価を給与に反映させる制度を設ける**ことが非常に有効です。実際には、定期的にスタッフの仕事評価を行い、社員なら基本給に能力給をプラス、パート・アルバイトなら時給アップを行うという賃金体系にするのです。

仕事ができるようになればなるほど給与金額が上がり、努力が報われるとわかれば、おのずとヤル気も高まるというものです。

◎仕事評価には明確な基準を設けよう

仕事評価に応じた賃金体系にする際、気をつけなければいけないことは、**公平な評価を行う**ことです。もし、「同僚と比べて自分の評価だけ不公平」と感じるスタッフがいれば、職場の雰囲気もギクシャクしてしまいます。そうならないためには、**誰もが納得できる明確な評価基準**を設けることが絶対に必要です。

もうひとつ、社員とパート・アルバイトは区別して評価することも大切です。社員の場合は、生涯の仕事として飲食業を選んだわけですから、**向上心や仕事への熱意**も評価の対象となり得ます。一方、パート・アルバイトには、社員と同じ意識を求めるわけにはいかないので、基本的に**決められたやり方で与えられた範囲の仕事をできているか**、という面を評価しましょう。

仕事評価表の例

評価要素

氏名＿＿＿＿＿＿＿＿＿＿＿＿

1　勤務態度　□

規則の遵守度・指示に対する従順さ・仕事への意欲

A…勤務態度は店で模範的だ

B…店に対する忠誠心は高く、仕事への意欲もあり、規律維持に努力している

C…仕事は真面目だが、ときどき私用雑談をしている。規律は一応守っているほうだ

D…積極的に仕事に取り組む姿勢が弱く、時には規律違反もある

E…ルール違反、遅刻欠席が多く、仕事に対する熱意が不足している

2　仕事の態度

(1) 仕事上の知識・技能　□

必要な知識・動作的熟練・感覚による識別力

A…職務に精通しており、料理の知識が十分で販売能力が卓越している

B…料理の知識が豊富で販売能力は人並み以上である

C…一通りの知識は持っており、通常の作業をこなす技術はある

D…知識は不十分なところがあり、技術力は標準に達していない

E…知識が浅く、技術も低く、大いに指導の必要があると思う

(2) 仕事の正確さ　□

マニュアルの遵守・ムラ・ミス・注意力

A…仕事は常に正確で、結果について十分に期待通りできている

B…正確で安定している

C…ほとんど間違いはなく、ミスがあっても注意されるとすぐに訂正できる

D…ときどきミスがあり、注意力が不足し結果に不安がある

E…間違いが多く、仕事に正確さがない

(3) 仕事の速さ　□

スピーディーな動き、量の処理、ピーク時の対応

A…仕事の処理は速く、模範的な量をこなしている

B…テキパキと迅速に処理している

C…標準適量をこなしている

D…時に遅れたり、間に合わなかったり、まごついたりする

E…スピードに欠け、仲間に迷惑をかけている

スタッフ活用

スタッフ管理術（2） ―ワークスケジュールをつくる

ワークスケジュールを作成してスタッフの効率的な活用を図りましょう。

QSCの低下を招かないように、ワークスケジュールをつくることが大切

◎客数に応じた人員配置をすれば効率的

効率よくスタッフに働いてもらうには、**ワークスケジュール（人員配置計画）**が必要です。飲食店の場合、月や曜日、時間帯によって客数に大きく変動するのが普通です。それなのに、いつも同じ人数のスタッフで営業していては、客数が少ないときは人手が余って人件費ロスが生じ、客数が多いときは人手不足のために対応できないおそれがあります。

そこで、変動する客数に応じて、月や曜日、時間帯ごとに何人のスタッフを配置するかというワークスケジュールが必要になるわけです。

◎人件費削減にこだわりすぎてはダメ

ただし、ワークスケジュールづくりは、**単純にスタッフの必要人数さえ揃えればいい、というものではありません**。たとえば、混雑時に配置したスタッフの半分以上が新人では、人数はいても、かえって現場の混乱を招いてしまいます。

ワークスケジュールをつくる際は、個々のスタッフの仕事の習熟度を正しく把握したうえで、誰をいつどんな仕事に配置したらよいか、適正な振り分けを検討することが重要です。

また、**人件費削減にこだわりすぎたワークスケジュールも問題**です。ともかく人件費を減らそうと、ギリギリのスタッフ数で大勢のお客をさばこうとすれば、個々のスタッフの負担が大きくなり、QSCの低下につながります。その結果、店の評価が下がりかねません。ワークスケジュールには、「お客を満足させる」という前提がなければいけないのです。

ワークスケジュールの作成手順

①客数を想定する

月間客数から各曜日の客数を想定し、さらに曜日ごとの客数から時間帯ごとの客数を想定していく。客数の想定には、商圏調査や過去の客数データなどを参考にしよう。

↓

②時間帯ごとのスタッフ数を決める

時間帯ごとの客数に応じて、必要なスタッフの人数を決めていく。その際、厨房《ちゅうぼう》に必要なスタッフ数、ホールに必要なスタッフ数を分けて考える。

【○月第○週○曜日】

	10〜12時	12〜14時	14〜16時	17〜19時	19〜20時
厨房	2人	3人	2人	3人	2人
ホール	1人	4人	3人	4人	2人

「満足いくサービス」を提供できる人員数が必要。人員数は少なければ少ないほどいい、というわけではない

↓

③シフト表に落とし込む

②の必要スタッフ数をもとに、実際に誰をどの時間帯に配置するか、個々のスタッフの労働時間や休憩時間も考慮しながらシフト表をつくる。

【○月第○週○曜日】

	スタッフ	10〜12時	12〜14時	14〜16時	17〜19時	19〜20時
厨房	A君	←――	――――	――→		
厨房	B君	←――	――→	休憩 ←―	――→	
厨房	C子さん		←――	―→ 休憩	←――	――→
厨房	D君				←――	――→
ホール	E君	←――	――→	休憩 ←―	――→	
ホール	F子さん		←――	――――	――→	
ホール	G子さん		←――	―→ 休憩	←――	――→
ホール	H君				←――	――→
ホール	I君		←――	――→		

スタッフ活用

スタッフ管理術（3）ーサービスをマニュアル化する

均質で高いレベルのサービスの実現にはマニュアルが必要です。

◎サービス内容に差が出てはいけない

調理のマニュアル化についてはすでに解説したので（→P138）、ここでは**接客サービスのマニュアル化**について考えてみます。

接客サービスは臨機応変な対応が求められるため、個々のスタッフの能力が重要になってきます。けれど、能力の高いベテランスタッフさえ揃えればうまくいくとは限らないのが、接客サービスの難しさです。個々のスタッフ能力だけに頼っていては、誰が接客をするかでサービスの内容が変わってしまい、お客は安心して店を利用できないでしょう。

そこで、**スタッフによって差が出ない均質なサービスを提供できる**ということも、飲食店にとって必要な要素になってきます。均質なサービス提供のために最も有効な方法が、マニュアル化なのです。

◎サービスマニュアルはあくまで「基準」

サービスマニュアルで接客スタイルを統一し、それを徹底させれば、お客は安心して店を利用でき、店全体のサービスレベルも高まります。ただし、注意したいことは、**あくまでマニュアルは店のサービスの「基準」を示したものにすぎない**ということです。

マニュアルどおりのサービスをできることは、スタッフとしての最低限の条件でしかありません。マニュアルにある仕事を習得したうえで、**さらにお客に感謝の気持ちを自分なりに伝えていく**ことが、本当のサービスです。感謝の気持ちが抜け落ちていると、「均質なサービス」ではなく「心のない画一的なサービス」となり、お客を喜ばせることはできません。

マニュアルのサービスは、最低限の基準にすぎないことを忘れずに！

サービスマニュアルの例

お出迎えのポイント

1
「いらっしゃいませ」の声が聞こえたら、ほかのスタッフ（調理場も含めて）も元気よく大きな声で「いらっしゃいませ」といってください。店内が「いらっしゃいませ」の嵐になるようにしましょう。

2
お客様はお店に楽しさを求めていらっしゃいます。私たちスタッフは常に笑顔で接し、お客様に楽しさと、この上ない愛を提供することが使命です。「このお店に来てよかったな」と、お出迎えで感じていただけるように明るく元気に対応してください。

1.お出迎え

手順	接客用語	動作のポイント
お客様来店時		
基本	「いらっしゃいませ、こんばんは！」	●両手を前で重ね、笑顔で迎える ●お客様のほうへ1、2歩前に出る ●30度の礼をする（感謝の礼） ●お客様に視線を合わせる ●明るく大きな声で！
常連のお客様の来店	「今日はお早いですね」 「今日はおひとりですか?」 「お待ちしておりました」 「いつもありがとうございます！」	●親しみを込めて ●最高の笑顔で
悪天候時の来店	「雨の中、ありがとうございます」 「お暑い中、ありがとうございます」	●感謝の気持ちを前面に
その他	●夜10時頃来店の会社員に対して 「お仕事お疲れ様です」 「夜遅くまで大変ですね」 ●フォーマルな装いの方に対して 「あっ、今日は何かの記念日ですか?」 ●二次会の方に対して 「みなさん、気持ちよさそうですね。さぁこれからが本番です。どうぞ、こちらへ」	

接客サービスの肝《きも》は「気持ちを込める」ということ

スタッフ活用

接客の基本を身につけさせる

3つの接客の基本の実践で、お客に感謝の気持ちが伝わります。

◎お客に不快感を与えないことが鉄則

接客とひと口にいっても、仕事の内容は非常に多岐にわたります。店によってはかなり詳細なサービスマニュアルをつくっている場合もあり、「マニュアルにある仕事を全部覚えられるだろうか」と不安になるスタッフもいるかもしれません。

けれど、接客に必要な仕事がどんなに多くても、仕事を行ううえで共通する鉄則というものがあります。それは、**絶対にお客に不快感を与えてはいけない**ということです。

「不快感を与えない」という鉄則のために実践すべきことは、実はそう複雑なことではありません。次の**3つの基本を身につければいい**のです。

①常に笑顔を絶やさない。

宇井流 飲食店のNGパターン

身だしなみに問題があれば それだけでお客に不快感を与える

どんなに上手《じょうず》な接客をしようと、それ以前にスタッフの身だしなみに問題があれば、お客に不快感を与えてしまいます。接客マナーの一環として、**清潔感のある身だしなみ**をスタッフに徹底化することが必要です。

たとえば、ユニフォームにシミがついたらすぐ着替える、爪は短く切る、仕事中はイヤリングやピアスを外す、香水は禁止などというルールを決めておくとよいでしょう。清潔感のある身だしなみで仕事に臨むことは、接客の前提です。

接客の基本を完璧にしたうえでないと、感謝の気持ちは伝わらないわよ

②明るくテキパキとした態度で対応する。

③きちんとした接客用語で話す。

この3つを実践するだけで、店に対するお客の態度もずいぶんと違ってきます。

◎感謝の気持ちの表現こそ接客の基本

これらの基本はすべて当たり前のことなのですが、当たり前のことだからこそ、**スタッフ全員が「完璧にできる」ように教育する**必要があります。「ある程度はできる」といったくらいでは、飲食店のスタッフとして失格です。完璧にできる状態とは、笑顔や態度、話し方の中からお客への感謝の気持ちがにじみ出てくる、というレベルに達した状態のことです。つまり、ここに挙げた接客の基本は、**感謝の気持ちを表現する手段**ともいえるものなのです。

実際の接客の仕事は、マニュアルに示された方法で行うわけですが、この3つの基本をスタッフに身につけさせれば、どのような仕事をしてもお客は好印象を持ってくれるはずです。

こんな場面でも接客の基本を忘れてはダメ

ランチタイムの混雑が著しい場合

目のまわるような忙しさであっても、笑顔のない接客は非常に悪印象。どんな状況であろうと、お客への感謝の気持ちを持っていれば、自然と笑顔で対応できる。

お客が誤って食器を破損した場合

お客に気を遣わせないために、テキパキした態度で破損食器を片づけよう。面倒そうな顔を見せるのはタブー。「おケガはありませんか」などのひと言も大切。

こちらに非がないのにクレームがあった場合

店側に非があろうとなかろうと、お客を不快にさせたことは事実。きちんとした言葉遣いで謝罪し、お客の感情を和らげ、そのうえで事情を聞くようにしよう。

スタッフ活用

接客のレベルアップを目指す

お客に尽くす思いの強さが、「お客の心をつかむ接客」実現のカギです。

「お客に尽くす」というサービス業の本質を理解させることが重要!

◎お客の心をつかむ接客とは?

接客の基本をスタッフが完璧に身につけたら、さらに**お客の心をつかむ接客**へとレベルアップを図りましょう。そのためには、お客の期待を上回る対応ができるかどうかがポイントになってきます。お客が何もいわなくても、**お客が何を望んでいるのかを察して、臨機応変にサービスを提供できる**ようにするのです。

接客のレベルアップは、確かに難しい取り組みです。お客の望みは千差万別なので、サービスマニュアルがあるにしても、あらゆる状況の対応方法を網羅しているわけではありません。また、マニュアルに頼っているだけでは、お客の隠された望みまで察することなどできません。お客の心をつかむ接客は、マニュアルを超えたものです。

宇井流

成功のためのもう一歩

マニュアルにはない「もうひと言」が効果的

お客の心をつかむ接客の方法はいろいろありますが、**お客への気遣いや親しみを言葉に出す**のもよい方法です。

たとえば、レジで会計を済ませて帰って行くお客に、「ありがとうございました」とお礼をいうだけではなく、「外は寒いので、お気をつけてお帰りくださいませ」といったように、マニュアルにない「もうひと言」を添えてみましょう。お客は自分が大切に思われていると実感できる接客が、一番うれしいものなのです。

オーナーがこうした接客の見本を示せば、スタッフもそれを学び、自分なりの「もうひと言」でお客を喜ばせるようになります。こうした言葉が自然と出るようになるまで、スタッフ教育の努力を続けていきましょう。

お客の心をつかむ接客例

呼ばれる前に気づこう

お客のしぐさや表情から、お客がしてほしいことを察する。呼ばれる前に、オーダーを聞きに行ったり、食器の片付けなどに動こう。

邪魔にならないサービスを

会話の最中に割り込む形で料理を出すのは、失礼な接客。会話が一息ついたタイミングを見計らい、邪魔にならないサービスを心がけよう。

自尊心を傷つけない対応で

たとえばお客がメニュー名を間違っても、誤りを指摘してはダメ。お客は楽しむことが目的で、正しいメニュー名を知りたいわけではない。

◎お客に全力で尽くそうという思いが不可欠

そこで、接客のレベルアップには、ロールプレイングなどの訓練を繰り返し、スタッフ自身が現場で経験を積み重ねていくことが、まずは必要でしょう。

しかし、たんに訓練や現場経験を積ませるだけでは、接客テクニックは磨かれても、お客の心をつかむ接客などできないままです。

「**お客に尽くすことが喜び**」というサービス業の本質をしっかり理解させたうえ、訓練や経験を積ませることが大切なのです。

たとえば上図の接客例などは、ミスなく正確に素早くという機械的な接客テクニックとは、明らかに異なる質の対応です。お客の立場になって考えてこそ、可能になる対応といえます。

お客に全力で尽くそうという思いを強く持っていれば、**マニュアルを超える気遣いが自然にできるようになる**はずです。些細な気遣いであっても、その気遣いは必ずお客の心をつかみます。

スタッフ活用

中間サービスの徹底でチャンスロスを防ぐ

接客レベルが向上すれば、チャンスロスを防ぐこともできます。

◎追加オーダーの見逃しはチャンスロス

　接客のレベルアップは、店の評価を高める効果がありますが、実はもうひとつ、**チャンスロスを防ぐという効果**も期待できます。チャンスロスとは、売上獲得のチャンスを取りこぼして、そのせいで本来なら見込めたはずの儲けを失ってしまうことです。このチャンスロスを防ぐことができれば、当然、従来よりも確実に売上が上がります。

　飲食店でのチャンスロスは、さまざまな場面で生じています。特によくあるのが、お客が追加オーダーをしようと合図したのに、スタッフが見逃してしまうというパターン。結局、お客は追加オーダーをあきらめてしまうので、店側はせっかくの売上チャンスを無駄にしたことになります。

宇井流

成功のためのもう一歩

満席時の対応の悪さもチャンスロスをもたらす

　追加オーダーの見逃しだけがチャンスロスではありません。小さな店の場合には、満席でお客が帰ってしまうというパターンも、よくあるチャンスロスです。けれど、そうしたチャンスロスも、ちょっとした気配りがあれば、ある程度は抑えることが可能なのです。

　席が空《あ》くのを外で待っているお客には、あとどれくらい待てば店に入れるか**待ち時間を告げましょう**。また、**待たせていることをきちんとお詫びする**ことも必要です。これだけでもお客の不満は軽くなり、帰らず待ってくれるお客が増えるものです。

中間サービスの重要性をしっかりスタッフに教育しよう

◎中間サービスのレベルアップで売上向上

こうしたチャンスロスは、お客へのきちんとした対応ができていれば、いくらでも防げるものです。最も有効な方法は、**中間サービスの徹底をスタッフに指導する**ことです。

食事を始めたお客に対して、心地よく料理を楽しめるようフォローするサービスが、中間サービスです。中間サービスの具体的な内容は、グラスの水の注ぎ足しや取り皿の補充、灰皿の取り換え、食べ終えた食器の片付けなどが挙げられます。

たとえば、グラスの水が空《から》になりかけていたら、お客にいわれる前に水を注ぎ足しに行くのが、中間サービスの仕事というものです。そこで、中間サービスを徹底しようとすれば、**常にお客の様子に注意を向けておくことが必要**となるので、追加オーダーの合図を見逃がすようなミスはなくなるというわけです。つまり、接客のレベルアップが、直接的に売上の向上にも結びつくということです

スタッフ活用

トラブルにならないクレームへの対応方法

クレームには誠意を持った謝罪で対応しましょう。言い訳や反論は厳禁！

◎クレーム対応を誤れば信用はガタ落ち

クレームの内容には、空調へのちょっとした不満から料理の異物混入といった深刻なクレームまで、さまざまなものがあります。個々のクレームの重要度は確かに違うのですが、どんな場合でも対応を誤れば、店の信用に大きなキズがつきかねません。

たとえば、お客からクレームが出てもスタッフが聞こえないふりをしたり、逆に反論したりするようでは最悪です。お客の怒りに火をつけ、口コミであっという間に店の悪評が広がるおそれもあります。

そうした事態を防ぐためには、**あらかじめ適切なクレーム対応の方法をスタッフ全員に指導**しておく必要があります。指導方法としては、発生しそうなクレーム内容を想定したロールプレイングが効果的です。

◎誠心誠意の謝罪がクレーム対応の基本

クレーム対応の基本は、まずお客に**誠意を持って謝罪する**ことです。どんな理由であろうとも、お客の楽しい気分を損ねた限りは謝罪しなければならない、というのがサービス業の心構えです。この心構えをスタッフ全員に共有させることが重要です。

うわべだけの謝罪で取り繕おうという考え方は、絶対に禁物。お客に迷惑をかけたという反省がなければ、スタッフは同じミスを繰り返し、成長しません。

逆に、クレームがあれば誠心誠意の謝罪をして、指摘された点をきちんと改善していけば、かえって店の評価が高まる場合もあります。実はクレームは、店に対するお客の期待の表れであり、**店の改善に役立つお客からの貴重な意見**でもあるのです。

クレームは、お客からの期待の表れ。クレームが店の改善のヒントにもなる

クレーム対応の手順

①まず素直に謝罪する

クレームが発生した場合、理由はなんであれ、
お客に不快な思いをさせたことを謝罪する。
言い訳や反論は厳禁。

②クレーム内容を聞き、改めて謝罪する

お客を不快にさせた理由は何なのか、
話をさえぎったりせずに最後まで真面目に聞く。
そのうえで、もう一度、誠意をもって謝罪する。

③オーナー（店長）に報告する

「責任者を呼んでまいります」とお客に伝えてから、
オーナーにクレーム発生を報告に行く。
お客の話の内容とオーナーの認識にズレが生じないように、
事実を正確に伝えることが大切。

④オーナー（店長）から謝罪する

オーナーも、お客に謝罪を行うことが必要。
お客の要望にできるだけ応えて、オーナーが具体的な
対処法を決定。

⑤クレームの原因を究明する

クレーム再発を防ぐためにクレームが発生した原因を
明らかにして、問題点を改善する取り組みを実施。

スタッフ活用

クレンリネスの重要性を理解させる

クレンリネス意識の向上なしには清掃マニュアルも意味をなしません。

◎クレンリネス意識の低い店は問題

飲食店の付加価値は、商品・サービス・雰囲気です。このうち商品とサービスはほとんどの店で重視されているのですが、雰囲気については軽視されがち。特に、雰囲気の柱である**クレンリネス（清潔感）に対する意識が低いケースが多い**というのが実情です。

しかし、飲食店には「安全な食」を提供する社会的義務があります。クレンリネスが疎《おろそ》かだと、衛生管理にも支障をきたします。また、クレンリネスが満ちた店でこそ、お客は心から飲食を楽しめるのです。

このクレンリネスを実現する基本は、**清掃の頻度を高めて、清掃の仕方も徹底化する**ことです。とはいっても、「まめに掃除をしよう」と呼びかける程度では、クレンリネスは実現しません。清掃頻度を高めるには、

宇井流

成功のためのもう一歩

クレンリネスにとっての最重要ポイントはトイレ

その店のクレンリネスの状況が最もわかる箇所は、実はトイレです。誰もが嫌《いや》がるはずのトイレ掃除がきちんとなされているというのは、**スタッフがクレンリネスの重要性を理解している証拠**といえるからです。

けれど、トイレ掃除を嫌がらずにできるまで、スタッフのクレンリネス意識を高めるのは容易なことではありません。解決策は、オーナー自らがトイレ掃除を率先して行うことによって、クレンリネスの大切さを示すことです。スタッフの意識を変えるためには、言葉だけでなく、**自分が見本となって行動する**ことも必要です。

クレンリネスは
飲食店の
絶対条件！
繰り返し
教育しよう

やはりシステムが必要です。また、もうひとつ問題となるのが、清掃をするにしても、スタッフそれぞれに「清潔感」の基準が異なることです。

◎清掃マニュアルの実践には意識改革が必要

そこで、**クレンリネスについてもマニュアル化が効果を発揮します**。清潔感の基準と清掃の仕方を示す**清掃マニュアル**を作成し、どの場所を1日何回、何時に清掃するかといった清掃頻度も決めておくわけです。

スタッフ全員が清掃マニュアルを実践すれば、クレンリネスの実現は容易です。ところが、清掃というものは、その実践が難しいのです。掃除を喜んでしたがるスタッフは、あまりいません。「掃除はただ面倒な仕事」と思っているスタッフのほうが多いはずです。

マニュアルをしっかり実践させたいなら、まず「掃除はただ面倒な仕事」という考えを改めさせましょう。そのためには、飲食店にとってのクレンリネスの重要性をよく理解させ、**スタッフのクレンリネス意識を向上させる**ことが欠かせません。

清掃マニュアルの例

ここでは、店頭とトイレを対象としたマニュアル例を紹介しますが、ほかにも、店内、レジ、カウンター、厨房《ちゅうぼう》、バックヤードなど、必要な清掃場所についてマニュアルを作成しましょう。

	清掃場所	清掃頻度	時間	清掃方法
店頭	玄関前ポーチ	毎日2回	開店前、15時	庭箒でゴミを掃いたあと、散水してデッキブラシで磨く。
店頭	玄関ガラス扉	毎日1回	開店前	ガラス用クリーナーをつけた雑巾で磨いたあと、くもりが出ないように乾拭き。
店頭	スタンド看板	毎日1回	開店前	ハタキをかけて埃を落としたあと、雑巾で水拭き
店頭	玄関上看板	毎日1回	開店前	モップがけを行ったあと、雑巾で水拭き。
トイレ	便器・便座	1時間ごと	開店前、開店後は毎時	便器内側はトイレ洗剤をつけ、トイレ用ブラシで磨く。便座は中性洗剤をつけて雑巾で拭いたあと、乾拭き。ゴム手袋を必ず使用。
トイレ	洗面器	1時間ごと	開店前、開店後は毎時	洗面ボウルは中性洗剤をつけた雑巾で拭いたあと、水洗いして乾拭き。ゴム手袋を必ず使用。
トイレ	タイル床	1時間ごと	開店前、開店後は毎時	雑巾で拭いたあと、クレンザーでタイル目地の汚れを落とし、水拭き後、さらに乾拭き。ゴム手袋を必ず使用。
トイレ	タイル壁	1時間ごと	開店前、開店後は毎時	雑巾で拭いたあと、クレンザーでタイル目地の汚れを落とし、水拭き後、さらに乾拭き。ゴム手袋を必ず使用。
トイレ	ドア	1時間ごと	開店前、開店後は毎時	ドアを雑巾で拭き、ドアノブは除菌スプレーを吹き付けたあと、雑巾がけ。ゴム手袋を必ず使用。

コラム

喫煙・分煙はどうしても必要？

飲食店の多くが禁煙や分煙を進めていますが、これからオープンする店は、この禁煙・分煙の社会的潮流にどう対応すべきなのでしょうか。禁煙・分煙にするかどうかは、業種や業態、周囲の環境に応じて決めていく必要があります。

たとえば料理にこだわる店なら、たとえ分煙にしても、少しのタバコの煙が入ってくるだけで味を損ねてしまうので、全面的に禁煙にしたほうがよいでしょう。カフェの場合は、大手チェーンのほとんどで禁煙が進んでいます。そこで、社会的潮流には反するかもしれませんが、いっそ喫煙ＯＫの店にして差別化を図るという手もあります。大手チェーンのカフェから締め出された愛煙家の集客が、期待できるはずです。

いずれにしても、**店頭に「禁煙」「分煙」「喫煙可」の表示を掲げ、お客が選べるようにしていきましょう**。

飲食店等に望む受動喫煙対策

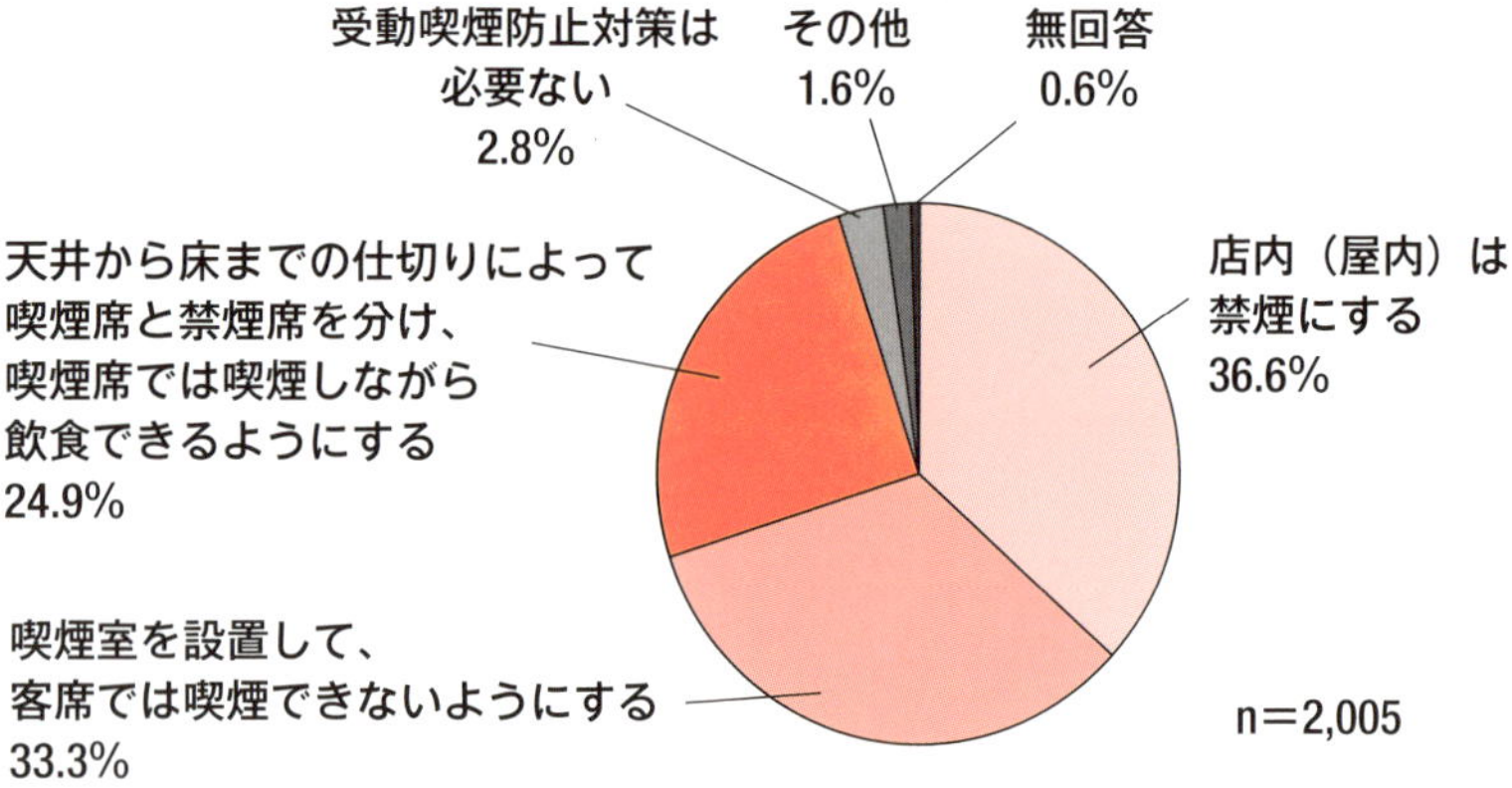

出所：東京都「健康に関する世論調査」（平成24年５月）

8章

飲食店の経営管理

オーナーにとって、経理の基本知識は絶対に必要。費用と利益の適正値を知り、原価管理のテクニックをしっかり実践しよう。

うーん
どうしたの金額合わない？
いや収支についてなんだけど、バランスがね
スタッフの人件費もあるし2人の頃とはちがうんだな
人件費
スタッフ
スタッフ
スタッフ
そんなときはまたこの本に聞いてみましょ
まずは売上アップと費用を抑えることが目標になるわ
経営管理
原価を抑えればよいのかな
原価は「変動費」と「固定費」に分類できるの
そこを切り分けて考えればスムーズに対策できると思うわ
原価
変動費
固定費
固定費は売上とは別に必要な一定の費用で
とくに初期条件となる費用はオープン後の変更が困難なので注意が必要ね
固定費
●地代・家賃
●支払金利
●減価償却費
●リース料
●社員人件費
初期条件
これは減らせない

一方の変動費コストを抑えるならこっちね
利益目標を設定して費用をコントロールしていきましょう
なるほど
変動費
材料費
材料のロスを減らすことと光熱費や水道代の節約
それらをスタッフ全員に意識させること
コスト
ロス
材料費
光熱費
水道代
は――――い
スタッフ
スタッフ
スタッフ
人件費
社員を減らしパートアルバイトを多く活用
バトンタッチ
そのうえで労働時間を細かく調整して人件費を抑える
あらかじめ利益目標を立てておけば収支の調整もしやすいわね
損益分岐点売上高を超えれば利益が出るわけだから
ペースを知ることだね
損益分岐点
経営状態を正確に知って現在の必要売上高を決めていきましょ

飲食店の「原価」とは？

固定費になる費用は何か、変動費になる費用は何か必ず覚えましょう。

飲食店の経営管理にとって、原価を知ることは基本中の基本！

◎原価には固定費と変動費がある

飲食業は店舗でメニューをつくり、それを販売するビジネスです。しかし、メニューをつくるのには材料費がかかりますし、販売には店舗の家賃や人件費などもかかります。そうした経営のために要する費用のことを、広い意味で**原価**といいます。

売上高とこの原価との差額が、飲食店の儲けとなります。そのため、飲食店を経営する限り、どんな原価が必要なのかをきちんと押さえておくことが大切です。

原価にはさまざまなものがありますが、**固定費**と**変動費**に分類できます。

固定費とは、売上の増減にかかわらず必要な一定の費用です。一方、変動費は売上の増減に伴って変化する費用です。たとえば、**材料費**は代表的な変動費です

宇井流 問題解決Q&A

売上原価って何？

売上原価の意味を簡単にいえば、**商品を生み出すために直接的に必要となる費用**のことです。業界や業種によって、売上原価にどんな費用が含まれるのかが異なりますが、飲食店の場合は、メニューをつくるための**材料費を売上原価と呼ぶ**ケースが一般的です。

また、飲食店関連の書籍には、材料費を単純に「原価」と呼び、ほかの費用を原価とは異なるものと規定しているものもあります。本書では混乱を避けるため、売上原価という言葉は使用せず、材料費、または材料原価という表記にしています。

が、出食数が増えて売上がアップすれば、メニューをつくる材料がより多く必要になるので、材料費も増加することになります。

◎初期条件はオープン後の変更が困難

固定費と変動費の内訳は、下段の表のとおりです。これらの内訳で特に注意してほしいものは、家賃、支払金利、減価償却費を合計した**初期条件**です。初期条件はオープン後の変更が困難な固定費なので、事業計画の際に十分に検討することが大切です。**売上の20％以内が初期条件の適正値**といわれています。

初期条件の中の**減価償却費**とは、P246で詳しく解説しますが、内装設備に要した費用を耐用年数に応じて毎年分割で損金として処理していくものです。通常の費用とは異なり、実際のお金の支出を伴わない特殊な費用です。

人件費については、社員の本給などは固定費ですが、残業代やパート・アルバイトの時給などは変動費となることを知っておきましょう。

飲食店の固定費と変動費

固定費		
初期条件	地代・家賃	店舗の地代や家賃は、初期条件の金額の大半を占めている場合が多い。
	支払金利	借入金の支払金利は費用として計上する。
	減価償却費	内装設備にかかった費用は、耐用年数に応じて毎年分割で費用として計上する。
	リース料、本部費	設備のリースがある場合はリース料、フランチャイズ加盟店の場合は本部費も初期条件の費用となる。
社員人件費		社員の基本給と家族手当は固定費。

変動費	
材料費（売上原価）	飲食店の場合、材料費が最も大きな費用となる。
社員人件費	社員人件費のうち、残業手当や能力給などは変動費。
パート・アルバイト費	パート・アルバイトは、曜日や時間帯によって人数や労働時間を調整できるので、その人件費を変動費化できる。
諸経費	水道光熱費、販促費、物件費（消耗品費、事務用品費、修繕費など）、雑費（通信費、交通費など）。

確実に利益を上げるには？

利益拡大のためには、売上アップと費用抑制の両面が必要です。

粗利益と
経常利益の
違いを
しっかり覚えよう

◎経常利益のアップが経営の目標

飲食店の経営状態の良し悪《あ》しは、売上高ではなく利益で判断します。しかし、ひと口に利益といっても、下段の図のように売上高から材料費（売上原価）を差し引いた**粗利益**《あらりえき》**（売上総利益）**、その粗利益から材料費以外の費用を差し引いた**経常利益**、そして経常利益から税金などを支払ったあとの**純利益**があります。

このうち、**飲食店の経営状態が最もわかる指標は経常利益**です。飲食店の場合、費用の中で材料費が一番多いことは確かですが、材料費以外の費用もかなりの割合を占めているので、粗利益だけを見て、本当に儲かっているかどうかを判断できないのです。そのため飲食店経営では、経常利益を上げることこそが目標となります。

飲食店の利益構造

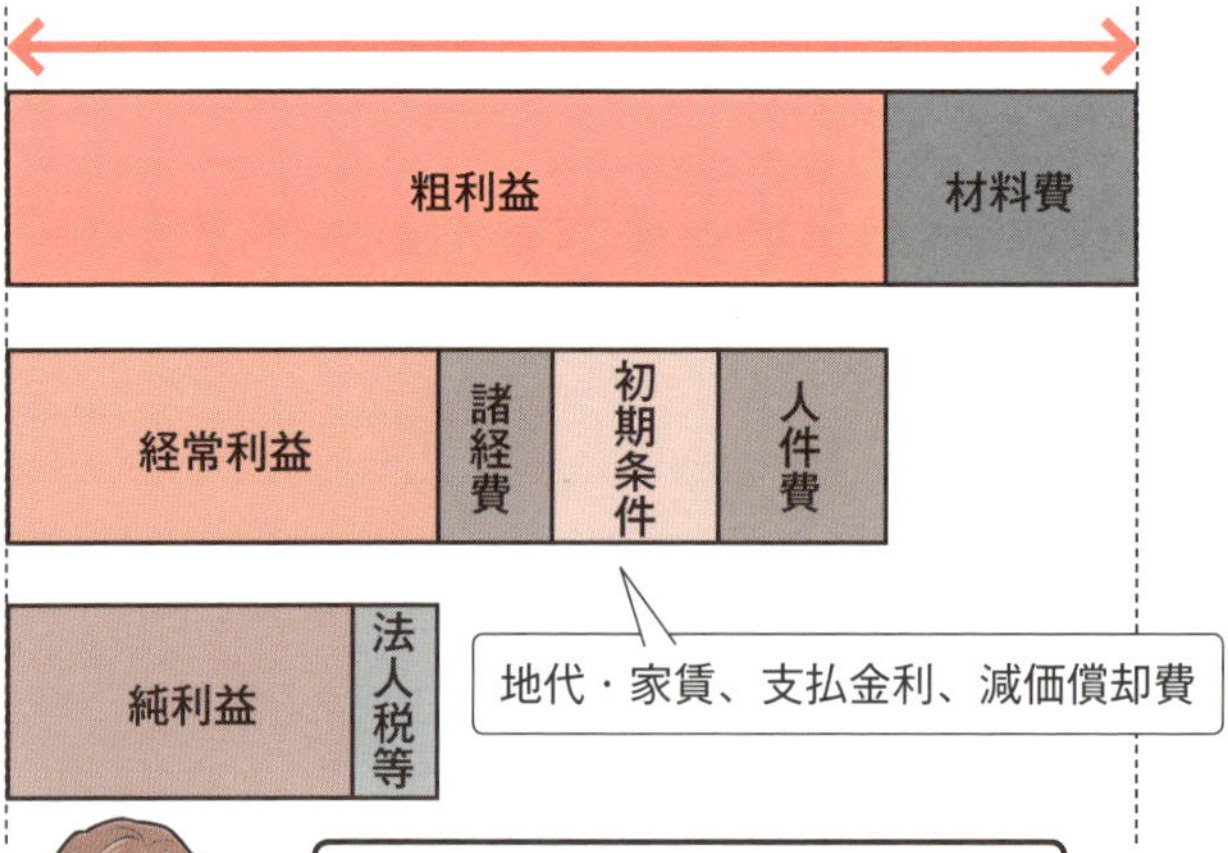

経営で最も重視すべき指標は、粗利益から人件費や初期条件、諸経費などを差し引いた「経常利益」

◎利益を上げるには費用の抑制も必要

経常利益を上げる場合、単純に売上高だけを大きくするだけでは、うまくいきません。売上高が大きくなったとしても、その分、費用も多くかかれば、利益は上がらないからです。利益を上げるためには、売上アップと同時に**費用を抑えることが必要**となります。

固定費を変えることは困難ですが、変動費ならば抑制が可能です。たとえば、材料費ロスの低減や水道光熱費の節約に取り組むのです。そこで、まずは**スタッフにコスト意識を徹底させる**ことが重要です。コスト意識を高めるには、利益目標を設定し、その目標達成にどれだけの売上高が必要で、費用をどこまで抑える必要があるのか、明確な見通しを提示しましょう。

もうひとつの取り組みは、**人件費を可能な限り変動費化する**ことです。つまり、社員を減らして、パート・アルバイトを多く活用するわけです。曜日や時間帯ごとにパート・アルバイトの労働時間を細かく調整していけば、人件費の上昇を抑えることができます。

費用を抑える

利益率を上げるにはいろいろな部分で費用を抑える必要があります
おさらいになるけど確認してみましょう
ロスの削減
過剰在庫 過剰ロット発注等のムダを減らす
ロス
スタッフによる水道光熱費削減の徹底
人件費
曜日や時間ごとにパート・アルバイトの労働時間も調整
人件費を抑える
混雑日
空き曜日
混雑日
そのためにも経営者がしっかり利益目標を設定する必要があるぞ
あ
ずっこ
途中から〜

損益計算書と経営効率表を作成する

損益計算書と経営効率表は、飲食店オーナーの必須ツールです。

損益計算書はすべての費用と収益の一覧表

飲食店を維持していくには、どんな費用がどれだけかかり、収益がどれだけあり、結果的に利益はいくらなのか、常に知っておくことが必要です。そうしたすべての費用と収益を計上し、**ひと目で店の収支をわかるようにしたものが損益計算書**です。

さらに、損益計算書は収支を明らかにするだけでなく、経営上の問題点の把握にも役立ちます。問題把握の方法は、売上高に対する費用実績の割合を算出し、その割合が適正なものかどうかをチェックするのです。

実際には、**費用実績の対売上高比率を費用の適正値と比較**していきます。適正値は、安定経営を可能にするための目標値と考えてください。費用率が適正値を大きく超えていれば、利益が少なく、経営が苦しい状況です。その場合は、しっかり原因を探り、改善の手立てを検討する必要があります。

損益計算書に必要な7つの項目

損益計算書を作成する際に不可欠な大項目は、①**売上高**、②**材料費（売上原価）**、③**粗利益高**、④**人件費**、⑤**諸経費**、⑥**初期条件**、⑦**経常利益**の7つです。粗利益高と経常利益以外の項目には、それぞれ細かな勘定科目を設けて収支を正確に把握できるようにしますが、勘定科目に決まったルールはないので、自店の経営管理に適した勘定科目を考えましょう。

また、**損益計算書による収支の集計は、月単位で行うのが基本**です。半年や1年ごとに集計して問題点を検討するというのでは、経営改善の取り組みが手遅れになるおそれがあります。

費用と利益の適正値（対売上高比率）

費用の適正値	
材料費＋人件費	**65**%以下
諸経費	**14**%以下
初期条件	**20**%以下

利益の適正値	
粗利益高	**65**%以上
経常利益	**6**%以上

小さなカフェの損益計算書の例

売上高に対する各科目の比率を記載

月単位で収支を集計

科目金額 %	1月		2月		3月	
	金額	%	金額	%	金額	%
売上高	3,600,000	100				
料理	1,440,000	40				
ドリンク類	1,260,000	35				
その他	900,000	25				
材料費（売上原価）	1,260,000	35				
粗利益高	2,340,000	65				
人件費	900,000	25				
給料・手当	720,000	20				
法定福利費	180,000	5				
諸経費	504,000	14				
エネルギー費	288,000	8				
ガス代	108,000	3				
電気代	108,000	3				
水道代	72,000	2				
物件費	72,000	2				
消耗品・備品費	27,000	0.75				
事務用品費	27,000	0.75				
修繕費	18,000	0.5				
販売促進費	72,000	2				
広告宣伝費	72,000	2				
接待交際費	0	0				
諸経費	72,000	2				
旅費交通費	36,000	1				
通信費	18,000	0.5				
保険料	18,000	0.5				
租税公課	0	0				
その他	0	0				
初期条件	720,000	20				
地代・家賃	360,000	10				
支払金利	72,000	2				
減価償却費	288,000	8				
経常利益	216,000	6				

費用は適正値を超えてないか、経常利益は適正値以上を維持しているか、常にチェックしていくことが安定経営のためには重要！

◎改善ポイントは経営効率表でわかる

損益計算書が経営上の問題把握に役立つことは前述しましたが、損益計算書から具体的な改善ポイントまでは見出せません。そこでおすすめしたいのが、詳細な**経営効率表**の作成です。

赤字が出たという場合、具体的にどんな面の効率が悪いせいなのか、経営効率表によってつかむことができます。また、経営がうまくいっている場合にも、さらに利益を上げるには何を管理強化するべきなのか、検討の材料を提供してくれます。

経営効率表の各項目の計算方法は、下段と左ページの表のようなものです。

経営効率表の項目については、たとえばレストランであっても喫茶店的な利用動機の客が多いという店なら、喫茶メニュー比率を項目に入れるなどして、自店の状況に応じてアレンジをするとよいでしょう。そして各項目の数値は、損益計算書と同様に**1カ月単位で集計**していくようにしましょう。

経営効率表の項目と計算方法（売上高・粗利益・経費）

	項目	計算式
売上高	売上予算（千円）	1カ月の売上予算
	売上実績（千円）	1カ月の売上実績
	売上予算対比（%）	売上実績÷売上予算×100
	売上前年実績（千円）	前年同月における売上実績
	売上前年対比（%）	売上実績÷前年売上実績×100
粗利益	粗利益高（千円）	1カ月の粗利益高
	粗利益率（%）	粗利益高÷売上実績×100
経費	経費予算（千円）	1カ月の経費予算
	経費実績（千円）	1カ月の経費実績
	経費予算対比（%）	経費実績÷経費予算×100
	人件費（千円）	1カ月の人件費
	諸経費（千円）	1カ月の諸経費

粗利益とは、売上高から材料費（売上原価）を差し引いたもの

経費は、材料費以外の費用を指す

経営効率表の項目例と計算方法（経常利益・営業効率）

	項目	計算式
経常利益	経常利益予算（千円）	1カ月の経常利益予算
	経常利益実績（千円）	1カ月の経常利益実績
	経常利益予算対比（%）	経常利益実績÷経常利益予算×100
営業効率	営業日数（日）	1カ月の営業日数
	客数（人）	1カ月の客数
	客席数（席）	
	店舗面積（坪）	
	坪当たり売上高（千円）	売上実績÷面積
	客単価（円） ランチタイム客単価 ディナータイム客単価	売上実績÷客数
	客席回転（席） ランチタイム客席回転 ディナータイム客席回転	客数÷（営業日数×客席数）
	料理比率（%）	1カ月の料理売上高÷売上実績×100
	酒類比率（%）	1カ月の酒類売上高÷売上実績×100
	客数伸率（%）	客数÷前年度同月客数×100
	売上高伸率（%）	売上実績÷前年度同月売上実績×100
	客単価伸率（%）	客単価÷前年度同月客単価×100
	1日平均売上高（千円）	売上実績÷営業日数
	1日1席売上高（円）	1日平均売上高÷席数
	総労働時間数（時間）	1カ月の総労働時間数
	換算人員（人）	総労働時間数÷200 （1日8時間労働×25日間 ＝200時間を標準労働時間とした場合）
	平均人件費（円）	人件費÷換算人員
	労働生産性（千円）	粗利益高÷換算人員
	労働分配率（%）	人件費÷粗利益高×100
	従業員1人当たり売上高（円）	売上実績÷換算人員
	人時《じんじ》売上高（円）（→P234）	売上実績÷総労働時間数

経常利益とは、売上高からすべての費用（材料費も含む）を差し引いたもの

ランチタイム、ディナータイムそれぞれの客単価や客席回転を知るには、時間帯別の売上高と客数の把握が必要

これらは人件費を管理するうえで必要な計数なので、それぞれの意味と計算方法をしっかり覚えておこう（→P236）

損益分岐点売上高と必要売上高を知る

損益分岐点の考え方を理解して、自分で計算できるようにしましょう。

オーナーは損益分岐点を常に念頭に置いておくことが必要よ

◎赤字にならない売上高が損益分岐点売上高

飲食店を経営して利益を出すためには、どのくらいに費用を抑え、どのくらいの売上高が必要になるのかという見通しが必要となります。その見通しを立てるうえで、**損益分岐点売上高**を知っておくと非常に役立ちます。

店のオープン直後の売上がない時点では固定費だけが発生していますが、やがて売上が伸びていくと、**費用と売上高が同額になる状態**に達します。そのときの売上高が、損益分岐点売上高です。

つまり、損益分岐点売上高とは、赤字にはならないけれど、利益もゼロの場合の売上高ということです。店の売上が、この**損益分岐点売上高を超えれば利益が出る**わけです。

損益分岐点売上高の構造

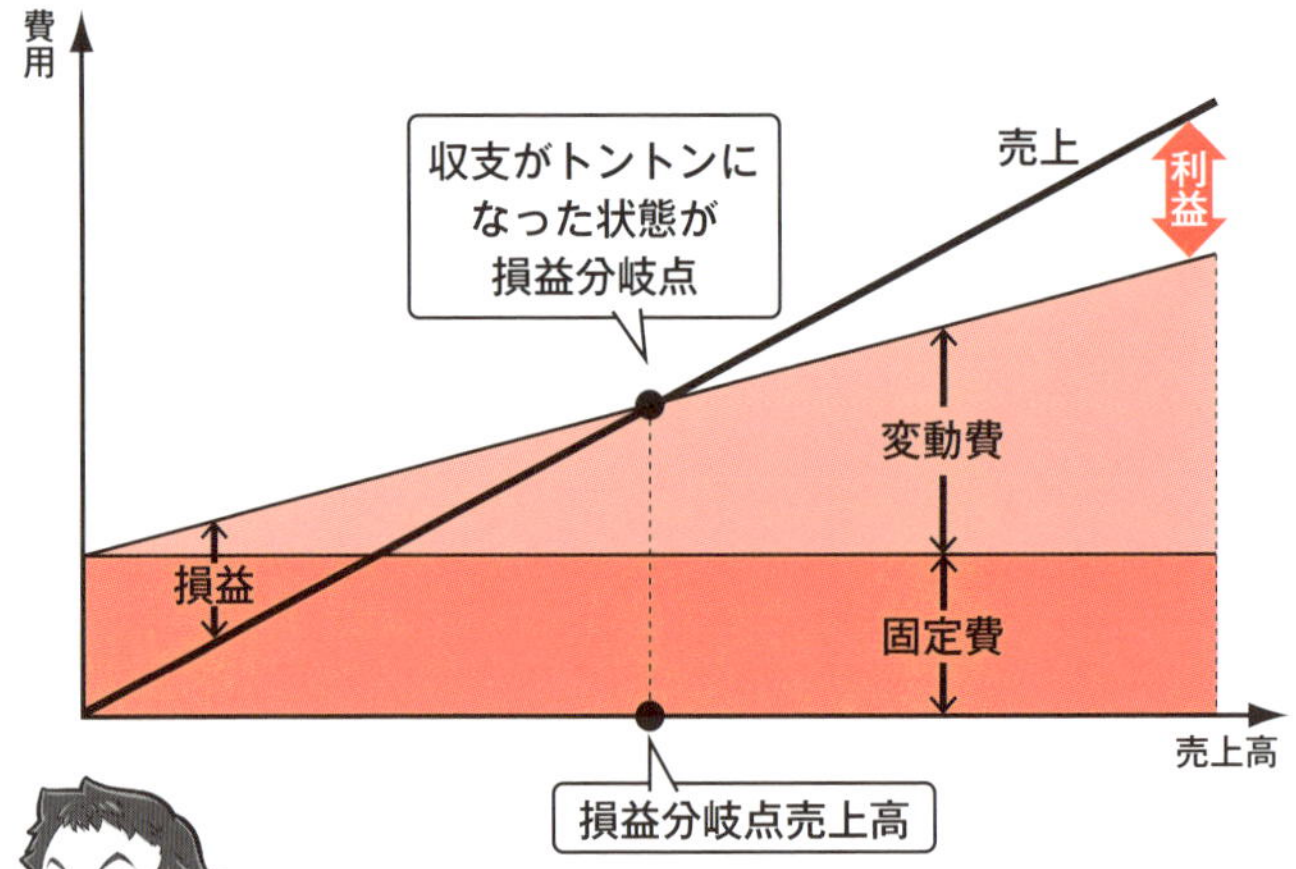
費用
収支がトントンになった状態が損益分岐点
売上
利益
変動費
損益
固定費
売上高
損益分岐点売上高

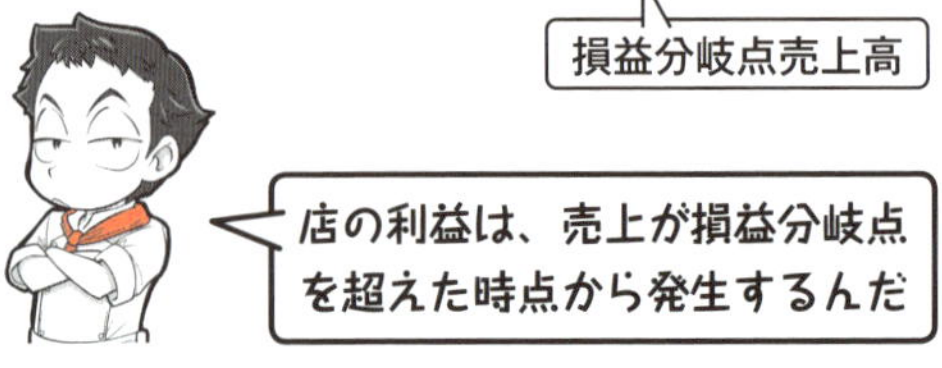
店の利益は、売上が損益分岐点を超えた時点から発生するんだ

損益分岐点売上高と必要売上高の求め方

損益計算書から抽出した下記の費用を例にして、損益分岐点売上高と必要売上高の求め方を紹介します。なお、この例での人件費は、すべてパート・アルバイトにかかる変動費としています。

	科目	金額	比率
	売上高	1000万円	100%
固定費	初期条件	200万円	20%
変動費	材料費	350万円	35%
	人件費	250万円	25%
	諸経費	140万円	14%
	経常利益	60万円	6%

① 損益分岐点売上高
＝固定費÷（1－変動費率）

- 固定費＝200万円
- 変動費率＝35%＋25%＋14%＝74%

損益分岐点売上高＝200÷（1－0.74）
＝200÷0.26≒769.2万円

② 必要売上高
＝（固定費＋利益目標）÷（1－変動費率）

- 利益目標を80万円に設定した場合
- 固定費＝200万円、変動費率＝74%

必要売上高＝（200＋80）÷（1－0.74）
＝280÷0.26≒1076.9万円

必要売上高は利益目標を固定費と同様に考えることがポイントよ

◎利益目標を達成する必要売上高を知ろう

損益分岐点売上高は、上段の①の計算式によって求めることができます。計算式にある**変動費率**とは、売上高に対する変動費の割合のことです。売上高と費用は損益計算書（→P223）を見ればわかるので、損益分岐点売上高を算出するのは簡単です。

けれど、損益分岐点売上高を知るだけで満足していては、経営は成り立ちません。損益分岐点売上高を算出したら、さらに利益目標を決め、その**利益目標を達成するための必要売上高を把握**しましょう。必要売上高は、利益目標を固定費と同様に考え、損益分岐点売上高の計算式を応用すれば求めることができます。上段②が必要売上高の計算式となります。

もし、導き出した必要売上高が大きすぎて実現困難ならば、実現可能な範囲に必要売上高を下げる必要があります。**変動費のムダを削って変動費率を低下させる**ことが、必要売上高を下げる最も効果的な手段です。そうした取り組みこそが、経営努力なのです。

材料費の管理(1)―棚《たな》卸《おろ》しが必要な理由

棚卸しの重要性は、スタッフにも十分に教育しましょう。

月1回は必ず棚卸しを行って、材料費のロスを防ごう

◎棚卸しの最大目的は正確な材料費の把握

材料の在庫量を実際に確認して、材料費（売上原価）を把握する作業が棚卸しです。粗利益高は売上高から材料費を引いたものなので、**粗利益高を知るには、棚卸で正確な材料費を把握する必要がある**のです。

棚卸しをしなくても、納品伝票で材料費がわかると思うかもしれませんが、月々の仕入金額と実際に使った材料費は同じではありません。現実の調理では、前月からの在庫の材料と今月に仕入れた材料の両方を使用します。そのため、今月使った材料費は、前月からの在庫の金額と今月の仕入金額の総計から、今月末に残った在庫の金額を差し引いたものになります。

これを計算式にまとめると、次のようになります。

●当月材料費＝前月在庫高＋当月仕入高－当月在庫高

宇井流

問題解決Q&A

棚卸しを効率的に行う方法は？

棚卸しはなるべく頻繁《ひんぱん》に行いたいところですが、非常に手間のかかる作業です。効率的に作業を進めるためシステムをつくっておきましょう。

- 在庫の金額がすぐに計算できるように、**あらかじめ棚卸し表に材料単価も記入**しておく。
- いちいち材料の場所を探していると棚卸し作業が遅くなるので、**各材料を決められた場所に保管**しておく。
- 棚卸し表への記入を容易にするため、**保管場所内の材料の配列順は棚卸し表の材料名欄の配列順と同じに**しておく。
- 材料ごとに梱包単位が違っていると、在庫量を数え間違えやすいので、**材料の梱包単位を統一**しておく。

前月在庫高と当月在庫高は、実際に在庫量を確認しなければ出せない数値です。つまり、棚卸し以外に正確な材料費の把握方法はないということです。

◎棚卸しで材料費ロスも発見できる

また、5章P141でも触れましたが、棚卸しを行うことで、**材料費ロスが増加していないかどうかを確認する**こともできます。調理マニュアルにある材料原価率（標準原価率）と棚卸しで割り出した材料原価率（実際原価率）を比べてみて、大きな差があるようなら、材料費ロスも大きいということになります。

材料費ロスの増加は、調理マニュアルが順守されていないことが原因という場合がありますが、材料の発注量が多すぎることが原因となる場合もあります（↓P232）。いずれにしろ、棚卸しをしない限り、材料費ロスは発見できませんし、原因の追求も対策の検討もできません。

材料費ロスを防ぐためには、**棚卸しを最低でも月1回は行うことが必要**です。

棚卸しでロス発見
材料費ロスを減らすためにも月1回は棚卸しをすることだって
よーしっ
これでロスが減って利益が増えるとなると
宝探しだねこれは
そうだね
おあったぞ
何なに？
ぼた餅
3カ月前、開店祝いで渡辺からもらった
いやああああ

材料費の管理（2）ー材料原価率のコントロール

相乗積の活用法を知れば、材料原価率のコントロールが容易になります。

◎材料費予算の達成こそが重要

調理マニュアルの順守と棚卸しで材料費（売上原価）ロスを防ぐことは、経営にとって不可欠な取り組みです。しかし、利益を上げるという経営の目的からいえば、**材料費予算を達成するために、材料原価率をコントロールする**ことこそが、最重要の取り組みとなります。

売上目標と材料予算を設定すれば、それに応じて**総材料原価率**（メニュー全体の材料原価率）も決まります。その総材料原価率を実現するために、**メニューカテゴリー別の材料原価率を調整していく**というのが、材料原価率のコントロールです。

ただし、目標の総材料原価率に近づけようとして、個々の商品の標準原価率を下げると、味が変わり、店の評判を落としかねません。個々の商品の原価率を下げるのではなく、カテゴリーごとの出食数を制御して、目標の総材料原価率を実現しましょう。

◎材料原価率の相乗積は必須知識

材料原価率のコントロールで非常に有効となるものが、**相乗積**の考え方です。カテゴリー別の材料原価率の調整の際に、相乗積を活用すれば、どのくらいの原価率が適正なのかを把握することができます。

詳しい活用手順は左ページの図を参照してほしいのですが、押さえておくべきポイントは次の2点です。

①**相乗積とは、メニューカテゴリー別の売上高構成比に、そのカテゴリーの材料原価率を掛けた数値**。

②**相乗積を合計した数値は、総材料原価率と同じ数値**。

こうした相乗積の構造をしっかり押さえておけば、左ページに示した活用手順が理解しやすいはずです。

材料費を
検討するうえで、
「相乗積」は
必須の知識

材料原価率の相乗積の活用手順

今月の総材料原価率の目標を設定したうえで、相乗積を活用してカテゴリー別材料原価率を調整する手順の例を紹介します。

【過去3カ年の同月実績からの今月の材料原価率予測データ】

カテゴリー	売上高(千円)	売上高構成比(%)	材料原価(千円)	材料原価率(%)	相乗積
パスタ類	3,600	36.0	1,152	32.0	11.52
ピザ類	2,800	28.0	1,064	38.0	10.64
サラダ類	1,500	15.0	450	30.0	4.50
デザート類	900	9.0	252	28.0	2.52
ドリンク類	1,200	12.0	492	41.0	4.92
計	10,000	100	3,410	34.1	34.1

相乗積＝売上高構成比×材料原価率

①今月の総材料原価率の目標を32%に設定

②総材料原価率の目標実現のために、ピザ類の材料原価率を調整

（ピザ類以外のカテゴリーは、上記の予測データの実績を使用）

③ピザ類の相乗積を求める

ピザ類の相乗積＝相乗積合計−ピザ類以外の相乗積の合計
＝32.00−（11.52+4.50+2.52+4.92）＝32.00−23.46＝**8.54**

カテゴリー	売上高構成比(%)	材料原価率(%)	相乗積
パスタ類	36.0	32.0	11.52
ピザ類	28.0		8.54
サラダ類	15.0	30.0	4.50
デザート類	9.0	28.0	2.52
ドリンク類	12.0	41.0	4.92
計	100	32.0	32.0

目標とする総材料原価率32%と、相乗積合計は同じ数値になる

④ピザ類の材料原価率を求める

売上高構成比×材料原価率＝相乗積なので、材料原価率は次の式で求められる。
ピザ類の材料原価率＝ピザ類の相乗積÷ピザ類の売上高構成比
＝8.54÷28.0＝**30.5%**

材料費の管理(3)―ロスを防ぐ発注法

標準在庫量の設定と材料費の週間管理が、正確な発注を可能にします。

過剰在庫は利益を圧迫するので、正しい発注法を覚えることが大切

◎過剰在庫にならない発注量を把握する

飲食店で過剰在庫を抱えていると、やがて過剰在庫の材料は傷んだり腐ったりして、廃棄せざるを得ないものが出てきます。廃棄材料が出れば、その分、材料費がムダになるので、利益も上がりません。そこで、材料費のロスを防ぐためには、**過剰在庫にならない発注量を把握し、常に適正な在庫量を維持する**ことが必要になってきます。過剰在庫にならない発注量は、次の計算式で求めることができます。

●発注量＝各材料の標準在庫量－各材料の現有在庫量

このうち、現有在庫量は棚卸しによって把握できます。問題は**標準在庫量（適正在庫量）**で、これは業者の配送回数とメニュー出食数に応じて決まってきます。

一般的に、週1回配送の場合、1週間の出食数に必

宇井流 飲食店のNGパターン

POSシステムを万能と思うのは勘違い

近年、ＰＯＳシステムを導入する飲食店が増えてきました。在庫管理も発注も、ＰＯＳシステムに任せてしまえば、たしかに仕事は楽になります。けれど、注意しなければいけないことは、ＰＯＳシステムは万能ではないということです。

必要なデータさえ入力すれば、ＰＯＳは人間よりも素早く確実に在庫量や発注量を割り出してくれますが、そうした仕事をさせるには、**ベースとなるデータが正確であることが前提**です。たとえば在庫量にしても、ＰＯＳが把握しているのは、たんなる伝票に記入された数字だけの情報です。品質が落ちて使えなくなった食材まで、機械は気づいてくれません。つまり、「本当に使用可能な正しい在庫量」は、やはり**人の手で棚卸しをして、実際にたしかめなければつかめない**ということです。

要な材料量に3～4日分の材料量を加えたものが標準在庫量となります。また、週2～3回以上の配送の場合は、出食数に必要な材料量よりも20～30％多い量が標準在庫量となります。

◎材料費は週単位で管理して発注量を見直す

もうひとつ、ロスを出さない発注を行うためには、**材料費の週間管理**も必要となります。材料費をほかの費用と同じく月間管理している場合、収支がまとまるのは翌月なので、その月に発生した材料費ロスは翌月に気づくことになります。しかし、飲食店の材料は、月のうち何度も発注を行います。もしも発注の都度《つど》、余計な材料費が生じているなら、1カ月に1度のペースの費用チェックでは、損失が拡大してしまいます。

そうした状況に陥《おちい》らないために、材料費については、**納品伝票を毎日集計して週単位で売上高と材料費を比較する管理**を行いましょう。つまり、週単位で材料費の対売上高比率を出して、その比率に大きな変動を発見したら、すぐに発注量を検討し直すのです。

材料費
思ったより野菜のロスが多いな
月に一度の
棚卸し
まあ次の棚卸しのときにでも調整すればいいか
棚卸しまでに発生する損失を大きくすることないわ すぐ変更しましょ！
え、おう…
なんでわかった？
エスパー？
口に出して無いのに…

人件費の管理(1) ―人件費を適正化する指標

指標はたんなる知識ではなく、現場で役立ててこそ意味があります。

◎人件費の対売上高比率はFLコストで考える

飲食店の費用の中で人件費は、材料費（売上原価）に次いで大きな割合を占めるものです。しかし、売上高に対する人件費率は、業種・業態によってかなりの幅があるため、「これが適正な人件費率」という数値を明確にいい切ることはできません。

そこで、人件費単体で考えるのではなく、**材料費と人件費とのトータルで適正な対売上高比率を考える**という方法が、一般的に行われています。材料費と人件費をトータルした費用をＦＬ（フード・レイバー）コストといいます。この**ＦＬコストの対売上高比率は、65％以下が適正**とされています。

ＦＬコストの中で、材料費と人件費のどちらに比重を置くかは、店のコンセプト次第です。

◎指標の目標値に近付ける経営努力が大切

ＦＬコスト比率は人件費管理の重要な指標となりますが、実はほかにもさまざまな角度から人件費というものをとらえて、効果的な管理を可能にする指標があります。具体的には**労働生産性**、**人時《じんじ》生産性**、**人時売上高**、**人時接客数**、**労働分配率**という指標を活用して、人件費管理を行うのです。

それぞれの指標の計算式と内容は、左ページを参照してください。

特に人時生産性、人時売上高、人時接客数については、1時間単位の効率を見るものなので、現場で扱いやすい指標といえます。それぞれの**指標の目標値を実現する経営努力を続ける**ことによって、人件費は適正なものとなっていきます。

人件費に
関係する指標は、
使い方を
必ず覚えてね

この指標は必ず知っておこう!

労働生産性	計算式	内容	目標値
	月間粗利益高÷換算人員※	スタッフ1人当たりが、1カ月にいくらの粗利益を稼ぎ出したかを示す指標。その額が給与水準や利益水準を決定する。	人件費の2.5倍以上

※換算人員とは、1日に働いた標準労働時間のスタッフの人数。総労働時間数÷標準労働時間数で計算する。1人の標準労働時間は、1日8時間、1カ月200時間とするのが一般的。

人時生産性	計算式	内容	目標値
	月間粗利益高÷総労働時間数	スタッフ1人が1時間当たりに、いくらの粗利益を稼ぎ出したかを示す指標。	平均時給の2.5倍以上

人時売上高	計算式	内容	目標値
	月間売上高÷総労働時間数	スタッフ1人が1時間当たりに、いくらの売上高を上げたかを示す指標。当然、客単価が高い店ほど、この指標の金額も高くなる。	4,000円以上

人時接客数	計算式	内容	目標値
	月間客数÷総労働時間数＝人時売上高÷客単価	スタッフ1人が1時間当たりに、どれだけの客数に対応したかを示す指標。客単価が低い店は、この指標を増やさなければいけない。	店の形態や規模などにより異なる

労働分配率	計算式	内容	目標値
	人件費÷月間粗利益高×100	粗利益高の中に占める人件費の割合を示す指標。この指標の数値が、適正な人経費の枠を決定する。	40%前後

人件費の管理（2）―人件費予算の立て方

人件費予算を立てるのにも、過去のデータの蓄積と分析が重要です。

◎人件費予算の立て方には2つの方法がある

スタッフ全員が社員という店ならば、社員の人件費は一定なので、毎月同じ額の人件費予算を立てれば済みます。けれど、スタッフの大多数がパート・アルバイトというのが、一般的な飲食店の姿です。

飲食店の売上高や来店客数には、季節や月、曜日、さらに時間帯による波があります。その波に対応してスタッフ数を調整し、人件費ロスを防ぐには、時給で働いてくれるパート・アルバイトのほうが効率的というわけです。

そこで、パート・アルバイトを使う限り、**あらかじめ売上高や来店客数の変動を想定**したうえで、月間人件費予算を立てなければなりません。うまく変動的な月間予算を立てるには、次の2つの方法があります。

月間人件費予算の算出手順

人時売上高を基準にする場合	人時接客数を基準にする場合
①目標労働時間数 ＝売上高予測÷目標人時売上高	①目標労働時間数 ＝客数予測÷目標人時接客数

↓

②パート・アルバイト必要労働時間数＝目標労働時間数－社員労働時間数

↓

③パート・アルバイト人件費予算
＝パート・アルバイト必要労働時間数×平均時給

↓

④人件費予算
＝パート・アルバイト人件費予算＋社員人件費予算（固定費と考える）

● 人時売上高を基準にする方法
● 人時接客数を基準にする方法

◎正確な売上高と客数の予測が前提

それぞれの方法の計算式を右ページ下段に示しました。どちらの方法であっても、**その月に必要な労働時間数を求める**ことがポイントとなります。労働時間数がわかれば、パート・アルバイトは時給なので、その人件費を簡単に割り出すことができます。

計算式を見れば理解できると思いますが、人時売上高を基準にする方法では、**月ごとの売上高予測が正確であることが前提**となります。また、人時接客数を基準にする方法では、**月ごとの客数予測が正確であることが前提**となります。売上高や客数の予測が正確でなければ、人件費予算と実績との間に大きな差が出て、予算を立てる意味がなくなってしまいます。

月ごとの売上高や客数の予測精度を高めるために、過去のデータの十分な蓄積と正しい分析が必要であることは、今さらいうまでもありません。

人件費予算

人件費予算を算出するには月ごとの売上高予測が正確であることとか
ほう ほう
これはオレの仕事
ピンときたんだ
ピーンと
ちょっと大丈夫?
数学できたっけ?
任せとけって
予測って言葉に反応したわけね
なーんだ
メラ メラ メラ

日別売上目標を設定する

日別の売上目標はスタッフのモチベーション維持にも役立つはずです。

売上目標は、短いスパンが有効。日別で立てることが基本！

◎売上アップには売上目標が絶対に必要

売上アップを図りたいと思っても、ただ漠然《ばくぜん》と「売上を上げよう」とスタッフに呼びかけるだけでは、実効性がありません。売上を上げるためには、まず**売上目標**をしっかり立てることが絶対に必要です。明確な目標数値があれば、モチベーションも高まり、目標達成に向けてするべき事柄も見えてきます。

売上目標は、短いスパンで立てたほうが効果的です。特に飲食店の場合は、季節や月ごとに売上高の変動パターンがあるので、月単位の売上目標が不可欠です。

さらに、月単位の中でも、曜日による売上高の変動パターンが存在します。たとえば、ショッピング街に立地する店なら、平日よりも土・日・祝日のほうが売上高が大きくなるといったパターンです。そのため、**飲食店の売上目標は日別で設定することが基本**となってきます。

◎現実的な目標値を設定するには？

しかし、問題は日別売上目標の設定の仕方です。日別売上目標は、単純に月次売上目標を営業日数で割ればよいというものではありません。売上高には曜日による変動パターンがあると述べましたが、この変動パターンを無視した日別売上目標では、現実的といえないからです。

そこで、いくつかある日別売上目標の設定方法の中で、おすすめなのが左ページの方法です。これは、**過去2期分の同じ曜日の売上パターンを直接、今期の日別売上目標に反映させる**ものです。この方法で設定した目標値が、最も現実的で使いやすいはずです。

日別売上目標の設定の仕方

〈深夜2時まで営業の中小規模のレストランバーの例〉

①過去2期同月の各日売上実績を集計する

過去の各日売上実績の集計は、今期同月の日付に合わせるのではなく、曜日に合わせて行う。この例は、今期（第3期）10月1日が日曜、10月31日が火曜の場合。今期の曜日に合わせた集計なので、第1期10月分の売上高は本来の10月分の売上高と異なり、10月1日と2日を除き、11月1日と2日の売上高を加えたものになっている。同様に第2期10月の売上高も、10月1日を除き、11月1日の売上高を加えたものになっている。

	第1期10月の日別売上実績（千円）		第2期10月の日別売上実績（千円）		第1・2期 日別売上実績計（千円）	日別売上指数
日	10/3	383	10/2	409	792	6.29%
月	10/4	215	10/3	232	447	3.55%
火	10/5	196	10/4	222	418	3.32%
水	10/6	—	10/5	—	—	—
木	10/7	240	10/6	251	491	3.90%
金	10/8	294	10/7	327	621	4.93%
土	10/9	428	10/8	445	873	6.93%
⌇	⌇	⌇	⌇	⌇	⌇	⌇
月	11/1	212	10/31	238	450	3.57%
火	11/2	201	11/1	218	419	3.33%
計		6,185	6,408		12,593	100.00%

休日

	第3期10月の日別売上目標（千円）	
日	10/1	421
月	10/2	238
火	10/3	221
水	—	—
木	10/5	261
金	10/6	330
土	10/7	464
⌇	⌇	⌇
月	10/30	239
火	10/31	221
計	6,700	

②過去2期の各日売上実績計から日別売上指数を求める

まず、過去2期両方の各日売上実績を曜日ごとに合計した数値を出す。その各日売上実績計を過去2期の月次売上実績総計（最下段）で割り、日別売上指数を求める。たとえば、この例の10月第1日曜日の日別売上指数は、792千円÷12,593千円×100≒6.92%となる。この日別売上指数が、今期の月次売上目標に対する各日の売上構成比となる。

③日別売上指数に応じて今期の日別売上目標を設定する

日別売上目標は、月次売上目標に日別売上指数を掛ければ算出できる。たとえば、今期10月の月次売上目標を6,700千円とした場合、今期10月1日の日別売上目標は6,700×0.0629≒421千円となる。

売上伝票の最大の役割とは？

小さな売上伝票が、すべての経営データのベースとなっていきます。

◎売上伝票がないと売上高を把握できない

小さな飲食店では、きちんとした売上伝票をつくらずに、メモ用紙にオーダー名と金額だけを書いて営業しているケースがあるようです。確かに、「オーダーを間違えない」「お客への請求もれを防ぐ」ことだけを売上伝票の役割と考えれば、メモを売上伝票の代わりにしてもさほど不都合はないでしょう。

けれど、売上伝票は、オーダーミスや請求もれを防止することだけが役割というわけではありません。実は**店の営業データの収集**こそが、売上伝票の最大の役割なのです。

営業データの中で特に重要となる売上高は、**売上伝票をきちんと整理して合計額を出さなければ、正しく把握できません**。メモでは扱いが粗雑になるので、売

宇井流

飲食店のNGパターン

売上伝票が汚れても、平気でいるのは考えもの

売上伝票は、店のオーナーやスタッフだけが見るものではありません。飲食を終えたお客にも、請求額の確認のために見せる必要があります。

お客の目に触れるものであれば、当然、油や汁で汚れないように気をつけなければいけません。ところが、汚れた売上伝票を平気でお客に見せている店がよくあります。たかがその程度と思うかもしれませんが、**売上伝票の汚れから、「この店はクレンリネス意識が低い」と評価される場合もある**のです。売上伝票を粗雑に扱うことは禁物です。

上の詳細を記入しなかったり、紛失のおそれもあります。また、売上伝票を集計しなくても、レジの中の現金額を確認すれば事足りるという考えも間違い。レジ打ちにはミスも生じるので、データとして正確な売上高といえないのです

◎お客に関するデータも売上伝票で収集可能

売上伝票は、売上高だけではなく、曜日ごとのお客の数や組数、来店時間、客層など、**お客に関するデータ**も収集することができます。

客数や組数、来店時間のデータは、仕込み量の調整やスタッフの人員配置の調整を検討する際の基礎資料となります。客層データは、販促活動などに役立てることが可能です。

そうしたデータ収集を行うために、売上伝票に下図のような項目を設けておきましょう。これらの項目をいちいち記入するのは大変そうに見えますが、慣れて習慣化してしまえば、それほど面倒な作業と思わなくなるはずです。

売上伝票に必要な項目

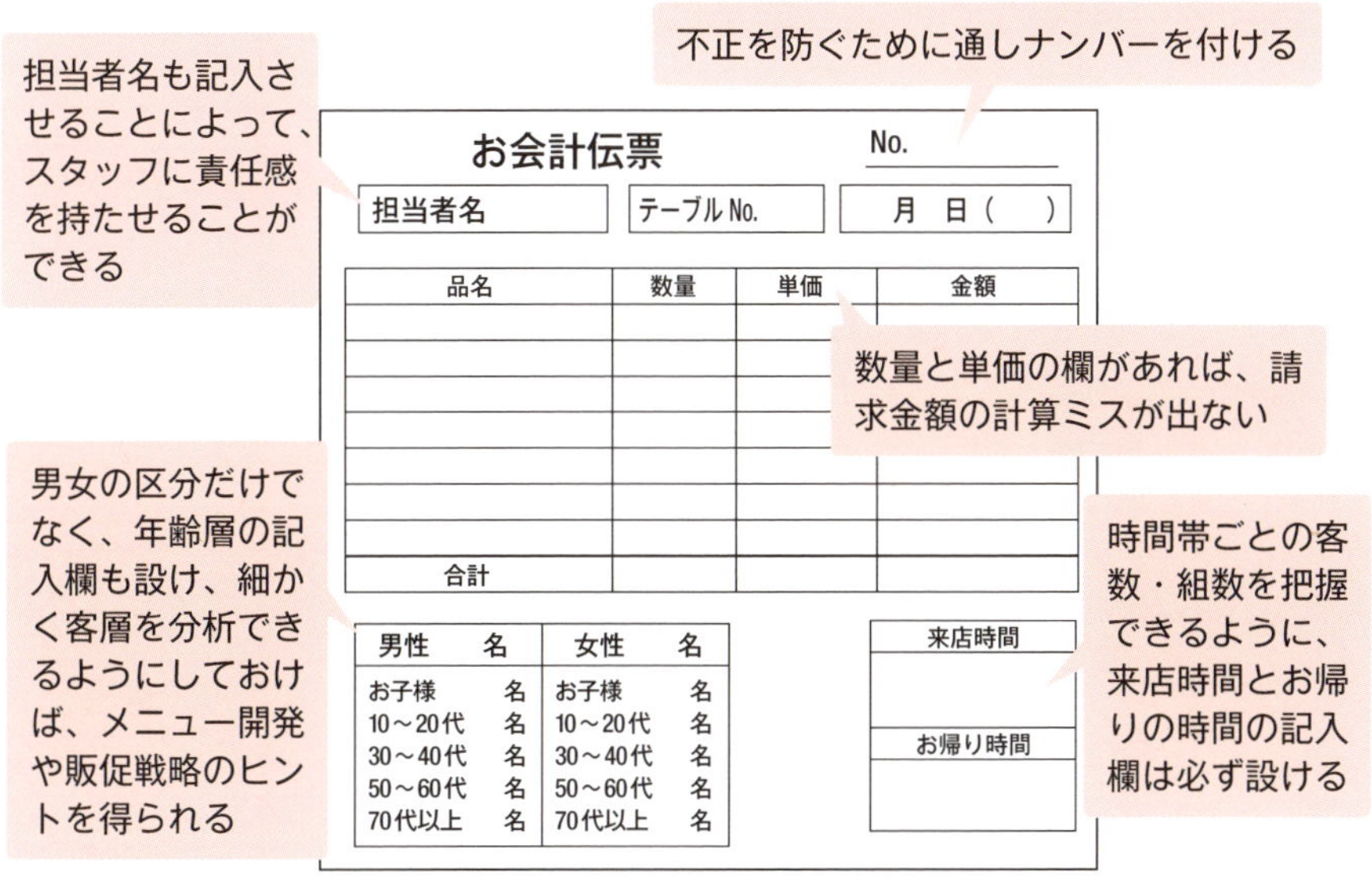
不正を防ぐために通しナンバーを付ける
担当者名も記入させることによって、スタッフに責任感を持たせることができる
お会計伝票
No.
担当者名
テーブルNo.
月 日（ ）
品名
数量
単価
金額
合計
数量と単価の欄があれば、請求金額の計算ミスが出ない
男女の区分だけでなく、年齢層の記入欄も設け、細かく客層を分析できるようにしておけば、メニュー開発や販促戦略のヒントを得られる
男性 名
お子様 名
10～20代 名
30～40代 名
50～60代 名
70代以上 名
女性 名
お子様 名
10～20代 名
30～40代 名
50～60代 名
70代以上 名
来店時間
お帰り時間
時間帯ごとの客数・組数を把握できるように、来店時間とお帰りの時間の記入欄は必ず設ける

営業日報で経営状況を確認する

営業日報による日々のチェックも、重要な経営努力の一環です。

◎営業日報はなぜ必要なのか？

飲食店を営業している限り、収入と支出が毎日生じるので、常に経営の現状に目を光らせ、問題が出ているようなら、できるだけ素早く対策を検討することが大切です。そうした取り組みに欠かせないツールが、**営業日報**なのです。

また、確度の高い売上目標や経費予算を立てるうえでも、営業日報によるデータ蓄積が必要です。営業日報に記入した各種のデータは、週単位で曜日別に集計し、1カ月ごとの表にしてまとめていきましょう。

◎営業日報を作成する際のポイント

営業日報は、自店の業態や条件に合わせた項目で構成しますが、次の3つのポイントを押さえた営業日報であることが必要です。

①その日の売上高を分析できる

その日の売上高だけを見ても、何の分析もできませんが、**前年同日の売上高と比較**できれば、正しく売上の現状が見えてきます。さらに**売上目標がわかる**ようにして、目標達成状況を把握できるようにしましょう。

②仕入れと粗利益の状況を確認できる

その日の**材料仕入額をつかみ、粗利益高を算出**できるようにしておくことが必要です。仕入れや粗利益の状況を把握することで、資金繰りもしやすくなります。

③時間帯ごとの売上高と客数を把握できる

1日の中でも、**売上高と客数は時間帯で変動するので、時間帯ごとに把握**できるようにしましょう。売上高と客数の時間帯別データがあれば、スタッフのワークスケジュールや仕込みの調整に役立ちます。

営業日報のフォーマット例

HO 年 ○ 月 ○ 日（木曜日） 天気 晴れ			
本日売上高	361,200円	累計売上高	1,158,400円
前年同日売上高	320,900円	前年累計売上高	1,023,100円
本日目標売上高	410,000円	累計目標売上高	1,245,000円
本日客数	257人	本日組数	145組
本日客単価	1,405円	本日組み単価	2,491円
本日仕入合計	157,100円	本日粗利益高	204,100円

前年同日売上高や目標売上高を併記して、本日売上高と比較できるようにする

その日の売上高から材料仕入額を差し引いて、粗利益を算出

売上点検				仕入点検			
時間帯	売上	客数	組数	買掛仕入		現金仕入	
				業者名	金額	業者名	金額
10	18,000	15	8				
11	21,900	22	14	A食肉	62,000	Cコード	41,500
12	58,200	41	22	B商事	53,600		
13	41,300	30	16				
14	29,800	23	11				
15	20,100	18	10				
16	16,500	16	9				
17	49,900	29	18	買掛仕入計	115,600	現金仕入計	41,500
18	64,000	38	25	買掛仕入累計	398,100	現金仕入累計	162,800
19	41,500	25	12	現金支払	41,500	現金支払累計	162,800
計	361,200	257	145	本日入金	319,700	入金累計	995,600

時間帯ごとに売上、客数、組数のデータをとる

仕入の点検欄を設けて、現金の流れをつかめるようにする

スタッフ名	10	11	12	13	14	15	16	17	18	19	実働	人件費
A君	←	─	─	→							4H	2,800円
B子さん			←	─	─	→					4H	2,800円
C子さん							←	─	─	→	4H	2,800円
D子さん								←	─	→	3H	2,100円

人件費の管理もできるようにしておく

業務報告	

経営管理

諸経費のムダをなくす管理方法

諸経費を抑制する際は、お客の満足度とのバランスが大切です。

◎エネルギー費の管理には標準使用量を設定

諸経費にはさまざまなものがありますが、一番大きな割合を占めているのが電気・ガス・水道の**エネルギー費**です。そこで、諸経費の抑制には、エネルギー費の重点的な管理が最も効果的な方法となります。

エネルギー費の管理の仕方は、まず電気・ガス・水道それぞれについて、**売上高と対応した適正な標準使用量**を設定し、それと実際の使用量を比較するというものです。標準使用量は、過去3カ月くらの使用量データをもとに設定すればいいでしょう。

しかし、標準使用量を設定したとしても、業者からの請求書が来てから使用量のムダを検討しているようでは、管理とはいえません。できれば毎日、最低でも週1回は、オーナー自身で検針メーターをチェックし

宇井流 問題解決Q&A

エネルギー費以外の経費の管理方法は?

エネルギー費に次いで管理が必要な諸経費は、紙ナプキンやトイレットペーパー、洗剤など消耗品費、食器類などの備品費です。消耗品費と備品費についても、エネルギー費の管理方法と基本は同じで、それぞれ**標準在庫量**を設定して、実際の在庫量が標準在庫量を超えないように管理します。

消耗品は、客数に応じて消費量が変化するので、常に一定の割合で減るわけではありません。そのため、毎月棚卸《たなおろ》しを行って、月々の消費量を把握する必要があります。また、食器類などの備品は、ヒビが入ったり汚れが落ちなかったりするものは廃棄することになります。正確に管理するには、やはり棚卸しを行い、使用可能な備品の数を確認しなければいけません。

エネルギー量の管理の基本は、標準使用量と実際使用量の比較

て、**標準使用量を超えない適正な使用量が守られているか常に監視する**ことが必要です。

◎何でもかんでもケチるのは禁物

検針メーターの数値が標準使用量を超えている場合は、店舗の状況を細かく見渡して、ムダの原因を探りましょう。たとえば、水の出しっ放しやガスの口火の点けっ放しをしていないか、冷蔵庫の扉をきちんと閉めているか、使用時以外はバックヤードの照明を消しているかなどが、省エネの確認ポイントとなります。

ただし、エネルギー費なら何でもかんでもケチればいいという考えは禁物。電気料金を惜しんでエアコンの効きを抑えたり、水道料金を惜しんでトイレの流水量を少なくしたりすると、お客から不満が出ます。

利益を大きくしようと経費の削減努力をしたのに、その結果、お客の満足度の低下を招いて売上が落ち、利益も減ってしまったというのでは本末転倒です。経費削減は、**お客の満足度を維持できる範囲内で取り組む**ことが肝心なのです。

省エネ?

キャッシュフローと減価償却費の基本知識

借入金の返済額はキャッシュフローの中の減価償却費が基準になります。

◎減価償却費もキャッシュフローの一部分

店の営業によって得た金額のうち、実際に手元に残る現金額を**キャッシュフロー**といいます。キャッシュフローの中身は、**純利益と減価償却費の合計額**です。

なぜ減価償却費がキャッシュフローなのかというと、**実際のお金の支出を伴わない費用**だからです。減価償却費は、支払い済みの内装設備の取得価額を毎年分割で費用計上するものなので、会計上、損金処理された金額がプール金として手元に残るわけです。

融資を受けている場合、通常はこの減価償却費が毎月の元金返済にあてられます。返済額が減価償却費を超える金額なら、純利益も返済にあてることになりますが、純利益は毎月増減が生じ、ゼロの場合もあります。純利益に頼り切ると、元金返済ができなくなり、資金繰りに窮しかねません。**借入金の毎月の返済額は、減価償却費を限度として設定する**ほうが安全なのです。

◎償却方法には定額法と定率法がある

そこで、融資を受けるならば、自店ではどのくらいの減価償却費が見込めるのか、あらかじめ知っておくことが必要です。計算方法は左ページで紹介するので、ここでは減価償却費のポイントを挙げておきます。

減価償却費の対象となる内装設備は、**取得価額が10万円を超えるもの**です。内装設備の種類によって法律で**耐用年数**が定められており、その耐用年数が償却費を計上できる期間となります。また、償却方法には、毎年一定額の償却をしていく**定額法**と、毎年一定の比率を掛けて償却していく**定率法**があります。どちらの償却方法を選定するか、税務署への届出が必要です。

減価償却費の
計算方法を
しっかり
知っておこう

減価償却費の計算方法

定額法	減価償却費＝取得価額×定額法の償却率×（使用月数÷12）
定率法	①減価償却費が償却保証額以上の場合 減価償却費＝未償却残高×定率法の償却率×（使用月数÷12）
	②減価償却費が償却保証額を下回った場合 減価償却費＝改定取得価額×改定償却率×（使用月数÷12）

- 償却保証額は、「取得価額×保障率」で計算する。保証率は下表の最右欄。
- 改定取得価額は、調整前償却額（「未償却残高×定率法の償却率」の金額）が初めて償却保証額に満たないこととなる年の期首未償却残高。
- 改定償却率は、下表の右から2番目の欄。

耐用年数に応じた内装設備などの種類は、財務省「減価償却資産の耐用年数に関する省令」で規定されている

耐用年数（年）	定額法の償却率	平成19年4月1日から平成24年3月31日までの間に取得をされた減価償却資産			平成24年4月1日以後に取得をされた減価償却資産		
		250%の定率法の償却率	改定償却率	保証率	200%の定率法の償却率	改定償却率	保証率
2	0.500	1.000	—	—	1.000	—	—
3	0.334	0.833	1.000	0.02789	0.667	1.000	0.11089
4	0.250	0.625	1.000	0.05274	0.500	1.000	0.12499

出所：中小企業税制（平成27年度版） 中小企業庁

耐用年数4年・取得価額80万円の設備の減価償却費の計算例

	定額法 （償却率0.250）	定率法 （償却率0.500）
1年目償却費	80万円×0.250＝20万円	80万円×0.5000＝40万円
2年目償却費	80万円×0.250＝20万円	40万円×0.5000＝20万円
3年目償却費	80万円×0.250＝20万円	20万円×0.5000＝10万円
4年目償却費	80万円×0.250－1円＝199,999円	10万円×0.5000－1円＝49,999円

償却は1円（忘備価額）まで

コラム

レジからの小口現金の流用はやめよう

飲食店の日常の営業では、ボールペンや電池、電球など、ちょっとした買い物が必要になることがよくあります。そうした場合、金額が小さいからといって、レジの中の現金を流用して買い物を済ませる店もけっこう多いようです。中には、店のシステムとして、現金の出費はレジから流用すると決めている店さえあります。

しかし、本来はレジの現金の管理と経費となる小口現金の管理とは、別物でなければいけません。**レジとは別枠で、細かな出費に対応するための小口現金を用意しておく**べきなのです。

レジから流用した現金は、あとから営業日報に記録しておけば問題ないという人もいますが、やはりどこかで記録ミスが生じて、現金残高が合わなくなることもあるでしょう。少し現金残高が合わないくらいは仕方がないと考えていると、やがてスタッフが現金管理そのものを軽視するようになり、不正も招きかねません。

そうしたことを防ぐためには、金額の多少にかかわらず現金の管理を厳正化する必要があるのです。買い物用の小口現金は毎月決まった額だけ別に用意し、現金の出費があれば、**誰がいつ、何をどこで買うために現金を使ったのか、その都度きちんと記録するシステム**をつくっておきましょう。

9章

営業力強化のための取り組み

開業後こそが本当の勝負！　もっと儲かる店、もっとお客に喜ばれる店を目指して、経営努力を続けてね。

洋と昌子のお店はだいぶ安定してきた
いらっしゃいませー
Italian Restaurant
Sandy Bridge
あら吉田さんいらっしゃい！
こんにちはまた来ちゃったわよう
このあいだは素敵な誕生お祝いありがとうね すっかりこのお店のファンになっちゃったから
よろこんでいただけてよかったです
よかったわね
地域の皆さんに受け入れてもらえたみたい
本にあった「お客様アンケート」で率直な意見を聞いたり
お客様アンケート
繁盛店の研究で長所を学んできたりした甲斐があったわね
Check
いきなりイタリ
IKINRI ITAL
ああ

うん…そうだな
どうしたの？
実は…前から考えてたんだ
2号店を出したい！
多店化のリスクは十分わかってるでもここからはビジネスの成功を目指して出店したいんだ
だからっ
すっ
わかったわあなたがそうしたいなら応援する
その代わりしっかり勉強してプランを立てましょう
ああ！

営業力強化

日常業務の現状を把握する

日常業務がしっかり実践できていれば、売上不振には陥《おちい》りません。

◎スタンダードレベルの維持管理が大切

一生懸命に仕事をしているのに売上がさっぱり伸びないと嘆《なげ》くオーナーがよくいますが、そうしたオーナーは調理や接客などの業務に追われ、本来の仕事が疎《おろそ》かになっているケースが多いようです。オーナーの本来の仕事とは、**店舗の日常業務のスタンダードレベルを定めて、そのスタンダードレベルが維持されているかを管理する**ことです。

日常業務のスタンダードレベルがきちんと維持できていれば、そう簡単に売上不振に陥ることはなく、着実に売上が伸びていくものです。しかし、飲食業は人間相手のビジネスですから、現実には日常業務の中で何かしら問題が発生し、「常に業務が完璧に実践されている」という状況などあり得ません。そこで、オーナーは日常業務の現状に常に目を光らせ、問題点の発見に努める必要があるわけです。

◎店舗業務チェック表を作成しよう

日常業務の現状を把握するためには、具体的な業務を個々にチェックできるＱＳＣ（→Ｐ34）の一覧表を作成しておくと便利です。その**店舗業務チェック表**をもとにして、それぞれの業務について採点していくのです。

採点については、スタンダードレベルに達している場合を１００点として、80点以上を一応の合格としましょう。スタッフ全員が問題意識を共有しなければ業務のレベル向上が図れないので、採点結果はスタッフにも公表する必要があります。そして点数の低い業務があれば、なぜ実践できていないのか原因を探り、早急に対策を立てるようにしましょう。

定期的に、日常業務ができているか採点しよう

店舗業務チェック表の例

	チェックポイント	評価	気づいた問題点
クオリティ	①仕込み・調理の手順はマニュアルどおりか		
	②1品ごとの材料量はマニュアルどおりか		
	③料理の盛り付け方はマニュアルどおりか		
	④料理を10分以内に提供できているか		
	⑤材料ロスを生じさせていないか		
	⑥品切れや売り切れを起こさないように、材料の適正在庫量が確保されているか		
	⑦新メニュー開発は成功しているか		
	⑧衛生管理は徹底されているか		
サービス	①接客の際に正しい言葉遣いができているか		
	②笑顔での接客ができているか		
	③お客の来店とお帰りの際にきちんと挨拶をしているか		
	④しっかり中間サービスができているか		
	⑤混雑時にクレームの出ない適切な対応ができているか		
	⑥オーダーを受けた際に復唱確認をしているか		
	⑦レジ会計を誤りなく正確に行っているか		
クレンリネス	①身だしなみやユニフォーム等に乱れはないか		
	②規定の手洗いはしているか		
	③テーブルクロスやメニューブック等に汚れはないか		
	④店頭・店内のガラスや壁面等に汚れや破損はないか		
	⑤トイレは清潔か		
	⑥厨房の整理整頓はされているか		
	⑦レジまわりは整理整頓されているか		
	⑧店内温度は適温に保たれているか		
	⑨照明の明るさやBGMの音量は適切か		

営業力強化

アンケートでお客の意見を聞く

お客からの厳しい意見こそが店を改善していく原動力となり得るのです。

◎欠点を指摘する回答のほうが有意義

自店のQSCにどんなに自信があっても、たんなる自己満足では意味がありません。店の評価を決めるのはお客ですから、お客の意見に真摯《しんし》に耳を傾けて、改善すべき点がないか常に検討し続ける姿勢が重要です。そのためには、**アンケートの実施**が非常に有効な方法となります。

当然、アンケートの回答には、店側にとって耳の痛い意見もあることでしょう。けれど、アンケートは店の改善に役立てるために実施するものです。その目的からすれば、ほめ言葉などよりも、むしろ**店の欠点を厳しく指摘してくれる回答こそが必要**なのです。つまり、お客の「ホンネ」がわかるアンケートでなければ役立たないということです。

宇井流

成功のためのもう一歩

アンケートを参考にした改善点をお客に報告しよう

アンケートに回答するのは手間がかかり、お客の立場からすれば面倒と思って当然です。それでも協力してくれるわけですから、アンケートを書いてもらって、そのままにしておくというのは失礼です。アンケート結果を、**どのように店の改善に役立てたのか、店内に掲示したり、ホームページやブログで報告する**ようにしましょう。そうした改善報告があれば、アンケートに協力してくれたお客は喜ぶでしょうし、お客の意見を重視している姿勢がアピールでき、好感度も上がることでしょう。

また、アンケートは店のためなのに、それをお客にタダでお願いするというのも問題です。やはり、アンケートに協力してもらいたいなら、ドリンク無料券など**何らかのお礼となるサービスを提供**するべきでしょう。

お店の悪い点を
書いてもらう
アンケートこそ、
有益!

◎選択肢ではお客のホンネが引き出せない

お客のホンネを引き出すうえで、あまり感心できないアンケートは、「よい」「ふつう」「悪い」などの選択肢を設けたものです。選択肢があると、「ふつう」という無難な回答が多くなってしまうのがお客の心理だからです。また、「悪い」という回答があったとしても、評価の基準がわからないので、何をどう改善すればいいのか対策を立てようがありません。

そこで、アンケートを店の改善に役立てたいという意思を明記したうえで、「**店の悪い点や問題点を率直にご指摘してください**」としたほうが有益なアンケートとなるはずです。

ただし、アンケートに書いた悪口をスタッフに知られるのは気が引けるというお客もいるので、回収方法の工夫が必要です。アンケート回答をスタッフに手渡すのではなく、**カギ付きの回収箱に入れてもらう**ようにしましょう。さらに、ホンネを書いてもらうアンケートである限り、**無記名にすることが絶対条件**です。

お客様アンケート

営業力強化

繁盛店から長所を学ぶ

多くの繁盛店の事例を参考にして、繁盛のための秘訣を見つけましょう。

◎多くの店を訪ねて観察眼を養おう

どうすれば店を繁盛させられるか、頭の中で考えているだけでは限界があります。戦略を練るためには、実際の繁盛店を見てみることが最も効果的。繁盛店との比較から、**自店の問題解決のヒントを得ることができる**はずです。そして、繁盛店の人気の秘密を探り、自店でも実践できる長所を取り入れていくことで、レベルアップを図りましょう。

繁盛店の観察は、**できるだけ多くの店を訪ねることが必要**です。たった1店や2店を見るだけでは、「参考にすべき長所はこれだ」と的確に判断する観察眼は養われません。また、それぞれの繁盛店ごとに長所もさまざまです。その店ならではの長所は何なのか、その長所を自店の参考にできそうかといったことは、多くの事例を比較検討することで判断が可能になるのです。

◎重点ポイントを決めて人気の秘密を探る

繁盛店から学ぶ際にもうひとつ大切なことは、その店のどんな面を重点的にチェックするか、**テーマを絞り込んで観察する**ことです。

左ページに挙げたように、繁盛店のチェックポイントは数多くあります。慣れてくれば、短時間で全部をチェックできるかもしれませんが、チェックの目的はあくまで人気の秘密を探ること。個々のチェックにばかり気を取られてしまうと、人気の秘密となる重点ポイントを深く観察できなくなるおそれがあります。

そこで、前もってある程度は店の情報収集をしておき、その店でチェックすべき重点ポイントをしっかり決めてから訪問しましょう。

他店見学のチェックポイント

アプローチ	●商圏や競合店状況などの立地特性 ●外装・看板などのデザイン ●看板や外観の遠視性 ●店頭と周辺の清掃状況 ●駐車場の規模と清掃状況　など 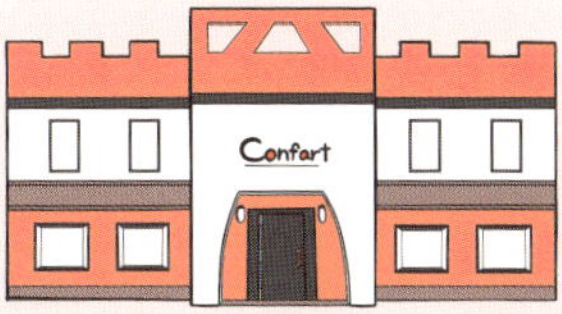
第一印象	●来店客に対するスタッフの挨拶態度 ●スタッフの身だしなみ ●スタッフの動作や待機の仕方 ●席への誘導の仕方　など 
接客サービス	●メニューブックの提示方法 ●オーダーの取り方　●接客の際の言葉遣い ●料理説明のための知識 ●料理の運び方と並べ方　●料理の提供時間 ●中間サービスのスムーズさ ●会計の際の態度 ●見送りの挨拶態度　など 
商品力	●メニュー構成と品目数 ●価格帯の幅と予想客単価 ●メニューのボリューム　●メニューのインパクト ●付け合わせとのバランス　●味の特徴 ●材料や調理法の特徴　●お値打ち感 ●食器なども含めた演出性　など 
クレンリネス（雰囲気）	●テーブル、カウンター、椅子などのマッチ感 ●通路、壁面、天井などの清潔感 ●トイレの清掃状況 ●厨房出入口付近の清掃状況 ●レジ周辺の清掃状況 ●インテリアやオブジェによる演出 ●照明の明るさ ●BGMの音量　●空調の状況　など 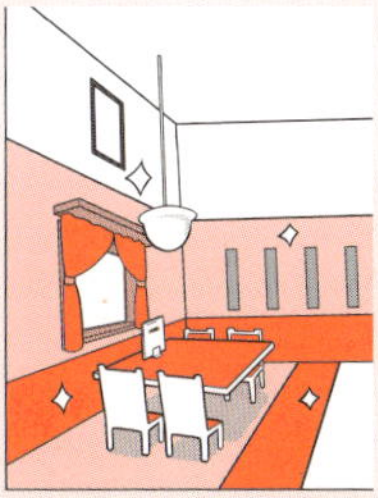
その他	●ターゲット客層 ●オーナー（店長）の指導力 ●スタッフの訓練度 ●スタッフのサービス意識 ●スタッフのチームワーク ●販売促進のための工夫　など 

営業力強化

プライベートな特別な日を狙ったプランを設定

お客を喜ばせる記念日プランで、お客の来店頻度を高めましょう。

心のこもった記念日プランを提供したい

◎「特別な日」の外食ニーズを掘り起こそう

6章（→P178）でも紹介したように、お客の来店を促すためには、暦《こよみ》の年間行事などに合わせたイベント開催が非常に有効な手段となります。クリスマスやバレンタインデー、七五三などの「特別な日」を狙ってイベントを打ち出し、レジャーとして飲食店を利用してもらおうという作戦です。

しかし、暦の年間行事の時期だけが、特別な日となるわけではありません。誕生日や結婚記念日、子どもの入学・卒業など、**お客のプライベートな特別な日も、外食ニーズを掘り起こす大きなチャンス**となります。

そこで、プライベートな特別の日に焦点を当てた魅力的な記念日プランを打ち出せば、より多くのお客の来店が期待できます。

宇井流 成功のためのもう一歩

記念日プランには、お客の心をつかむ演出が大切

記念日プランを考える際には、**お客の心をつかむ演出を加える**ことがポイントです。たとえば、サプライズとして、記念写真や花束をプレゼントするといった演出がおすすめ。また、サービスのケーキに、チョコペンでお祝いのメッセージを入れるという演出もお客に喜ばれます。

そうした演出の工夫は、口コミ効果が期待でき、店の評価を高める武器にもなります。さらに、お客の許可をもらって、記念日を楽しんでいる様子を写真に撮り、それを店のホームページやブログに掲載すれば、よい宣伝にもなります。

Birth

注意したいことは、記念日プランと銘打っておきながら、「ドリンク1杯サービス」といった程度のものでは効果が薄いことです。記念日プランを打ち出すなら、お祝いのケーキやシャンパンをサービスするなど、充実したプラン内容にすることが重要です。

◎記念日プランがもたらすメリット

こうした記念日プランには、さまざまなメリットがあります。「特別な日」を祝うために来店するお客は、ふだんよりも贅沢《ぜいたく》してもいいという気持ちなっているので、客単価の高いプランでも歓迎されます。つまり、**記念日プランは店にとって儲けが大きい**わけです。

また、お客の来店頻度を高めるうえでも、記念日プランは効果を発揮します。たとえば、子どもの誕生日にプランを利用して満足すれば、「今度は妻の誕生日もこの店で祝おう」と思うはずです。結婚記念日も「毎年この店で」と思ってくれるかもしれません。**満足度の高いプラン内容を提供すれば、お客の次回の来店につなげることができる**のです。

記念日プラン

営業力強化

夜の営業時間帯の売上を増やす

効率的な売上アップを図るためには、夜の営業の工夫が不可欠です。

夜の売上アップを狙って気の利《き》いたお酒のつまみメニューを考えよう

◎夜はレジャー性で客単価が上がる

レストランやカフェなどの飲食店では、昼間の時間帯中心に売上アップを考えているケースが多いようですが、**飲食店のレジャー性が発揮されるのは、むしろ夜の時間帯**です。たんに空腹を満たせばいいという昼間の日常的利用動機に比べ、夜は非日常的な楽しさを求めてお客が来店するので、客単価が上がります。それを狙えば、効率的に売上アップを図れるはずです。

夜間の売上アップの秘訣は、**お酒を積極的に販売すること**です。お酒は、レジャー感を高める最適な商品となります。お酒をオーダーしてもらうだけでも客単価が上がりますが、**お酒のつまみとなる簡単な小鉢料理**も用意しておきましょう。つまみの追加オーダーによって、さらに客単価アップが期待できます。

宇井流 飲食店のNGパターン

中途半端な居酒屋の真似《まね》はいけない

居酒屋のメニューを真似すれば、お酒が売れるはずだと考えるのは安易すぎ。夜の営業で中途半端な居酒屋的メニューを提供すると、店のコンセプトが崩れてしまいます。**簡単なお酒のつまみであっても、コンセプトに合った独自の工夫をすることが大切**です。

また、お酒についても、アルコール類なら何でもいいというわけではありません。たとえば、高級レストランに安い酎ハイを置くと、お客の店への期待感を裏切ってしまいます。お酒も店のコンセプトを考えて、何を置くか厳選しましょう。

昼営業と夜営業のポイントの違い

昼営業のポイント

利用動機	空腹を満たすための日常的利用動機
アピール点	●お値打ち価格のメニューが中心 ●時間のないお客に、素早く料理を提供
店の雰囲気	明るさや活気を重視 

夜営業のポイント

利用動機	楽しさや心の潤いを得るための非日常的利用動機
アピール点	●こだわりが感じられる満足度の高いメニューが充実 ●お酒に合うサブメニューが豊富
店の雰囲気	くつろぎ感を重視 

◎昼と夜とで雰囲気を変えることが必要

問題は、どうすればお酒やつまみが売れるかということです。単純にお酒とつまみをメニューに加えれば売れる、というものではありません。

先述したように、昼と夜とではお客の利用動機が違います。そこで、利用動機の違いに合わせて、昼と夜のメニューに違いを出すべきです。夜のメニューは、**お酒を呑みながら楽しめるというメニューを中心に据える**のです。

もうひとつのポイントは、リラックスしてお酒を楽しめるように**夜の店の雰囲気を変える**ことです。徹底した例としては、昼はレストラン、夜はバーというように、時間帯によって異なる業態をとっている店もあります。

昼と夜で業態を変えることまでは難しいにしても、おすすめメニューやサービスの仕方を変えたり、ライティングや装飾品にも変化をつけるなど、可能な限りの工夫を検討しましょう。

多店化を成功させるには？

人材の確保と運営システムの統一が多店化を成功させるポイント！

飲食店ビジネスの成功法則は多店化にあり！

◎既存店のノウハウが通用するとは限らない

1店めが繁盛すれば、2店め、3店めと店舗を増やし、事業拡大を図ろうと考えるオーナーも多いことでしょう。多店化の方法には**①同じ業種・業態の店を出す**、**②業種は同じでも異なる業態の店を出す**、**③別の業種の店を出す**、という3つがあります。しかし、どれが成功しやすいとは一概《いちがい》にいえないのが現実です。

たとえば、既存店と同業種・同業態の店を出すのは簡単そうに思えても、商圏や規模などの条件が違えば、既存店のノウハウが通用するとは限りません。ましてや異なる業種や業態の店を出す場合なら、その業種・業態ごとに適したメニューや売り方があるので、ノウハウを新たに検討することが必要になってきます。

つまり、2店めをどのような店にするにしろ、既存

宇井流

問題解決Q&A

既存店から近い立地と遠い立地、どちらが有利？

2店めを出店する際には、**既存店との立地的距離も重要な検討課題**となります。実は2店めが既存店から近い場合も遠い場合も、それぞれにメリットとデメリットがあるのです。

既存店の近くに出店すれば、スタッフを店舗間で融通しやすく、同じ商圏内なので2店舗まとめて効率よく宣伝ができます。しかし、お客が両店舗に分散して、既存店の売上が落ちるケースもあります。一方、既存店から遠くに出店した場合、スタッフの融通や宣伝の効率性は望めませんが、既存店の客数や売上が低下する心配はありません。

2店めの立地は、メリットとデメリットを知り、立地によるコストと売上を予測したうえで、慎重に決めることが大切です。

店のノウハウにあぐらをかいていては、うまくいかないということです。多店化は、繁盛した既存店の延長と考えるのではなく、**新規店を一からオープンするつもりで取り組むことが大切**です。

◎店を任せられる人材の確保が不可欠

多店化を成功させるためのポイントは、第一に**店を任せられる人材を確保する**ことです。2店めを出す場合、オーナーは2店めを軌道に乗せる仕事に注力しなければならず、既存店のことまで手がまわらなくなります。そのため、オーナーの代行者として既存店をしっかり管理できる人材（店長）が、どうしても必要になってくるのです。

ただし、代行者である店長に、好きなように店舗運営をさせることは禁物。オーナーの方針と店長の方針が違うのでは、混乱が生じて多店化の失敗の原因になります。オーナーは経営方針を店長にきちんと理解させるとともに、混乱を防ぐために、**既存店と2店め以降の運営システムを統一**しておくことが重要です。

オーナー代行

君は創立当時から本当によく
この店に尽くしてくれた！
おそらくこれから重要な判断に迫られることも
少なからずあるだろう…
でも、君なら！君ならば！
オレの代わりにやり遂げてくれると信じている!!
1号店を頼んだぞ!!
大ゲサ
パチ
パチ
パチ

◎ 1店舗だけでは収益の維持ができない

多店化を図るためには、新たな資金調達も必要となり、当然、リスクも伴います。けれど、飲食店ビジネスを成功させたいなら、実は最初の店の開業段階から、**多店化という将来ビジョンを持つことが必要不可欠**なのです。

というのは、飲食店には**開業期、繁盛期、安定期、衰退期**という景気サイクルがあるので、1店舗だけの繁盛を目指しても、いつか必ず収益が維持できなくなるからです。

開業期の2~3カ月は、新しい店へのお客の好奇心も手伝って、それなりの集客と売上が期待できます。そして、販促活動によって開業期の来店客を固定客化できれば、店が満席状態となる繁盛期を迎えます。しかし、やがて売上が横ばいとなる安定期に入り、徐々に衰退期がやってきます。

人気店が衰退するはずがないと考えるのは、大間違い。**どんな店でも必ず衰退期は訪れます**。

◎ 多店化は飲食店ビジネスの成功法則

飲食店の衰退期が避けられない理由は、**時代とともにお客のニーズが変化し、商圏の環境も変化する**ためです。お客のニーズが変化すれば、その店のコンセプト自体が魅力を失ってしまいます。また、商圏の環境が変化すれば、ターゲット客層の数が減り集客力も低下してしまいます。

そこで、**1店めが衰退期を迎える前に、多店化を進め、新たな収益源を確保しておく**必要があるわけです。

1店めが繁盛しているうちなら、多店化を図る資金的余裕があるでしょうし、金融機関から多店化のための融資も受けやすいはずです。また、多店化が成功したなら、1店めが衰退期を迎えたとき、そのリニューアル資金をほかの店舗の収益でまかなうこともできます。

1店舗だけではいつか収益が途切れてしまいますが、このように多店化を視野に入れたビジネス展開をしていけば、収益維持のチャンスが拡大します。それこそが飲食店ビジネスの成功法則なのです。

店舗ごとの景気サイクルと多店化の関係

飲食店ビジネスの継続のためには、店の景気サイクルを見極めながら、多店化への資金投資をしていくことが大切です。

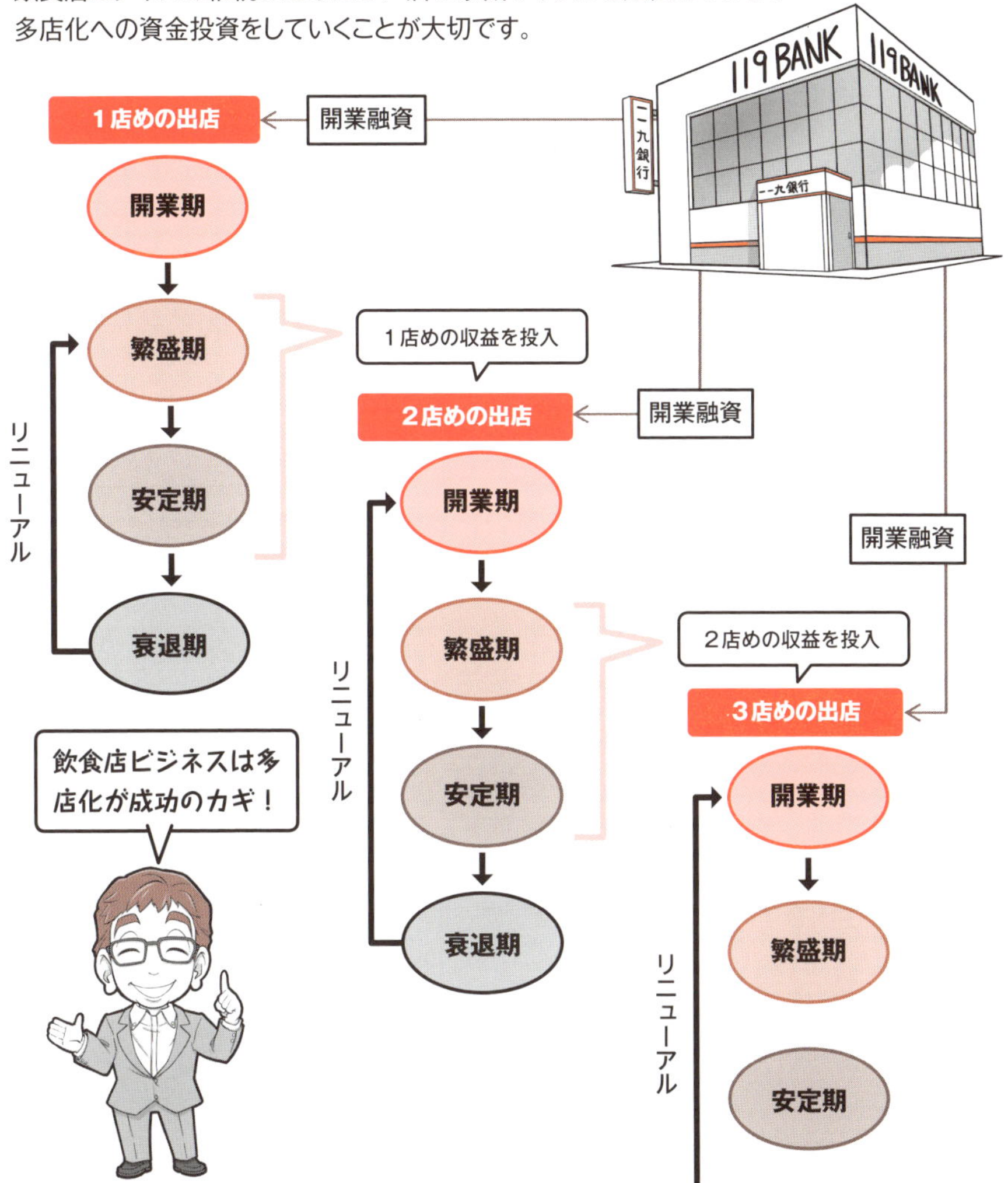

■衰退期が訪れたらリニューアルを

店舗が衰退期となり、収益が出なくなった場合には、お客のニーズや商圏の変化にマッチしたリニューアルを行おう。ほかの店の営業で得た収益を、そのリニューアルの資金にあてることができる。

それから2年後――
よろしくお願いしまーす
できたてほやほやの洋食弁当です
OPEN
よろしくお願いしまーす
○月○日オープンです
洋と昌子の2号店は「家庭的な洋食レストラン」1号店とは異なり
イタリアンテイクアウト
「家庭的な洋食のお弁当屋さん」とした

Italian Restaurant
Sandy Bridge
2周年
2周年
1号店も順調に集客しておりスタッフも確実に成長していた
ジャッ
ジャッ
キュ
キュ
キュ
ニコッ
また1号店と2号店のメニューには大きな差がないため
スタッフも含めてノウハウを共有することができた
協力
1号店
2号店

イタリアンテイクアウト
Italy Bridge
そして2号店も順調に動き出した
町内会のお弁当うちで決まったわよ
お！やったな
まぁ50食以上になりそうだから忙しくなるけど
1号店と協力分担すれば回せるよ大丈夫
繁盛店を作り上げる！
小さな飲食店
成功のコツ
思えばこの本のおかげでここまで来れたのかもな
そうね
こんにちは昌子さん2号店おめでとう
あ吉田さんいらっしゃい

お腹のほうも順調みたいね
ええ、もう8か月なので
よーオープンおめでとう
渡辺！
あの…これからも力を合わせて頑張りますので
よろしくお願いします！
いらっしゃいませー

● 監　修 ●

宇井義行（うい・よしゆき）

フードビジネス・コンサルタント。飲食店経営コンサルティング会社コロンブスのたまご創始者・オーナー。一般社団法人日本フードビジネスアドバイザー協会創始者・代表理事。

学業のかたわら、18歳から飲食店で働き、実践的な飲食業を学ぶ。26歳でフードコンサルタントとして起業し、飲食店コンサルティング会社である株式会社コロンブスのたまごを設立。40年間で全国の飲食店3,000店舗以上を指導する。

2010年に、飲食業界への恩返しの思いをこめて、一般社団法人日本フードビジネスアドバイザー協会を設立し、飲食業界から日本の活性化と食文化の発展を目指し活動している。

『新版 宇井義行の飲食店運営・経営パーフェクトバイブル』（日本能率協会マネジメントセンター）ほか、34冊の著書があり、海外翻訳書も多数ある。

◆公式サイト　http://www.uiyoshiyuki.jp/

● スタッフ ●

マンガ、イラスト	増田慎、井塚剛
本文デザイン	大山真葵、武田理沙（ごぼうデザイン事務所）
執筆	柴崎あづさ
写真	相澤正
資料提供	株式会社コロンブスのたまご
編集協力	株式会社エディポック
編集担当	梅津愛美（ナツメ出版企画株式会社）

プロ直伝《じきでん》！　はじめての小《ちい》さな飲食店《いんしょくてん》　成功《せいこう》のコツ

2016年10月6日　初版発行

監　修　宇井《うい》 義行《よしゆき》　Ui Yoshiyuki,2016
発行者　田村 正隆

発行所　株式会社ナツメ社
東京都千代田区神田神保町1-52　ナツメ社ビル1F（〒101-0051）
電話　03（3291）1257（代表）　FAX　03（3291）5761
振替　00130-1-58661
制　作　ナツメ出版企画株式会社
東京都千代田区神田神保町1-52　ナツメ社ビル3F（〒101-0051）
電話　03（3295）3921（代表）
印刷所　ラン印刷社

ISBN978-4-8163-6096-1　Printed in Japan

本書に関するお問い合わせは、上記、ナツメ出版企画株式会社までお願いいたします。

〈定価はカバーに表示してあります〉〈乱丁・落丁本はお取り替えします〉